人力资源

管理实务与
量化分析实战

案例版

杨 群◎编著

中国铁道出版社有限公司
CHINA RAILWAY PUBLISHING HOUSE CO., LTD.

内 容 简 介

这是一本全面介绍人力资源管理需要掌握的管理务实内容以及如何进行人力资源数据量化分析的工具书。

全书共 8 章，可分为两大部分：第一部分为人力资源管理的基础认知内容；第二部分为本书的主体内容，分别从人力资源规划、招聘与面试、入职/试用/转正管理、培训与人才开发、绩效考核、薪酬福利管理以及员工关系管理等方面进行深入讲解，让 HR 全面了解并学会工作中的实务操作和技巧。

本书内容实用，图解表达直观，范例解析丰富，非常适合即将从事和正在从事人力资源工作的一线从业人员学习和使用，对于企业各级管理者也有一定的参考和借鉴作用。此外，还可以作为企业内训教材和各高校人力资源管理相关专业和培训机构的教材使用。

图书在版编目（CIP）数据

人力资源管理实务与量化分析实战：案例版 / 杨群编著 . —北京：中国铁道出版社有限公司，2021.8

ISBN 978-7-113-27561-7

Ⅰ . ①人… Ⅱ . ①杨… Ⅲ . ①人力资源管理 Ⅳ . ① F243

中国版本图书馆 CIP 数据核字（2021）第 087591 号

书　　名：**人力资源管理实务与量化分析实战**（案例版）
RENLI ZIYUAN GUANLI SHIWU YU LIANGHUA FENXI SHIZHAN (ANLIBAN)

作　　者：杨　群

责任编辑：王　佩　张文静　编辑部电话：(010) 51873022　　邮箱：505733396@qq.com
封面设计：宿　萌
责任校对：苗　丹
责任印制：赵星辰

出版发行：中国铁道出版社有限公司（100054，北京市西城区右安门西街 8 号）
印　　刷：三河市宏盛印务有限公司
版　　次：2021 年 8 月第 1 版　2021 年 8 月第 1 次印刷
开　　本：700 mm×1 000 mm　1/16　印张：18　字数：257 千
书　　号：ISBN 978-7-113-27561-7
定　　价：69.80 元

前言

　　人力资源管理是指根据企业发展战略的要求，有计划地对人力资源进行合理配置。其一般会通过对企业中员工的招聘、培训、使用、考核、激励、调整等，调动员工的积极性，发挥员工的潜能，为企业创造价值，给企业带来效益。

　　很多人都认为，人力资源管理就是管人，就是做各种杂事。其实不然，其工作类型不仅繁杂，而且非常重要，是企业不断发展的基础。因此，想要做好人力资源管理工作也不是一件容易的事儿。

　　尤其在大数据普及的趋势下，人力资源管理工作并不是简单地处理一些业务工作，也会涉及数据的管理与分析。所以，未来的 HR，不仅要懂业务、懂专业，更要懂得数据的管理、分析与利用。然而很多 HR 仍然停留在传统的业务掌握上，有的 HR 只是懂一些专业的理论知识，缺乏实战经验，导致工作很难有效开展。为了让 HR 更全面地掌握现代人力资源管理必会的业务技能，以及懂一些常见数据的量化管理与分析操作，成为一名合格的 HR，因此编写了本书。

本书共 8 章，可分为两大部分：

◎ 第一部分：第 1 章

该部分是本书的基础内容，主要包括人力资源管理体系、量化分析在人力资源管理中的意义以及人力资源管理数据量化分析的方法。通过对这些基础内容的学习，可以帮助 HR 重新认识新时代企业人力资源管理的相关内容。

◎ 第二部分：第 2 ~ 8 章

该部分为本书的主体部分，也是本书的重点内容，主要从人力资源规划、招聘与面试、入职 / 试用 / 转正管理、培训与人才开发、绩效考核、薪酬福利管理以及员工关系管理这几个方面全面系统地介绍各应用领域中的业务操作，以及相关的数据量化分析与处理技巧。通过对本部分内容的学习，可以帮助 HR 成为既懂业务，又懂数据处理的综合性人才。

本书语言简洁精练、通俗易懂，绘制了大量结构清晰的逻辑关系图，设计了丰富的表格结构，力求将枯燥的理论知识进行图形化展示，方便读者查阅和学习。在每章末尾安排了数据的量化处理方法和操作技巧，并且在写作过程中结合大量的"范例解析"，对人力资源管理过程中涉及的实务业务和数据量化分析进行实例讲解和演示，方便读者快速理解和掌握。

最后，希望所有读者都能从本书中获益，帮助您最终成为一名优秀的 HR。

由于编者能力有限，对于本书内容不完善的地方希望获得读者的指正。

编　者

目录

第1章　重新认识，新时代企业人力资源管理

第2章　懂得运筹帷幄，做好企业人力资源规划

第3章　有效的招聘与面试，引进高素质人才

第4章　入职、试用与转正管理，新员工进公司的必经之路

第5章　培训与人才开发，要以需求为向导

第 7 章　建立与量化薪酬福利体系，公平与合理要兼顾

第8章 员工关系管理，为劳资双方的权益护航

第1章

重新认识，新时代企业人力资源管理

　　在市场竞争激烈的今天，企业能否在市场中站稳脚跟，脱颖而出，主要取决于企业是否具备核心竞争力。而要提高企业核心竞争力，人力资源管理就是十分重要的一项工作内容。那么，什么是企业的人力资源管理呢？其基本体系是怎样的？在新时代下，为什么说企业要重视人力资源管理的量化分析？如何进行量化分析？这就是本章重点介绍的内容。

1.1
人力资源管理体系

人力资源管理是指运用科学方法，协调人与事的关系，处理人与人的矛盾，充分发挥人的潜能，使人尽其才，事得其人，以实现组织目标的过程；也是对人这类资源的综合管理，具体包括人力资源规划、招聘与配置、培训与开发、绩效管理、薪酬福利管理和员工关系管理六大模块，如图 1-1 所示。

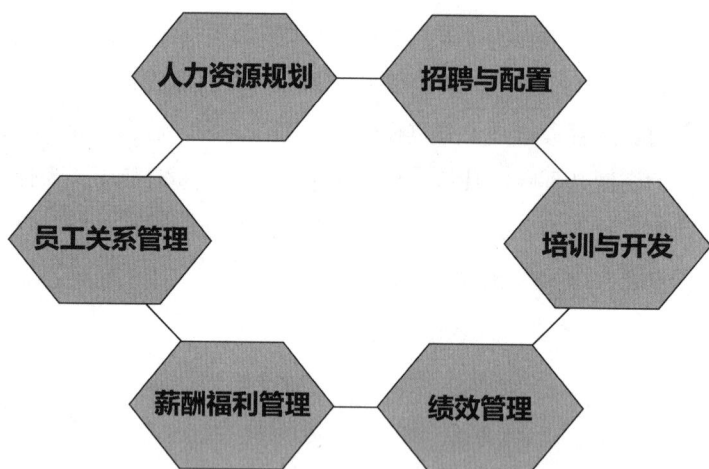

图 1-1

而人力资源管理体系就是围绕这六大模块建立起来的一套人事管理体系。下面针对这一管理体系中的各部分进行介绍。

知识延伸 | 人力资源管理六大模块之间的关系

人力资源管理各大模块的工作侧重点虽然各有不同，但各模块是紧密联系的，它们就像生物链一样，缺失其中任何一个环节都会使整个系统失去平衡。六大模块通过相互衔接、相互作用和相互影响，从而形成人力资源管理的有效体系。因此，人力资源管理工作是一个有机的整体，各个环节的工作任务都必须到位。同时还要根据不同的情况，不断地调整工作的重点，才能保证人力资源管理良性运作，并支持企业战略目标的最终实现。

1.1.1　人力资源规划

人力资源规划也可以称为人力资源计划，是指为了实施企业的发展战略、完成企业的生产经营目标而根据企业内外环境和条件的变化，分析估计企业未来的人力资源供需情况，运用科学的方法进行的组织设计。它是人力资源管理的起点，也是人力资源管理的根基。

由于企业通过人力资源规划可以最大限度地保证人事相宜、事得其人，从而实现企业人力资源的最大化效益，这对有效激励和开发员工的主观能动性有非常积极的意义。

下面就来看看企业实施人力资源规划到底可以达到哪些目的，相关内容如表 1-1 所示。

表 1-1　人力资源规划的目的

目　　　的	具体阐述
规划人力发展	人力预测、人力增补和人员培训是紧密联系、不可分割的，三者都是人力发展的内容。人力资源规划是人力发展的基础，因此，人力资源规划工作既要分析人力现状以了解人事动态，又要预测未来人力需求以制定人员增补和培训计划
合理运用人力资源	很少有企业的人力资源配置是完全符合理想状态的。通过人力资源规划可以改善和避免人力资源分配不均的情况，从而使人力资源配置更加合理化
配合企业发展的需要	每个企业都需要不断地追求生存和发展，而生存和发展的主要因素是人力资源的获取与运用。进行科学合理的人力资源规划，可以在保证质量的情况下，适时且适量地使企业获得所需的各类人力资源
降低用人成本	企业的业务、机器设备、技术革新、组织工作制度和员工能力等因素都会对企业的结构和用人数量产生影响。分析企业现有人力资源，找出影响人力资源有效运行的原因是人力资源规划的重要内容，可以充分发挥人力资源管理的效益，降低企业用人成本

人力资源规划是人力资源管理的第一大模块，其重要性显而易见，其中较为突出的作用如表 1-2 所示。

表 1-2 人力资源规划的作用

作　用	具体阐述
满足企业总体战略发展的要求	人力资源规划是企业发展战略的重要组成部分，同时也是实现组织战略目标的重要保证
确保企业对人力资源的需求	人力资源部门通过分析企业未来的人力资源需求和供给之间的差距，进行各类人力资源规划，从而满足企业对人力资源的需求
确保人力资源管理活动有序化	人力资源规划是企业人力资源管理工作的基础，它由总体规划和各种业务计划构成，能够为管理活动（如预测企业未来对人员的需求量、供给量，调整职务和任务以及员工培训等）提供可靠的信息和依据，进而保证人力资源管理活动的有序进行
有利于调动员工的积极性和创造性	在人力资源规划的条件下，可以使员工对自己可满足的东西和水平有明确的认知，从而可以激发员工的工作积极性，并能持续保持
有利于控制人力资源成本	对于人力资源规划方案的实施成本及其带来的效益，可以通过人力资源规划进行预算，从而避免在企业的发展过程中由于人力资源浪费和不合理使用而造成的人工成本过高的问题。通过人力资源规划预测企业人员的变化，调整企业的人员结构，把人工成本控制在合理的水平上

1.1.2　人才的招聘与配置

人力资源管理的第二个模块是招聘与配置，它是在进行人力资源规划后，相关工作人员根据规划的内容，选择合适的招聘渠道，实施人才招聘，并从中筛选出最佳的人才配置到合适的岗位上。

企业在开展招聘活动时，为了更好地实施招聘工作，必须要遵循一些要求，下面列举一些招聘活动中常见的要求，以供大家参考。

◆ 符合国家有关法律、政策和利益。

◆ 坚持平等竞争、专业对口、择优录用和亲属回避四项原则。

◆ 在招聘中应坚持平等就业。

◆ 要确保录用人员的质量。

◆ 要根据企业人力资源规划工作需要和职务说明书中应职人员的任职资格要求，运用科学的方法和程序开展招聘工作。

◆ 努力降低招聘成本，注意提高招聘的工作效率。

除此之外，要想招聘到合适的人才，还需要遵循五大原则，如图 1-2 所示。

原则 1：企业所需和岗位适合相结合

招聘一定是根据公司的需要来寻找与需求岗位最合适的人才，如果不按需求招聘，就会造成巨大的浪费。如果招聘的人才与岗位不合适，也会造成人力资源浪费。

原则 2：外部招聘和内部选拔相结合

外部招聘能够达到"鲶鱼效应"的目的，激活企业的活力，而内部选拔可以激励员工不断向上，且内部选拔可以减少磨合期，更有利于员工的稳定。

原则 3：企业发展和当前使用相结合

企业的发展离不开能力强的人的推动，若招聘一些平庸的普通员工，不但不能为企业发展助力，反而会造成一定的阻碍，毕竟培养人才是需要花费时间和精力的。

原则 4：长处突出和允许缺点相结合

俗话说：金无足赤，人无完人。任何一个优秀的人，都或多或少存在一些缺点，如果招聘的人才确实能给企业带来贡献，稍许的缺点企业也要包容。

原则 5：外不避仇和内不避亲相结合

在聘用人才时，不因其曾是对手公司、且打压过本公司的就不聘用，也不要因为是亲属关系避而不用（前提是建立好防范机制），只要是有本事的人，企业都应该接纳。

图 1-2　招聘五大原则

1.1.3　员工的培训与开发

企业进行人力资源管理的最主要目的是让企业更好、更快地发展，而其中最重要的前提就是有一批优秀的人才，员工的培训与开发正是为企业创造更多的优秀人才而产生的。

员工培训与开发的作用表现在以下 4 个方面。

◆ 帮助员工胜任本职工作

员工培训使员工具有做好本职工作的条件、资格和能力。对新员工进行入职培训，可以帮助其快速熟悉企业的各项规章制度、企业战略和方针政策等；对新员工进行知识和技能的培训，可以帮助其掌握工作程序、方法和要领；而培训老员工，则可以使其专业技能得以提高、完善和充实，为工作轮换或晋升创造条件。

◆ 提高企业或个人的绩效

当企业或个人的工作绩效未达到期望值时，可以通过培训与开发较大程度上提高工作绩效水平。此外，为了适应新的技术要求，改变原有的工作方式，培训与开发也能发挥相应的作用。

◆ 增强企业或个人的适应能力

在飞速变化的环境中，只有具备很强的适应能力，企业才能拥有持续的生命力，而培训与开发正是为人力资源提供保证。重视对企业员工的培训与开发，可以使员工素质始终保持在一个较高的水平上，从而满足企业发展对人力资源的需求。

◆ 增强员工对组织的认同感和归属感

培训与开发能让员工正确认识自身的价值，提升自身的能力，明白企业对自己的重视，从而提升员工对企业的认同感和归属感。如此，员工的能力和潜能才能得到真正发挥，进而提高工作效率。

由此可以看到，无论是对新员工，还是对老员工，培训与开发都是十分必要的，也是人力资源管理中的重要内容。

1.1.4 员工绩效管理

所谓绩效管理，是指各级管理者和员工为了达到组织目标，共同参与的绩效计划制定、绩效辅导沟通、绩效考核评价、绩效结果应用、绩效目标提升的持续循环过程，其目的是持续提升个人、部门和组织的绩效。

绩效管理是人力资源管理中的核心模块，它不仅是企业最关注的模块之一，也是企业员工关注的重点内容。因为，一个企业只有建立科学、完善的绩效管理体系，才能够有效激励人才、留住人才。

对于企业的绩效管理，其在实施过程中需要把握以下几点基本原则。

目标要清晰。 企业实施绩效考核的目的是让员工能够高效地完成企业定下的目标，因此目标一定要清晰，通过清晰的目标来引导员工朝着目标努力。

考核标准要量化。 绩效考核要秉着客观、公正的要求来执行，要想达到这一要求，考核标准一定要可量化。许多企业的绩效考核不能很好地实施，很大程度上是因为考核标准不可量化，考核效果不能得到准确、公正地反映，最终致使绩效考核沦为走过场。

与员工的利益挂钩。 绩效考核的目的是激励员工更好地工作，因此，其考核结果必须与员工的切身利益挂钩，如薪资水平、晋升之路等。如果绩效考核与员工的利益不挂钩，那么就得不到企业上下的重视，从而不能很好地开展绩效考核工作。

具有掌控性、可实现性。 绩效考核是企业的一种管理行为，是企业表达要求的方式，因此其过程必须为企业所掌控，而且考核目标一定是可实现的，过于苛刻和不切实际的高目标，会让员工看不到希望，也就不能起到激励的目的，绩效考核的开展就没有意义。

1.1.5　薪酬福利管理

薪酬福利管理这一模块同样是人力资源管理体系中的核心部分，它是员工衡量企业最重要的标尺。从字面意思来看，薪酬福利包括两个方面，即薪酬和福利，这两方面又包括更多的细节内容，如图 1-3 所示。

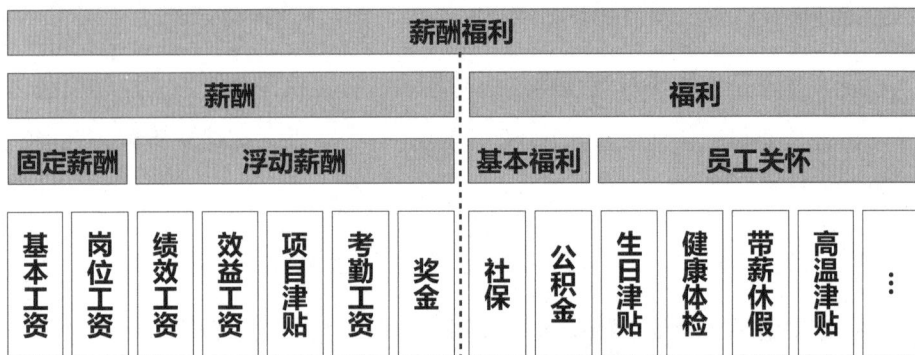

图 1-3 薪酬福利的基本内容

作为人力资源管理中的一项重要内容，薪酬制度是否科学，福利是否能够让员工满意，这不仅关系到员工个人的利益，也会对人力资源效率和企业的劳动生产率产生直接的影响，从而进一步决定企业战略目标的实现，因此企业必须重视薪酬福利管理。

1.1.6 员工关系管理

员工是企业发展的支柱，科学管理关系到员工与企业的发展，可以有效提升用人效率。相对其他管理模块的内容而言，企业的员工关系管理内容比较繁杂，也具有很强的挑战性，往往影响着整个企业的工作氛围。其主要管理内容如表 1-3 所示。

表 1-3 员工关系管理的内容

管理内容	介　　绍
劳动关系管理	劳动关系管理主要是处理劳动争议，对入职和离岗员工进行面谈及办理相关手续，处理员工申诉、人事纠纷和意外事件
员工人际关系管理	员工人际关系管理的主要工作是引导企业员工建立良好的工作关系，建立益于员工人际关系的工作环境

续表

管理内容	介　　绍
员工纪律管理	引导员工遵守企业的各项规章制度、劳动纪律，提高员工的组织纪律性，在一定程度上对员工行为进行规范约束
沟通管理	提供并保证员工与领导层沟通渠道的畅通，引导和促进企业各层级之间及时地双向沟通，完善员工建议制度
员工情况管理	周期性地对员工的心态、满意度进行调查；预防和检测谣言、怠工等情况，并及时处理；解决员工关心的问题
员工关系管理培训	为员工组织人际交往、沟通技巧等方面的培训
企业文化建设	建设健康向上、积极主动的企业文化，正确引导员工的价值观，维护企业的良好形象
服务与支持	为员工提供有关国家法律、法规、企业政策和个人身心等方面的咨询服务，协助员工平衡工作与生活，促进员工身心健康

1.2
基于量化分析的人力资源管理的意义

在全球竞争激烈的背景下，企业之间的核心竞争归根结底是人力资本的竞争。而对于企业人力资本的分析，运用传统定性分析法给企业带来的价值越来越少了，基于此，人力资本的量化分析便产生了。下面具体来了解一下人力资源管理的量化分析对人力资源管理到底有什么意义。

1.2.1　数据分析是人力资源管理发展的趋势

数据分析是指用适当的统计分析方法对收集来的大量数据进行分析，将它们加以汇总和理解并消化，以求最大化地开发数据的功能，发挥数据的作用。通过数据分析可以将定性的分析转为定量；通过数据的支撑，指导我们做出更准确和合适的行动。

在人力资源管理中，提升人力资源管理的价值，是传统人力资源管理转型的核心内容。而在转型的过程中，数据分析就扮演了至关重要的角色。通过量化分析，管理者可以更准确地掌握公司的人力现状。

商场如战场，如果企业不了解自家的人力资本家底，就好比统帅带领战士去打仗，却不知道自己有多少兵力，是否有得力的干将，如何配置才能提高部队的战斗力。当这些需要量化的数据都只是一个大概、模糊的概念时，要打胜仗那是绝对不可能的。

所以，人力资源管理的数据分析是人力资源管理发展的重要趋势。

1.2.2　会做数据分析的企业更有竞争优势

在大数据时代，大数据分析工具已经广泛地应用到了财务、市场、生产和研发等部门，并且帮助企业创造了很大的经济效益。然而，大数据分析在人力资源管理领域的应用价值还是受到了部分企业经营者和管理者的质疑。他们认为人力资源管理就好像企业的"打杂"部门，做好"打杂"工作即可，因此并不那么重视企业的人力资源管理。

其实，人力资源是有价值的，尤其是复合型的高级人才更加稀缺。所以企业的发展，基于人力资源的竞争优势是不可完全模仿的，更加不可完全替代。因此，人力资源是企业持续竞争力优势的源泉，也是最重要的竞争力因素，二者之间存在着相互影响的积极关系。

此外，根据分析显示，实施人力资源大数据分析的企业，其招聘效率改进速度是其他企业的两倍，领导力发展能力是其他企业的 3 倍，公司股价相应的高出约 30%。由此可见，人力资源大数据分析对企业竞争优势的助力是不可否认的。

因此，随着人力资源管理理论和大数据技术的不断发展，越来越多的企业经营者和公司管理人员开始重视对人力资本的评估和分析，并建立了属于企业特有的人力资源数据库和大数据分析工具。

可能有人会认为，在实际的人力资源管理工作中并不缺少数据分析的工作，比如做薪酬、管绩效、建档案、搞培训都会和数据打交道，而且每月、每季、每年都会出分析报表。这些数据分析工作，既然已经在做了，为什么还要特别强调企业应重视数据分析呢？

上面列举的一些工作内容确实属于数据分析，但却属于较浅层次的数据分析，因为它仅仅是对人力资源中的各个管理模块产生的数据进行简单分析运算，比如汇总、计算平均值等，再通过横向对比、纵向对比等方法从不同维度进行比较分析后形成报表。

而这里所说的人力资源管理的数据分析还有更复杂的指标内容，如招聘成功率、员工流动率、培训百分比、工作负荷率、企业年轻化程度和劳动生产率等，这些指标可以反映人力资源管理的水平，并诊断人力资源管理的健康程度。通过这些数据可以确保人力资源管理健康开展，并且为企业做好人力资源规划和人才储备与培养提供保障，最终提升企业自身的竞争力。

1.2.3　数据分析能够为管理者提供有力的决策支持

人力资源管理发展的 3 个阶段，分别是人事管理阶段、单向人力资源管理阶段和战略人力资源管理阶段。不同管理阶段对数据分析的需求不同，人力资源管理发展的 3 个阶段分别对应了 3 个层次的数据分析需求，分别是人力资源管理基础信息分析、人力资源职能分析和人力资本分析。各层面又包括具体的分析内容，如图 1-4 所示。

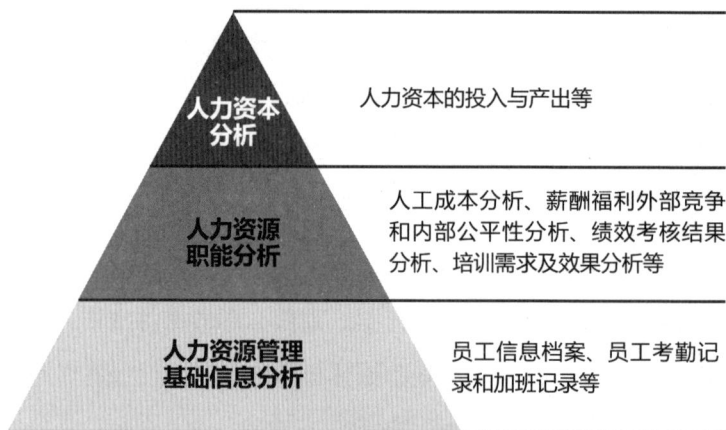

图1-4　人力资源管理数据分析的3个层面

从图1-4中可以看到，这3个层面几乎涵盖了各种人力数据，通过这些数据的量化计算和分析，可以为管理者制订决策计划提供可靠的数据基础，从而制订更加可行的计划和战略部署。

| 范例解析 | 简单了解百度"才报"系统

对于绝大多数的HR来说，如何从企业和人才的角度对公司的业务发展发挥战略性的影响都是一个难以解决的难题，而百度则可通过大数据平台——"才报"系统，为企业的业务决策提供可信的数据，这也是百度"用数据说话""简单可信赖"文化价值观最具体的表现。下面我们就从服务对象和如何实现两方面对"才报"系统进行简单了解。

【"才报"系统的服务对象】

详细来讲，"才报"系统的服务对象有4类，分别是高管、经理、员工和HR自己。

①对高管。为高管打造一图在手，人才信息尽在掌握；一表在手，通过数据分析提供决策建议；预警人力管理的红绿灯，从价值的角度，给高管一些预测性的决策建议。

②对经理。由于经理不可能投入太多的精力来专注一线员工的日常管

理，因此在"才报"系统中提供场景化的智能操作，让流程、审批化繁为简，从而让经理更聚焦业务。

③对员工。从工作、学习、文化、生活方面进行考虑，把工作做好，让员工得到周到、温馨、便捷、有效的共享服务。

④对HR自己。建立统一的工具/知识库，打造有战斗力，不断创新的HR团队。

【"才报"系统如何实现】

从业务的角度来看，"才报"系统的模型分为三层：第一层为数据的收集与整理，主要是描述问题，了解过去发生了什么。第二层为数据建模与分析，主要是诊断问题，了解现在为什么会发生。第三层为报告与决策建议，主要是预测与探索，优化未来将要发生什么。

图1-5所示为"才报"系统模型的示意图。

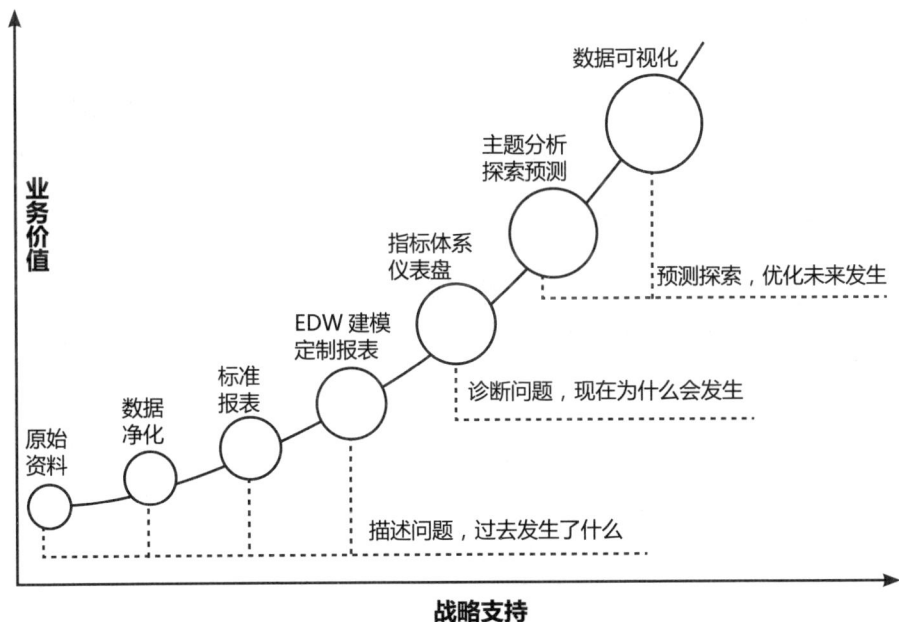

图1-5　"才报"系统模型

从以上的范例可以看到，百度企业的"才报"系统是基于企业的所有人力为服务对象，从基础数据搜集→数据整理→数据建模→数据分析→数据可视化，通过科学、严谨的数据分析与处理，最终得到的数据结果相对来说也是精准的。基于这些数据结果来制定决策，那么决策的可行性相对来说也就更高。

1.3
人力资源数据量化管理的常用方法

数据量化分析的最终目的是使用合适的数据量化方法从基础数据中提取有价值的信息。在人力资源管理中，数据量化常用的方法有对比分析法、相关分析法和图形分析法 3 种，下面分别进行详细讲解。

1.3.1 对比分析法

对比分析法也可以称为比较分析法，它是指将两个相关联的指标数据进行对比，从数量上展示和说明研究对象规模的大小、水平的高低、速度的快慢，以及各种关系是否协调。

在运用对比分析法量化人力资源数据时，最重要的步骤就是要选对合适的对比标准，这样才能做出客观的评价，如果两个对比数据不相关，那么最终的评价可能是错误的。

对于对比标准的确定，我们可以从时间、空间这两方面执行，下面针对这两种方法进行具体介绍。

（1）时间标准

时间标准即选择不同时间的数值作为对比标准，它有两个对比方向，一个是同比，另一个是环比。

同比。一般情况下，同比是今年第 n 月与去年第 n 月的数据进行对比，其涉及的量化公式如下：

同比增长量=本期数－同期数

同比增长倍数=本期数/同期数

同比增长率＝（本期数－同期数）/同期数×100%

环比。环比表示连续两个统计周期（比如连续两月）内的量的变化比。其涉及的量化公式如下：

环比增长量=本期数－上期数

环比增长倍数=本期数/上期数

环比增长率＝（本期数－上期数）/上期数×100%

| 范例解析 |　**从同比增长率的量化角度分析公司人员变化**

表1-4所示为某公司销售部去年上半年和今年上半年各月现有人员数据统计。

表1-4　某公司销售部去年上半年和今年上半年现有人员数

时　　间	各月人数					
	1月	2月	3月	4月	5月	6月
去年	22	26	28	28	32	32
今年	28	30	30	34	34	34

根据表1-4数据，下面分别从同比和环比的角度分析销售部1月和2月的人员变动情况。

今年1月份与去年1月份人数同比增长率＝（28－22）/22×100%=27%

今年2月份与去年2月份人数同比增长率＝（30－26）/26×100%=15%

今年1月份与今年2月份人数环比增长率＝（30－28）/28×100%=7%

通过计算可知，今年1月份相比去年1月份来说，人员增加了27%，而2月份的人员则增加了15%。

今年2月，人员相对于1月来说，环比增加了7%。

需要特别注意的是，在进行分析时，同比结果与同比结果进行分析，环比结果与环比结果进行分析，不能将同比结果与环比结果进行合并对比分析，二者是没有可比性的。

（2）空间标准

空间标准即同一属性的数据在不同空间上的比较，其量化方式也可以从数量变化、数量倍数变化和数量比率三个方面进行。

| 范例解析 | 从空间标准分析本单位与竞争单位的人才

本公司与甲、乙两家公司是规模相当的竞争单位，在表1-5中针对公司核心关键岗位的优秀人才进行了统计。现在需要对本单位和竞争单位的关键人才进行对比分析。

表1-5 本单位与竞争单位的优秀人才对比

关键人才	本单位	甲公司	乙公司
研发人员	8	12	11
销售人员	29	25	26
营销人员	15	16	15
合计	52	53	52

从关键人才的数量变化来看，本单位和乙公司的关键人才总数一样，甲公司仅比其他两个公司多一人。

从各单位研发人员的占比来进行对比，相关计算如下。

本单位研发人员比率=8/52×100%=15%

甲公司研发人员比率=12/53×100%=23%

乙公司研发人员比率=11/52×100%=21%

通过对比可以发现，本单位的研发人员比率最低，甲乙公司的研发人员比率差别不大。

1.3.2　相关分析法

所谓相关分析法即是指描述和分析两个或两个以上变量（也可以说因素）之间相关性质及相关程度的过程。通过相关分析法，可以解决以下的问题。

- ◆ 确定变量之间是否存在相关关系，如果存在一定关系，找出它们之间存在的关系并进行数据建模，完成相关分析。
- ◆ 根据一个或几个变量值，预测或控制存在相关关系的另一个变量的取值，并估计预测或控制达到的精确程度。
- ◆ 进行因素分析，若有多个因素影响一个因素，找出相关因素的主次，分析因素间的关系。

| 范例解析 |　用相关分析法分析招聘准备工作不足的原因

如果招聘工作准备不足，会直接影响招聘的效果，从而让企业招聘不到合适的人才，也浪费了前期投入的成本。

我们知道，影响招聘准备工作最重要的量化指标就是时间和招聘人员数量。如果由于前期花费的准备时间比较少，导致各项工作准备不到位，可以适当要求各招聘人员多安排一些时间来进行准备。如果是因为招聘人员数量少，导致一人要负责多个环节，从而每个环节都没有做好，那么就需要多投入一些工作人员，力求做到每个环节都有对应的工作人员，并且保证能够做好各自的环节。

如果管理者在事先规划招聘工作时，就从这两个方面进行分析和考虑，就能最大限度地避免招聘工作准备不足的问题。

1.3.3　图形分析法

所谓图形分析法就是将量化分析的结果用图形的方式展示出来，从而让观者不仅可以直观地查看分析结果，还能从视觉上减少疲劳。图 1-6 所示为利用图表展示数据分析结果的效果图。

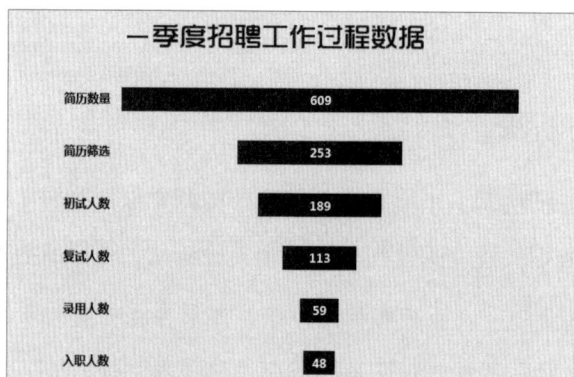

图 1-6　用图表分析数据

一般情况下，我们在对数据进行图形化分析时，都是采用工具制作的，如最常见的 Excel 工具，该工具中提供了丰富的图表类型，如图 1-7 所示。

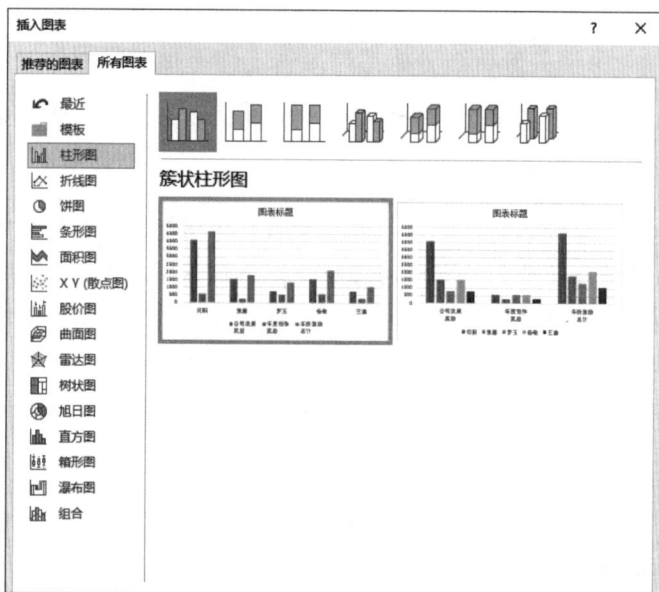

图 1-7　Excel 中提供的图表类型

虽然图表类型丰富多样，但是要用好图表，就必须了解各种图表类型所表达的数据关系，具体如表1-6所示。

表1-6 数据关系与图表类型的对应

数据关系	图表类型	描述
大小关系	柱形图	主要通过查看柱形形状的长短差异判断数据大小，用于显示一段时间内的数据变化或显示各项数据之间的比较情况
	条形图	条形图的作用与柱形图相似，也是用于显示各项数据之间的比较情况，但是它弱化了时间的变化，偏重于比较数量的大小
趋势关系	折线图	折线图是以折线的方式展示某一时间段的相关类别数据的变化趋势，强调时效性和变动率，适用于显示与分析在相等时间段内的数据趋势
	面积图	面积图主要是以面积的大小来显示数据随时间而变化的趋势，也可以表示所有数据的总值趋势。其使用范围没柱形图、条形图和折线图广泛，但在表现一段时间内的数量的大小时，也可考虑选用
占比关系	饼图	饼图一般用来展示总和为100%的各项数据的占比关系，即只能对一列数据进行比较分析，其中每个扇形表示数据系列中的一项数据
	圆环图	要对包含多列的目标数据进行占比分析，可用系统提供的圆环图来详细说明数据的比例关系。圆环图由一个或者多个同心的圆环组成，每一个圆环表示一个数据系列，并划分为多个环形段，每个环形段的长度代表一个数据值在相应数据系列中所占的比例。此外，在表格中从上到下的数据记录顺序，在圆环图中对应从内到外的圆环
其他关系	雷达图	雷达图也称为蜘蛛图或星状图，在对同一对象的多个指标进行描述和分析时，可选用该类型的图表，使阅读者能同时对多个指标的状况和发展趋势一目了然。雷达图的每个分类都拥有一个独立的坐标轴，各轴由图表中心向外辐射，同一系列的数据点绘制在坐标轴上，并以折线相连，因形似雷达而得名。雷达图的每个坐标轴代表一个数据系列，通常用各数据系列的不同水平参考值绘制成图表的几个系列，并与用实际值绘制成的系列进行比较

续表

数据关系	图表类型		描　　述
其他关系	XY散点图	散点图	散点图将沿横坐标（X轴）方向显示的一组数值数据和沿纵坐标（Y轴）方向显示的另一组数值数据合并到单一数据点，并按不均匀的间隔或簇显示出来，常用于比较成对的数据，或显示独立的数据点之间的关系
		气泡图	气泡图是散点图的变体，因此，其要求的数据排列方式与散点图一样，即确定一行或一列表示X轴数值，在其相邻的一列表示相应的Y轴数值。在气泡图中，以气泡代替数据点，气泡的大小表示另一个数据维度。所以气泡图比较的是成组的3个数，通常用来直观地展示财务数据
	旭日图		旭日图非常适合显示分层数据，并将层次结构的每个级别通过一个环或圆形表示，最内层的圆表示层次结构的顶级（不含任何分层数据的旭日图与圆环图类似）。若具有多个级别、类别的旭日图，则强调外环与内环的关系
	树状图		树状图是一种直观和易读的图表，所以特别适合展示数据的比例和数据的层次关系，如分析一段时期内的销售数据——什么商品销量最大、赚钱最多等
	箱形图		箱形图不仅能很好地展示和分析出数据分布区域和情况，而且还能直观地展示出一批数据的"四分值"、平均值以及离散值
	瀑布图		瀑布图是由麦肯锡顾问公司所独创的图表类型，因为形似瀑布流水而称之为瀑布图（Waterfall Plot）。此种图表采用绝对值与相对值结合的方式，适用于表达数个特定数值之间的数量变化关系

第 2 章

懂得运筹帷幄，
做好企业人力资源规划

企业的人力资源规划是对企业整体现有人力结构的分析以及未来人力需求的预测。通过整体的规划，可以精准地掌握企业的人力结构，及时补充合适的人力资源，从而确保企业人力充足、合适，为企业的正常运作提供保障。

02

2.1
企业人力资源规划必知

人力资源规划是人力资源管理工作中的基础内容，一切的管理活动都要基于规划为前提，下面就来具体了解一下企业人力资源规划的一些基本知识，为后面的进一步学习奠基。

2.1.1　人力资源规划的内容

人力资源规划的重点就在"规划"二字上面，那么，企业的人力资源管理到底应规划什么呢？具体包括以下两大方面，一是人力资源总体规划，二是人力资源业务规划。

（1）人力资源总体规划

人力资源总体规划是人力资源管理活动的基础，是以企业战略目标为基础，是对规划期内人力资源管理的总目标、总政策、实施步骤和总预算的安排。因此，其着重于人力资源方面的总的、概括性的谋略和有关重要方针、政策及原则，具体内容有以下3点。

◆ 阐述在企业战略规划期内组织对各种人力资源需求和各种人力资源配置的总框架。

◆ 阐明与人力资源管理方面有关的重要方针、政策和原则，如人才的招聘、员工的晋升、人才的培训等方面的重大方针和政策。

◆ 确定人力资源投资预算。

（2）人力资源业务规划

人力资源业务规划是人力资源总体规划的展开和具体化，即指人力资源总体规划的具体实施和人力资源管理具体业务部署。它主要包括人员配备计划、人员补充计划、人员使用计划、人员培训开发计划、绩效考评计划、薪酬激励计划、劳动关系计划和退休解聘计划等方面，下面分别对这些内容进行阐述，如表 2-1 所示。

表 2-1　人力资源业务规划的具体内容

业务规划项	具体阐述
人员配备计划	人员配备计划是确定企业人员需求的重要依据，其表示企业中、长期内处于不同职位、部门或工作类型的人员的分布状况
人员补充计划	人员补充计划是对企业中长期内可能由于组织规模的扩大等原因产生的空缺职位加以弥补的规划。在制定该计划时必须注明需要补充的人力资源类型、技能等级、需求部门、需求人数、补充方式、补充时间、补充以后增加的效益及补充以后增加的支出等
人员使用计划	人员使用计划包括人员晋升计划和人员轮换计划两个方面： 1. 人员晋升计划是根据企业的人员分布状况、层级结构、未来发展制定人员的晋升政策。 2. 人员轮换计划又称为人员流动规划，它是有计划地安排人员流动，以实现企业内部人员最佳配置，并为企业培养高素质的复合型人才
人员培训开发计划	人员培训开发计划是企业在对员工所需知识和技术进行评估的基础上，为保证组织的中长期发展所需补充的空缺职位而事先制定的人才储备计划。它不仅可以逐渐成为企业吸引力大小的重要来源，而且还能促使员工更好地适应工作，为企业的发展储备人才
绩效考评计划	绩效考评计划就是确定考核期间内对员工工作进行考核的标准以及要达到的目标
薪酬激励计划	薪酬激励计划是从薪酬结构、工资总额、福利项目、激励政策、激励重点等方面来制定的激励细则
劳动关系计划	劳动关系计划是关于如何减少和预防劳动争议、改进劳动关系的计划
退休解聘计划	退休解聘计划主要是用于指导处理员工的退休工作和解聘工作，使员工离岗过程正常化、规范化

表 2-1 中的每一项计划都有各自的目标、政策、办法及预算，在进行人力资源业务规划时，必须确保各计划之间内部平衡，如人员补充计划与培训计划之间的平衡。如果企业需要补充某类员工时，若这个需求信息能及早到

达培训部门，并列入人员培训开发计划，则这类员工就不必从外部补充。这样不仅能够定向培训更符合企业需求的人才，而且能节省一系列从外部引进人才的工作和费用预算，还可以让员工更稳定。

2.1.2 人力资源规划应遵循的原则

人力资源规划是人力资源管理体系的战略方针，主导着整个体系的工作方向，能使人力资源管理活动有序化，由此可见其重要性。制订人力资源规划不能信手拈来，应该符合企业的发展目标，并遵循一定的原则。

人力资源规划需要遵循动态原则、适应原则、保障原则以及系统原则，这 4 条原则的具体介绍如图 2-1 所示。

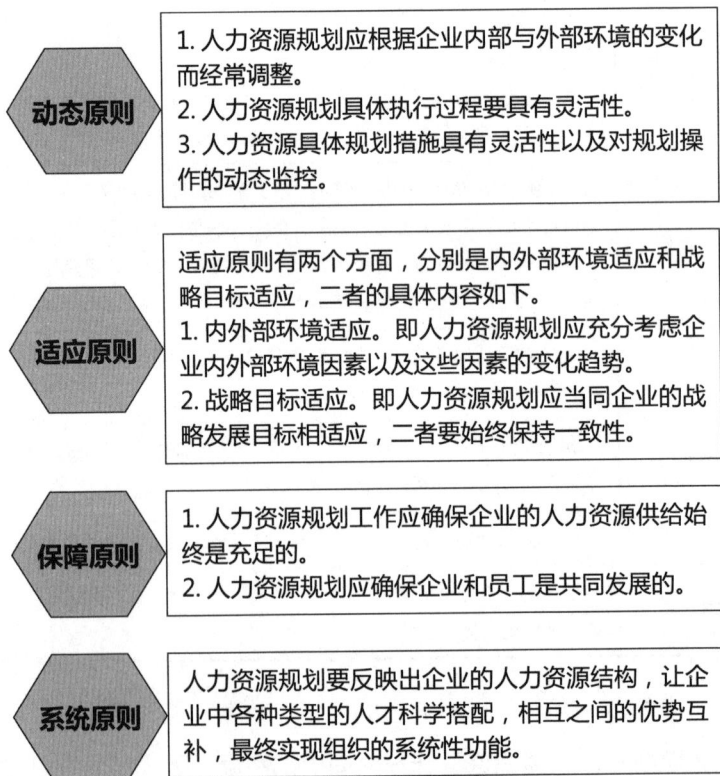

动态原则	1. 人力资源规划应根据企业内部与外部环境的变化而经常调整。 2. 人力资源规划具体执行过程要具有灵活性。 3. 人力资源具体规划措施具有灵活性以及对规划操作的动态监控。
适应原则	适应原则有两个方面，分别是内外部环境适应和战略目标适应，二者的具体内容如下。 1. 内外部环境适应。即人力资源规划应充分考虑企业内外部环境因素以及这些因素的变化趋势。 2. 战略目标适应。即人力资源规划应当同企业的战略发展目标相适应，二者要始终保持一致性。
保障原则	1. 人力资源规划工作应确保企业的人力资源供给始终是充足的。 2. 人力资源规划应确保企业和员工是共同发展的。
系统原则	人力资源规划要反映出企业的人力资源结构，让企业中各种类型的人才科学搭配，相互之间的优势互补，最终实现组织的系统性功能。

图 2-1 人力资源规划应遵循的原则

2.1.3　用制度确保人力资源规划顺利开展

企业的生存和发展离不开企业规划，而人力资源规划是企业规划中起决定性作用的规划。因此，为了规范企业的人力资源规划工作，确保人力资源规划工作的顺利开展，就必须建立科学合理的制度来监督和指导人力资源规划工作的实施。

在人力资源规划中，由于人力资源需求预测和人力资源供给预测是非常重要的内容，因此有些公司在制定人力资源规划制度的时候，会重点阐述这些内容，图 2-2 所示为某公司人力资源规划管理制度的目录展示。

目　　录

第一章　总则 1
- 1.1　目的和依据 1
- 1.2　适用范围 1
- 1.3　基本原则 1
- 1.4　工作责任 2
- 1.5　人力资源规划程序 2

第二章　人力资源需求预测 3
- 2.1　基本规定 3
- 2.2　现实人力资源需求预测 3
- 2.3　未来人力资源需求预测 4
- 2.4　未来人力资源流失预测 8
- 2.5　整体人力资源需求预测 9

第三章　人力资源供给预测 10
- 3.1　基本规定 10
- 3.2　内部人力资源供给预测 10
- 3.3　外部人力资源供给预测 11

第四章　人力资源净需求的确定 13

第五章　人力资源规划方案的制定 14

第六章　附则 17
- 附录 1：现实人力资源需求预测表 18
- 附录 2：未来人力资源需求预测表 19
- 附录 3：未来人力资源流失预测表 20
- 附件 4：人力资源需求预测表 21
- 附录 5：员工技能清单 22
- 附录 6：人员接替图 24

图 2-2　某公司人力资源规划管理制度的目录

但是有些公司的人力资源规划管理制度并没有那么详细地阐述具体的执行细节，只是将需要执行的内容进行了列示以及划分了各相关部门的职责。

如以下范例中展示的某公司的人力资源规划管理制度中，除了基本的总则内容以外，只列示了人力资源规划管理权责划分和人力资源规划的编制管理内容。

| 范例解析 | 某公司人力资源规划管理制度

第一章 总则

第一条 为了规范和指导集团人力资源规划工作，为公司的生存和发展提供相宜的人力资源，特制定人力资源规划管理制度（以下简称本制度）。

第二条 本制度适用于人力资源管理工作。

第三条 人力资源规划指根据企业的发展规划，通过对企业未来人力资源的需要和供给状况的分析及估计，对职务编制、人员配置、教育培训、人力资源管理政策、招聘和选择等内容进行的人力资源部门的职能性计划。

第四条 人力资源规划的原则。

1.前瞻性：人力资源规划既要满足近期对人力资源的需求，更要满足未来对人力资源的需求。

2.可行性：制定人力资源规划要注意实施条件的限制，应该在外部环境与内部条件结合研究和寻求动态平衡的基础上来制定。

3.一致性：人力资源规划具有外部一致性和内部一致性。外部一致性是指人力资源规划应当同集团的战略计划、经营计划、年度计划相配合；内部一致性是指人力资源规划应当同所有其他人力资源管理活动，如招聘、培训、工作分析及薪酬等工作计划相一致。

第二章 人力资源规划管理权责划分

第五条 人力资源部

1.按公司发展战略规划编制公司人力资源目标。

2.进行人力资源现状分析以及内外部需求预测与调查。

3.组织公司人力资源规划的编制、实施及执行情况的总结。

第六条 其他部门

1.进行岗位分析，并提出部门人力资源需求预测。

2.参与人力资源规划方案初稿的评审。

第七条 行政人事中心总经理

1.审批公司人力资源分析报告。

2.审核公司人力资源规划初稿。

3.审核公司人力资源规划调整申请。

第八条 执行总裁审核公司人力资源规划。

第九条 总裁审批公司人力资源规划。

第三章　人力资源规划的编制管理

第十条 每年12月份，人力资源部根据公司发展战略和下年度工作计划，明确下一年度人力资源工作目标。

第十一条 人力资源需求和现状分析

1.人力资源部每年11月份开展公司人力资源的需求调查。

2.项目公司综合部负责配合人力资源部开展项目公司的人力资源需求调查。

3.本部各部门和项目公司各部门在评估本部门人力资源需求现状的基础上，提出本部门的年度人力资源需求，填写人员现状分析及需求预测表（本部各部门经主管中心总经理审核，项目公司各部门人力资源需求由综合部汇总经项目公司总经理审核），报人力资源部。

4.人力资源部在本部和项目公司人力资源状况分析的基础上对公司内部人力资源状况进行分析。

第十二条 人力资源部在公司人力资源需求和现状分析的基础上，分析是否需要调整公司人力资源配置，需要调整公司人力资源配置时，由人力资源部组织编制公司和项目公司人力资源配置调整计划，项目公司综合管理部协助编制项目公司的人力资源配置调整计划。

1.涉及岗位职责变动时应修订岗位说明书。

2.新增岗位时应确定岗位的职责、任职资格等，并组织编制岗位说明书。

第十三条 人力资源部根据内外部人力资源现状分析、公司人力资源配置计划编制公司人力资源规划，其中包括：

1.年度人力资源目标。

2.人力资源现状分析。

3.人力资源需求分析。

4.人力资源供给分析。

5.人力资源配置调整计划。

6.人力资源招聘、培训计划及费用预算。

7.人力资源管理政策调整计划（主要包括薪酬管理制度、绩效管理制度）。

第十四条 人力资源规划由各中心总经理、项目公司总经理（仅参加项目公司）、执行总裁会审，由人力资源部根据会审意见修改后，经行政人事中心总经理、执行总裁审核，总裁审批后执行。人员招聘依据招聘管理流程执行，人员培训依据培训管理流程执行。

第十五条 公司战略调整，人力资源部负责根据公司战略调整相应人力资源规划。

第十六条 每年12月份，人力资源部组织进行人力资源规划执行情况年度总结，项目公司综合管理部协助进行项目公司人力资源规划执行情况年度总结，经项目公司总经理审核后报集团人力资源部，同时公司启动下一年度人力资源规划工作。

第十七条 人力资源规划执行情况年度总结由行政人事中心总经理审批后，报执行总裁、总裁备案。

第四章　附则

第十八条 本制度由行政人事中心组织拟定，经总裁审批后执行。

第十九条 本制度未尽事宜，按照国家有关法律、法规和本公司章程的规定执行。

第二十条 本制度可根据集团公司发展和行业环境变化需要适时修改，报总裁审批。

第二十一条 本制度解释权归集团行政人事中心。

2.2
组织机构的设计

组织机构是为完成经营管理任务而结成集体力量，在人群分工和职能分化的基础上，运用不同职位的权利和职责来协调机构内部人员的行动，从而发挥集体优势的一种组织形式。因此，企业的组织机构简单来理解就是企业组织内部分工协作的基本形式或者框架，它是企业内部各组织职能分配的一种体现。

为了更好地管理企业的人力资源，达到"人人有职责，事事有制度，执行有表格，办事有流程，工作有方案"的目的，企业就必须设计出体系完整、分工明确的组织机构。

图 2-3 所示为某公司人力资源中心组织机构的架构图，通过该组织机构图可以清晰、直观地了解该人力资源中心组织的机构组成和人员配备情况，也可以很直观地查看到各组成部门及其所属的上下级。

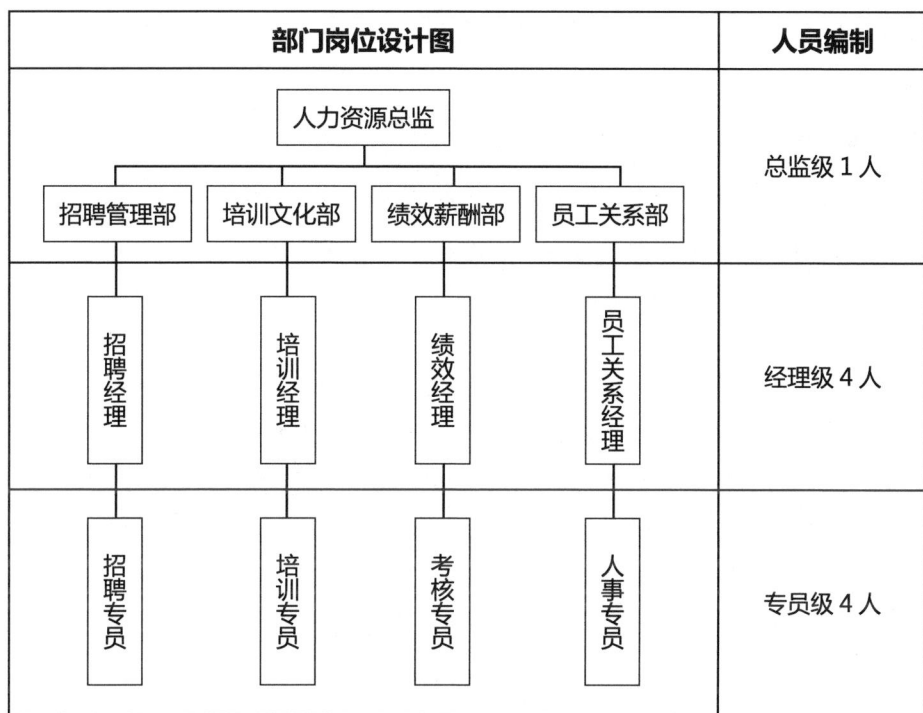

部门岗位设计图	人员编制
人力资源总监 / 招聘管理部　培训文化部　绩效薪酬部　员工关系部	总监级 1 人
招聘经理　培训经理　绩效经理　员工关系经理	经理级 4 人
招聘专员　培训专员　考核专员　人事专员	专员级 4 人

图 2-3　某公司人力资源中心组织机构的架构图

2.2.1　企业组织机构设计的内容与原则

既然组织机构在人力资源管理中的作用如此明显，那么我们应该如何来设计组织机构呢？在这之前，首先需要了解组织机构设计的内容有哪些，还有组织机构设计时需要遵循的原则。

（1）组织机构设计的内容有哪些

在人力资源管理中，组织机构设计的内容大同小异，主要是围绕职能、职级和职权等内容的设计。下面分别对组织机构设计的各个内容进行介绍。

◆ 职能设计

职能设计就是对企业的经营职能和管理职能进行设计，它是企业组织机构设计的重中之重。一个符合公司的职业组织结构必须依据企业自身的战略发展目标及工作任务进行量身定制。如果某一职能设计不够合理，就需要及时对其进行调整。

◆ 框架设计

所谓的框架设计其实就是指企业中包含的部门和各管理层的设计，它是组织机构设计中的主要组成部分，也是每个企业的组织机构设计都要包含的内容。

◆ 协调设计

有分工必有协作，这就需要协调设计，即协调方式的设计。协调设计的主要任务是设计出分工后的各个层级、各个部门之间的协调、联系和配合的方式方法，从而使各分工单位能够高效配合，完成企业经营任务，发挥出人力资源管理的效应。

◆ 人员设计

人员设计就是对企业的管理人员进行设计。在企业的整个人力资源管理体系中，所有的工作都是以管理人员为依托，并由其推动和执行。如果没有管理人员就没有人力资源管理。因此，组织机构的设计必须有人员设计，并配备相应数量和质量的管理人员。

（2）组织机构设计需要遵循的原则

企业设计的组织机构设置是否合理，可以通过其是否遵循组织机构设计的原则来判断。具体的原则有如下 5 点。

◆　任务与目标原则

企业组织机构设计的根本目的是为实现企业的战略任务和经营目标服务的，这是一条最基本的原则。对于不同的企业战略目标，其组织架构的模式和职能也不同。

◆　精简高效原则

在满足企业业务需求的情况下，企业设计的组织机构的规模、形式和内部结构越简单越好，因为过于复杂的组织机构结构不仅会降低效率，还可能导致官僚主义出现。同样的任务，在保证完成时间的情况下，以最少的人力去完成，自然是效率最高。

企业组织机构精简高效原则要做到如下 4 点：①不因人设岗；②不设可有可无的岗位；③指挥幅度不宜过多；④尽量减少组织机构的层次，便于信息可以快速传达。

◆　集权与分权相结合的原则

在企业组织机构设计时，既要有必要的权力集中，又要有必要的权力分散，两者不可偏废。

权力集中主要是为了方便管理者对工作进行统一的安排、协调和控制，但是作为管理者也不可能事无巨细。适度分权给下属，不仅减轻自身压力，还能培养下属的工作能力。

但是给下级授权时，必须明确规定下级的职责范围和权限，并在岗位说明书中列出，这就是授权明确原则。

◆　专业分工和协作的原则

在现代人力资源管理中，人力资源管理部门的工作量大，而且各应用领域的专业性强，因此在设计组织机构时要考虑分别设置不同的专业部门，相互协作完成工作，这样有利于提高管理工作的质量与效率。

◆ 稳定性和适应性相结合的原则

稳定性和适应性相结合原则是指企业设置的组织机构既要保证组织外部环境和企业任务发生变化时，能够继续有序地正常运转；同时又要保证组织在运转过程中，能够根据变化的情况快速做出灵活变更，即设计的组织机构应该具有一定的弹性和适应性。

2.2.2　如何按步骤设计组织机构

组织机构的设计往往需要遵循一定的设计步骤，以保证组织机构的合理性和科学性。许多企业未认清这一点，导致组织机构设计混乱，出现因人设岗、权责不匹配等情况。以下是设置组织机构的基本步骤。

【第一步：工作划分】

根据目标一致和效率优先原则，将实现企业经营目标所需要的所有工作划分为各不相同而又相互联系的一系列具体工作。

【第二步：建立部门】

对划分出的一系列具体工作任务分门别类，为每一类别的工作任务建立相应的部门。如此，企业内部分工完成，各职能部门初步建立。

【第三步：决定管理跨度】

管理跨度是指一个领导者所能够指挥的直接下级级数。这需要根据企业的员工素质、对应工作的复杂度以及授权情况等进行科学的设定。而相应的，企业组织机构的管理层次、职权和职责范围也能够合理地设置。

【第四步：确定职权关系】

有责必有权，有权必有责。组织机构管理层次确定后，需要授予各级管理者必要的权力，以满足其完成本职工作和职责所需。组织成员之间的职权关系一般分为纵向和横向两种，具体介绍如下。

◆ 纵向职权关系：也称为上下级间的职权关系，上下级间权力和责任的分配，关键在于授权程度。

◆ 横向职权关系：也称直线部门与参谋部门之间的职权关系。其中，直线部门即拥有实际决策权和指挥权的部门，而参谋部门是指只能在职能范围内向直线部门提出建议的部门，没有实际权力。

【第五步：通过组织运行不断调整和完善组织机构】

组织机构设计完成后并不是固定不变的，需要在实际运行中调整和改善。在餐饮企业组织机构运行过程中，许多问题都会随之暴露。再加上运行过程中获得的经验、员工的反馈信息，管理者可以重新审视原有组织机构，然后进行相应的调整和完善。

2.3
人力资源规划工作岗位的合理配置

组织机构的设计只能对企业整体人力资源需求结构进行规划，但是某一工作岗位的具体配置问题则需要对该工作岗位的需求和职位进行分析，才能最终确定工作岗位的配置是合理的。

2.3.1　工作岗位分析的基础知识

工作岗位分析又可以称为职位分析、工作分析，它主要是对企业中某一工作岗位的设置目的、工作职责、权力、隶属关系和任职要求等相关信息进行收集与分析，然后明确地规定本企业该职位的相关职位要求和信息。

在进行岗位分析时，一般需要从 8 个方面来考虑，可以将其归纳为 7W1H，具体内容如下。

◆ Who：谁从事此项工作，具体的责任人是谁，对任职人员的文化程度、专业知识、专业技能、工作经验以及职业化素质等资格有什么要求。

◆ What：在任职人员要完成的工作任务当中，哪些是属于体力劳动的范畴，哪些是属于智力劳动的范畴。

◆ Whom：为谁做，即目标客户。这里的客户不仅指企业对外的客户，也指企业内部的员工。因此，泛指与从事该工作的员工有直接关系的其他所有人，如直接上级、下级、同事和客户等。

◆ Why：为什么做，即该工作对该岗位工作者的意义所在。

◆ When：工作任务应该被要求在什么时候完成。

◆ Where：工作的地点、环境等。

◆ What qualifications：从事这项工作的员工应该具备哪些资质条件。

◆ How：如何从事或者要求如何从事此项工作，即工作程序、规范以及为从事该工作所需要的权利。

工作岗位分析是一项复杂的系统工程，企业在开展这项工作时，必须选择行之有效的分析方法，并且分阶段按步骤进行。

常用的工作岗位分析方法有多种，如访谈法、问卷调查法和工作日志法等。表2-2所示为常见工作岗位分析方法的相关介绍。

表2-2　常见工作岗位分析方法

分析方法	具体阐述
访谈法	访谈法又称面谈法，是应用最广泛的职位分析方法之一。职位分析师会面对面与任职者、主管和专家等进行交流，询问他们对该相关职位的看法。一般情况下，访谈法可采用标准化的访谈格式进行记录，便于对访谈内容进行控制，比较同一职位不同任职者的回答
问卷调查法	问卷调查法是由一组相关人员针对某个调查问题设计一份调查问卷，然后交由相对的调查对象进行填写，再由问卷调查分析人员对问卷调查的结果进行整理、分析和总结，并做出详细记录，最后据此编写工作职务描述

续表

分析方法	具体阐述
观察法	观察法就是分析人员通过到现场对相关任职者的日常工作活动进行观察，收集并记录员工的具体工作内容、工作环境、人与工作的关系等信息，再进行分析和总结
工作日志法	工作日志法也称为工作写实法，要求任职者按时间顺序将每天的工作内容详细地记录到日志当中，然后由工作分析人员对日志进行归纳和分析，从而实现工作分析的目的
资料分析法	资料分析法是通过查阅与职位相关的各种原有资料（如责任制文本等人事文件），了解每项工作的任务、工作负荷、任职资格、责任和权力等，从而为深入调查和分析打下基础，这种方法是一种比较节约成本的分析方法
工作实践法	工作实践法是分析人员亲自从事所要分析的工作，并根据其所掌握的第一手资料进行分析的方法。这种方法的优点是所获资料真实而有针对性，比较适用于短期内可以掌握的工作
关键事件法	关键事件法要求分析人员、管理人员与本岗位员工，将某项工作过程中的关键事件（即工作成功或失败的行为特征或事件，如成功与失败、盈利或亏损、高效与低产等）详细地记录下来。在搜集到关键事件的大量信息后，再由分析人员对岗位的特殊要求进行分析和研究。这种方法的实施需要消耗大量的时间来收集、归纳、整理关键事件的相关信息，并且由于在记录过程中是针对某些特别有效或者特别无效的事件信息进行记录，有可能遗漏一些不显著的关键指标，所以难以非常完整地把握事件的所有信息
任务调查表法	任务调查表法是通过制定任务调查表，将其发放给对应的在职员工填写，以此来获得与工作相关的数据或信息，进而对该任务进行分析的一种方法。在任务调查表中要列明每条检查项目或评定项目，包括要完成的任务、判断的难易程度、学习时间、与整体绩效的关系等，从而形成该任务的信息一览表

　　虽然工作岗位分析方法有很多种，但是在具体实施时有统一的实施步骤，一般可以分为 5 个阶段来完成，分别是筹划准备阶段、信息搜集阶段、资料分析阶段、结果完成阶段和应用反馈阶段，各阶段的具体操作内容如图 2-4 所示。

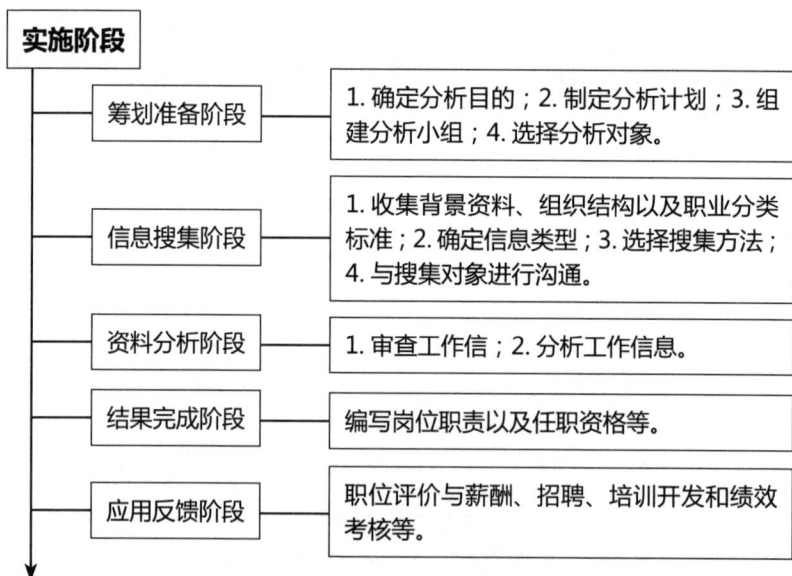

图 2-4 工作岗位分析要经历的阶段

2.3.2 职位说明书的内容

我们做工作岗位分析的主要目的是编写职位说明书，因为通过职位说明书，不仅能方便对员工进行目标管理，还可以为企业招聘／录用员工、绩效考核、制定薪酬政策、员工教育与培训、员工晋升与开发等提供依据，是人力资源规划管理中的基础文件。

职位说明书也可以称为职务说明书或岗位说明书，它具体是对企业某个工作岗位的任职条件、岗位目的、指挥关系、沟通关系、职责范围、负责程度和考核评价内容给予定义性说明。一般情况下，职务说明书包括两部分的内容，一是职位描述，二是职位的任职资格要求。

◆ **职位描述**：这部分内容主要是对任职人员在该工作岗位的具体工作内容进行概括说明，一般包括岗位设置的目的、基本职责、业绩标准、工作权限等内容。

◆ **职位的任职资格要求**：这部分内容主要是对任职人员的标准和规范进行概括说明，一般包括该岗位的行为标准，胜任该岗位所具备的知识、技能、能力、个性特征以及对任职人员的培训需求等内容。

下面列举一个某公司人力资源总监的职位说明范例，让大家更直观地了解职位说明书具体包括的内容。

| **范例解析** |　某公司人力资源总监职位说明

【岗位名称】人力资源总监

【直属上级】总经理、董事长

【直接下级】人力资源经理

【岗位职责】

1.全面统筹规划公司人力资源发展战略，开发短、中、长期人力资源，合理调配公司的人力资源。

2.向公司高层提供有关人力资源战略、组织建设等方面的建议，致力于提高公司的综合管理水平。

3.组织、分析、评估人力需求，制定招聘计划、招聘策略及招聘工作流程。

4.负责推动人才管理项目，包括领导力发展模型的建立与持续优化、高潜质人才选拔标准建立、核心人才评价、核心人才激励与培养、人才梯队与继任管理工作。

5.构建和完善适应公司发展需要的人力资源管理体系（招聘规划、培训规划、绩效管理、薪酬福利、员工激励、员工发展、员工关怀和保留等模块），负责对人力资源相关模块工作的管理、执行、监督和完善。

6.负责建立精干高效的培训组织体系，组织完善培训管理制度，提供系统有效、有针对性、可持续提升和前瞻性的培训；监督各部门制定员工培训工作，审核培训计划，检查落实情况。

7.负责制定适合公司发展的薪酬福利体系和管理制度，建立动态的薪酬管理体系。

8.负责分解公司战略目标，制定有效的绩效管理体系和制度，组织开发与建立考核信息系统，指导各部门开展绩效考核工作，合理运用绩效结果，撰写分析方案。

9.负责员工关系管理，建立员工职业生涯规划平台。

10.组织制定人力资源工作发展规划、预算方案，有效并合理控制人力预算，并监督各项计划的实施。

【任职资格】

1.人力资源管理或相关专业统招本科以上学历。

2.5年以上行政人事管理经验，3年以上人力资源总监或人力资源部经理工作经验。

3.了解现代企业人力资源管理模式，拥有实践经验，对人力资源管理各个职能模块均有较深入的认识，熟悉国家相关的政策、法律法规。

4.有很强的计划性和实施执行的能力；有亲和力，很强的激励、沟通、协调和团队领导能力。

5.具备良好的人际交往能力、组织协调能力、沟通能力以及解决复杂问题的能力。

6.具有丰富的人脉和人力资源储备信息。

7.具备良好的职业道德，责任心强，为人诚实，原则性强，能够承受一定的工作压力。

知识延伸｜职位说明书的形式

职位说明书不一定要以文字叙述的形式展现，也可以将其制作为表格，只要能达到说明的目的，不在乎外在形式。另外，职位说明书的编写并不是一劳永逸的事情，需要根据企业实际情况进行调整、修正。

2.3.3 编制职位说明书的具体步骤

职位说明书是人力资源管理的重要信息来源，而职位分析设计也是人力资源管理中比较难的一项工作。那么，我们应该如何来编制科学、合理、符合企业实际的职位说明书呢？具体可以按照图 2-5 所示的流程进行编制。

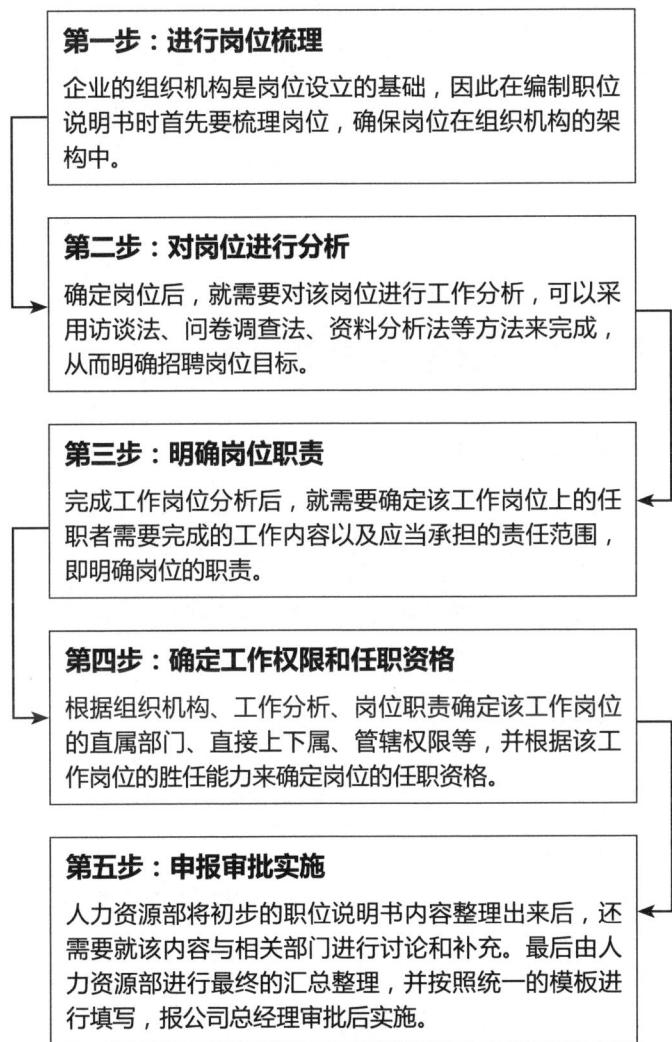

第一步：进行岗位梳理

企业的组织机构是岗位设立的基础，因此在编制职位说明书时首先要梳理岗位，确保岗位在组织机构的架构中。

第二步：对岗位进行分析

确定岗位后，就需要对该岗位进行工作分析，可以采用访谈法、问卷调查法、资料分析法等方法来完成，从而明确招聘岗位目标。

第三步：明确岗位职责

完成工作岗位分析后，就需要确定该工作岗位上的任职者需要完成的工作内容以及应当承担的责任范围，即明确岗位的职责。

第四步：确定工作权限和任职资格

根据组织机构、工作分析、岗位职责确定该工作岗位的直属部门、直接上下属、管辖权限等，并根据该工作岗位的胜任能力来确定岗位的任职资格。

第五步：申报审批实施

人力资源部将初步的职位说明书内容整理出来后，还需要就该内容与相关部门进行讨论和补充。最后由人力资源部进行最终的汇总整理，并按照统一的模板进行填写，报公司总经理审批后实施。

图 2-5 编制职位说明书的 5 个步骤

需要特别说明的是，职位说明的编写不是一劳永逸的，随着行业的发展、企业的战略变化会对现有岗位提出新的要求，以便能更好地适应企业的当下情况和满足企业的实际需求。因此，职位说明书也会对应地做出更新、修正和调整。

为了更好地对企业的职位说明书进行动态管理，企业一般会建立相应的职位说明书动态管理制度，并由专人负责执行，定期对职位说明书进行核查。在确定有变动后，需要及时进行更新，使其与公司的实际发展状况保持同步。

2.4
人力资源的需求供给预测

人力资源规划的根本工作内容就是规划企业的"人力"，例如需要什么样的人才，需要多少人才，如何规划人力才能确保人岗合理。因此，在人力资源规划管理中，对企业的人力需求和供给进行预测分析是重要的工作内容，下面分别介绍如何开展人力资源需求预测和人力资源供给预测。

2.4.1　人力资源需求预测

人力资源需求预测是指为实现企业既定目标，根据企业的发展战略和发展规划，对预测期内所需员工数量和种类的估算。其具体包括现实人力资源需求预测、未来人力资源需求预测和未来人力资源流失预测。

◆　现实人力资源需求预测

现实人力资源需求预测是指根据企业目前的职务编制水平，对企业的人力资源现状和人员配置情况进行盘点和评估，从而确定现实的人力资源需求。其具体的实施步骤如图 2-6 所示。

人力资源部根据工作岗位分析的结果，确定企业目前的职务编制水平和人员配置，并将相应的职务说明书作为确定各岗位工作职责和任职资格的标准。

人力资源部应在每年年中和年终对企业的人力资源进行盘点，对照现实职务编制水平和职务说明书，统计出人员的超编、缺编以及不符合职务资格要求的人数。

人力资源部将上述的统计结果进行汇总，并填写现实人力资源需求预测表，得到初步的现实人力资源需求预测。

人力资源部再将得到的初步现实人力资源需求预测结果与其他各部门的管理人员进行讨论，并根据各部门的实际需求情况对预测结果进行修正，得到的最终修正结果即为现实的人力资源需求。

人力资源部根据最后修正的统计结果重新填写现实人力资源需求预测表，完成现实人力资源需求预测的整个过程。

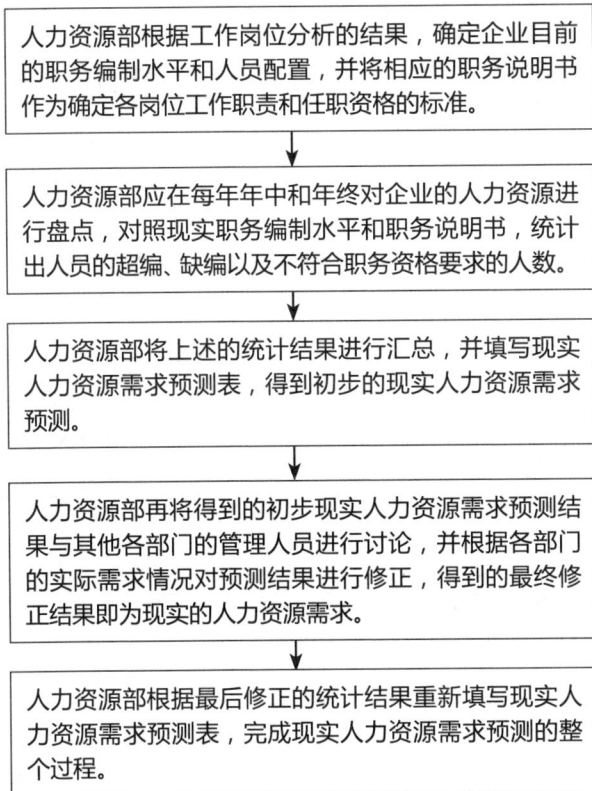

图 2-6 现实人力资源需求预测步骤

现实人力资源需求预测表的一般模式如表 2-3 所示。

表 2-3 现实人力资源需求预测表

年 月 日

部　　门	目前编制	人员配置情况			人员需求
		超　　编	缺　　编	不符合岗位要求	
生产部					
销售部					
采购部					
……					
合计					

◆ 未来人力资源需求预测

未来人力资源需求预测是指根据企业的发展战略和业务发展规划对预测期内企业所需人员数量、种类和条件所做的预测，其具体的实施步骤如图 2-7 所示。

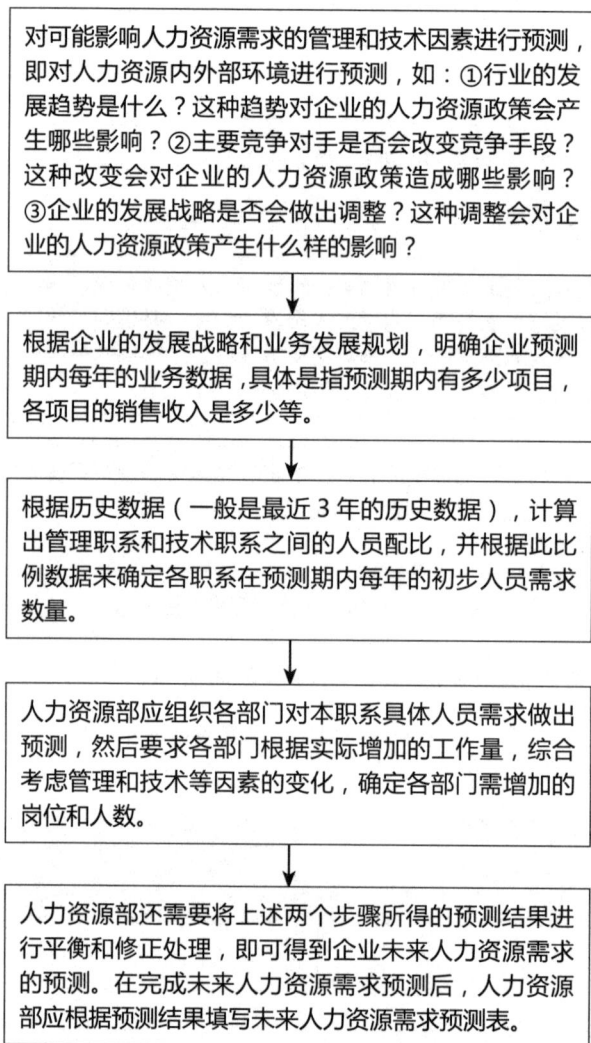

对可能影响人力资源需求的管理和技术因素进行预测，即对人力资源内外部环境进行预测，如：①行业的发展趋势是什么？这种趋势对企业的人力资源政策会产生哪些影响？②主要竞争对手是否会改变竞争手段？这种改变会对企业的人力资源政策造成哪些影响？③企业的发展战略是否会做出调整？这种调整会对企业的人力资源政策产生什么样的影响？

⬇

根据企业的发展战略和业务发展规划，明确企业预测期内每年的业务数据，具体是指预测期内有多少项目，各项目的销售收入是多少等。

⬇

根据历史数据（一般是最近 3 年的历史数据），计算出管理职系和技术职系之间的人员配比，并根据此比例数据来确定各职系在预测期内每年的初步人员需求数量。

⬇

人力资源部应组织各部门对本职系具体人员需求做出预测，然后要求各部门根据实际增加的工作量，综合考虑管理和技术等因素的变化，确定各部门需增加的岗位和人数。

⬇

人力资源部还需要将上述两个步骤所得的预测结果进行平衡和修正处理，即可得到企业未来人力资源需求的预测。在完成未来人力资源需求预测后，人力资源部应根据预测结果填写未来人力资源需求预测表。

图 2-7　未来人力资源需求预测步骤

未来人力资源需求预测表的一般格式如表 2-4 所示。

表 2-4　未来人力资源需求预测表

年　月　日

预测内容	预测期				
	第一年	第二年	第三年	第四年	第五年
行政辅助职系					
技术职系					
增加的岗位及人数					
备　注					

◆　未来人力资源流失预测

未来人力资源流失预测是在综合考虑历史人员离职情况的基础上对预测期内的人员流失情况做出预测，其具体的实施步骤如图 2-8 所示。

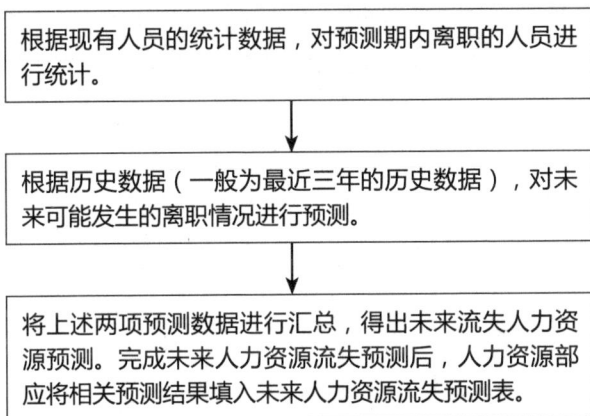

根据现有人员的统计数据，对预测期内离职的人员进行统计。

根据历史数据（一般为最近三年的历史数据），对未来可能发生的离职情况进行预测。

将上述两项预测数据进行汇总，得出未来流失人力资源预测。完成未来人力资源流失预测后，人力资源部应将相关预测结果填入未来人力资源流失预测表。

图 2-8　未来人力资源流失预测步骤

未来人力资源流失预测表的一般格式如表 2-5 所示。

表 2-5　未来人力资源流失预测表

年　月　日

预测内容	预测期				
	第一年	第二年	第三年	第四年	第五年
离职人员					

续表

预测内容	预测期				
	第一年	第二年	第三年	第四年	第五年
岗位及人数					
备　注					

当人力资源部根据现实人力资源需求、未来人力资源需求和未来流失人力资源预测，汇总得出企业整体的人力资源需求预测后，需要将整体人力资源需求预测结果填入人力资源需求预测表，完成企业的人力需求预测工作。

人力资源需求预测表的一般格式如表2-6所示。

表2-6　人力资源需求预测表

年　月　日

预测内容	预测期			
	当前年	未来第一年	未来第二年	……
行政辅助职系	现实人数：	期初人数：	期初人数：	
	现实需求：	需增加岗位和人数：	需增加岗位和人数：	
		流失人数预测：	流失人数预测：	
	总需求：	总需求：	总需求：	
技术职系	现实人数：	期初人数：	期初人数：	
	现实需求：	需增加岗位和人数：	需增加岗位和人数：	
		流失人数预测：	流失人数预测：	
	总需求：	总需求：	总需求：	

续表

预测内容	预测期			
	当前年	未来第一年	未来第二年	……
总计	现实人数：	期初人数：	期初人数：	
	现实需求：	需增加岗位和人数：	需增加岗位和人数：	
		流失人数预测：	流失人数预测：	
	总需求：	总需求：	总需求：	

2.4.2　人力资源供给预测

人力资源供给预测是指企业为实现其既定目标，对未来一段时间内企业内部和外部各类人力资源补充来源情况的预测。由此可见，人力资源供给预测包括内部人力资源供给预测和外部人力资源供给预测两方面。

（1）内部人力资源供给预测

内部人力资源供给预测是对内部人员拥有量的预测，其任务是根据现有人力资源及其未来变动情况，预测出规划期内各时间点上的人员拥有量。其具体的实施步骤如下所示。

首先，人力资源部需要对企业内部现有人力资源进行盘点，清楚地掌握企业现有人力资源的质量、数量、结构和在各职位上的分布状态，以便掌握现有人力资源情况。

其次，对企业近几年的职务调整政策和历史员工调整数据进行整理，统计出员工调整的比例，包括各职系中各职等的晋升比例、离职比例等。

接着，人力资源部要向企业的其他各部门了解可能出现的人事调整情况。

最后，人力资源部要根据以上搜集到的情况，采用相应的预测方法，得出内部人力资源供给预测结果。

能够进行内部人力资源供给预测的方法有很多，这里介绍一种最常用且相对简单的预测方法——管理人员接替图。

管理人员接替图是一种岗位延续计划，因此又可以称为管理者继承计划，它是对现有管理人员的状况进行调查、评价后，列出未来可能的管理者人选。这种方法是把人力资源规划和企业战略结合起来的一种较为有效的方法。

| 范例解析 | 管理人员接替图的应用

图2-9所示为某公司利用管理人员接替图对企业内部人力资源进行预测的图例。

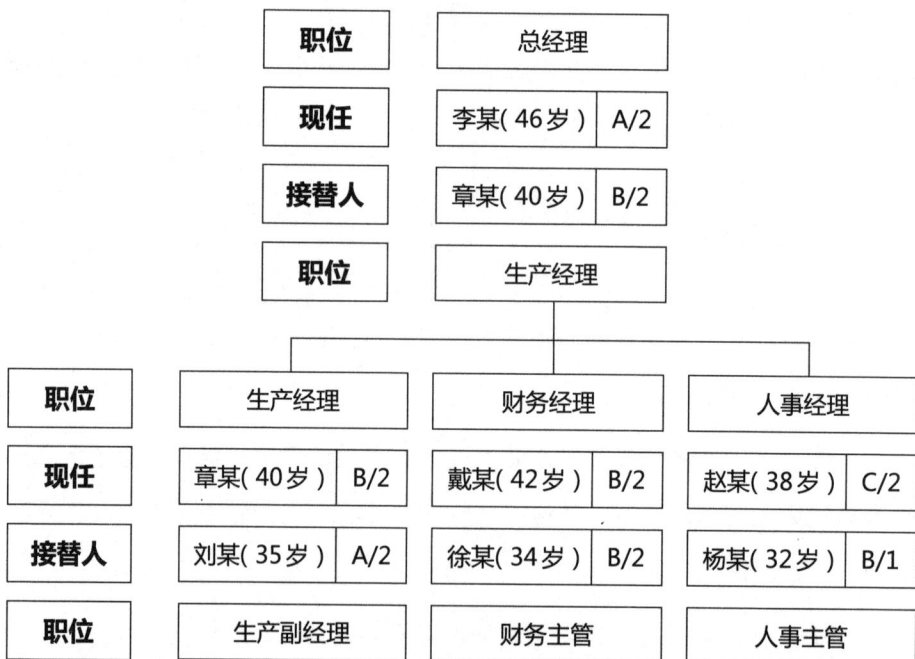

职位	总经理	
现任	李某（46岁）	A/2
接替人	章某（40岁）	B/2
职位	生产经理	

职位	生产经理		财务经理		人事经理	
现任	章某（40岁）	B/2	戴某（42岁）	B/2	赵某（38岁）	C/2
接替人	刘某（35岁）	A/2	徐某（34岁）	B/2	杨某（32岁）	B/1
职位	生产副经理		财务主管		人事主管	

图2-9　管理人员接替图

在图2-9中，每一个职位有4个项目，分别是职位、现任、接替人、现职。针对现任和接替人两个项目又分别包括两列，左侧列显示的是人员的名称和年龄，右侧列用"/"划分了两个部分。

①"/"的左侧是字母，它代表的是管理者的绩效等级，共有A～C这3个等级。

"A"表示现在就可提拔。

"B"表示还需要一定的开发。

"C"表示现职位不很合适。

②"/"的右侧是数字，它代表的是管理者晋升可能性的评估等级，共有1～4这4个等级。

"1"表示绩效表现突出。

"2"表示优秀。

"3"表示一般。

"4"表示较差。

通过这样一张直观的接替图，不仅可以清晰、明了地了解企业内部管理人员的基本情况，有让员工感觉到企业对员工职业生涯发展的关注。因此这种方法在许多公司的内部人力资源供给预测中广泛应用，并且都取得了较好的结果。

（2）外部人力资源供给预测

外部人力资源供给预测的任务是确定在规划期内各时间点上可以从企业外部获得的各类人员的数量。这里从外部获得的各类人员侧重于关键人员，主要是高级管理人员和高级技术人员的供给预测。

企业在进行外部人力资源供给预测时，需要重点对以下的因素进行考虑和分析。

◆ 企业所在地和行业的人力资源整体现状。

◆ 企业所在地和行业有效的人力资源供给现状。

◆ 企业所在地对人才的吸引程度。

◆ 企业薪酬对所在地和行业人才的吸引程度。

◆ 企业能够提供的各种福利对所在地和行业人才的吸引程度。

◆ 企业本身对人才的吸引程度。

◆ 企业所在地与企业需求人员匹配的相关专业的大学生毕业人数及分配情况。

◆ 国家在就业方面的政策和法规。

◆ 该行业地区范围内的人才供需情况。

◆ 地区范围内从业人员的薪酬水平和差异。

对于以上这些考虑因素，企业可从当地公布的各类统计数据中获取，从而明确企业需求人员的市场供给情况，以此来采取相应的人才补充对策。

此外，还需要特别说明的是，企业的人力资源供给预测方法和结果也是动态存在的，人力资源部应根据企业内外部环境的变化不断做出调整。

2.5
人力资源规划量化管理实战

人力资源规划是企业内一项非常重要的工作，它既可以使企业稳定流畅地运行，同时又是一项系统的战略工程。其可以分为工作的统筹规划、人力资源费用预测以及人力分析等。而对于这些量化管理与分析，使用 Excel 可以方便地完成。

2.5.1　制作工作统筹规划表

工作统筹规划即统一、协调各项人力资源，从而及时对人力资源的供给和需求进行预测和规划，实现企业发展与人力资源需求间的动态匹配。

在工作统筹规划中，经常涉及的表格有各部门月度重点工作计划表、年度人力资源需求预测表、岗位职能说明表和岗位工作分析调查问卷等。对于一些记录性的表格，如工作计划表、岗位职能说明表等，可以在 Word 中制作，也可以在 Excel 中制作。但是类似于年度人力资源需求预测表这种表格，由于其中有数据汇总计算，因此最好在 Excel 中设计。在设计好后，需要重复利用时，相关汇总数据会自动计算，这样不仅能够保证数据计算结果的正确性，还能提高工作效率。下面以制作年度人力资源需求预测表为例讲解相关制作过程。

| 范例解析 |　制作年度人力资源需求预测表

新建"年度人力资源需求预测表"文件，选择A1:H1单元格区域，在"开始"选项卡"对齐方式"组中单击"合并后居中"按钮将选择的单元格合并为一个单元格，如图2-10所示。

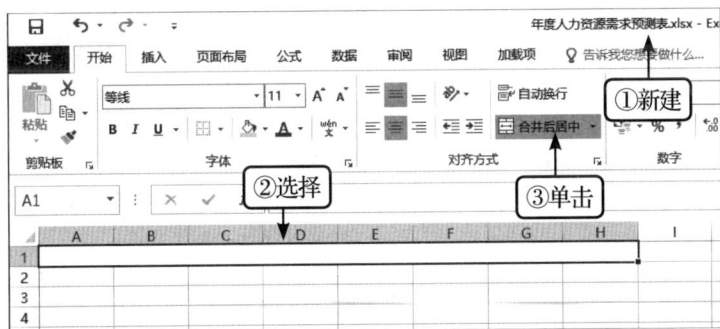

图 2-10　新建文件并合并表头

在合并的单元格中输入"年度人力资源需求预测表"文本，选择单元格，在"开始"选项卡的"字体"组中将字体设置为"方正大黑简体"，将字号设置为"22"。然后将鼠标光标移动到第一行单元格行号下方的分隔线上，按下鼠标左键不放，向下拖动鼠标光标调高行高（如果要调整列宽，可拖动列标右侧的分隔线），如图2-11所示。

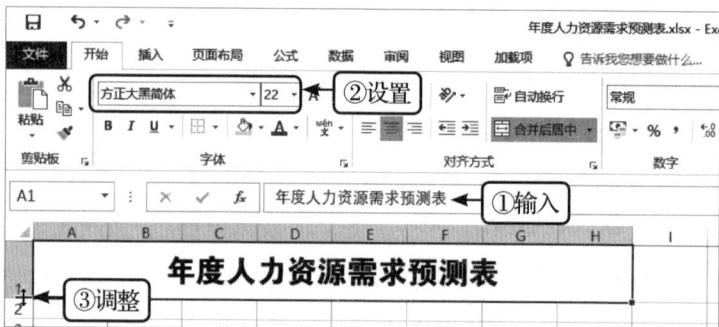

图 2-11　制作表格标题

用相同的方法完成表格结构的搭建，选择A2:H14单元格区域，单击"边框"按钮右侧的下拉按钮，选择"所有框线"选项为表格添加边框效果，如图2-12所示。

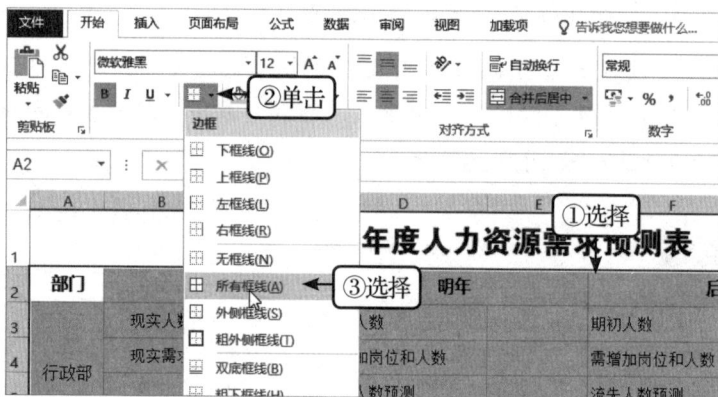

图 2-12　搭建表格结构并添加边框

选择C6单元格，在编辑栏中输入"=C4+C5"公式，按【Ctrl+Enter】组合键完成行政部当前年的人力总需求，如图2-13所示。

选择C6单元格，按【Ctrl+C】组合键复制公式，选择E6单元格，按【Ctrl+V】组合键粘贴公式，即可完成明年行政部的人力总需求公式的输入，如图2-14所示。

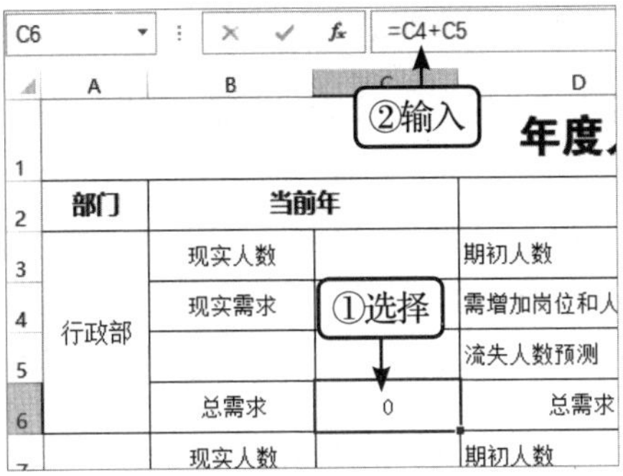

图 2-13 输入公式

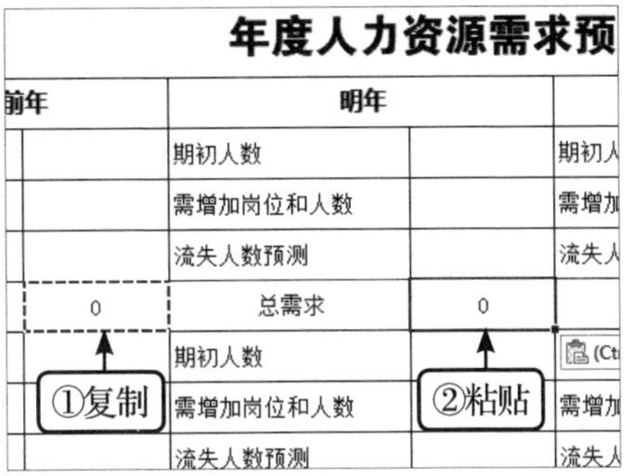

图 2-14 复制公式

用相同的方法完成其他总需求单元格公式的输入,在工作表中输入对应的现实人数、现实需求人数、期初人数、需增加岗位和人数和流失人数预测等数据,程序会自动计算对应的总需求人数,如图2-15所示。从该表中即可清晰地查看到该公司各部门当前年、明年和后年的人力资源现状。

年度人力资源需求预测表

部门	当前年		明年		后年		备注
行政部	现实人数	10	期初人数	15	期初人数	20	
	现实需求	5	需增加岗位和人数	5	需增加岗位和人数	5	
			流失人数预测	5	流失人数预测	5	
	总需求	5	总需求	10	总需求	10	
销售部	现实人数	20	期初人数	30	期初人数	40	
	现实需求	10	需增加岗位和人数	10	需增加岗位和人数	10	
			流失人数预测	5	流失人数预测	10	
	总需求	10	总需求	15	总需求	20	
总计	现实人数	30	期初人数	45	期初人数	60	
	现实需求	15	需增加岗位和人数	15	需增加岗位和人数	15	
			流失人数预测	10	流失人数预测	15	
	总需求	15	总需求	25	总需求	30	

审批: 审核: 编制:

图 2-15 完善公式并录入数据

2.5.2 总体人力资源结构分析

对企业总体的人力资源结构分析主要是对企业现有人员的性别结构、年龄结构、学历结构和系统结构等构成进行分析。而在人力资源结构分析结果表中，这些分析结构都是以数据的方式直接呈现，对具体的构成占比分析查看不直观。为了让分析结果更加直观，此时可以使用Excel图表来进行图形化展示。

| 范例解析 |　直观展示企业现有人力资源的学历构成

表2-7所示为某公司2020年6月统计的公司现有人力资源结构数据。

表 2-7　某公司 2020 年 6 月统计的公司现有人力资源结构数据

性别结构			年龄结构			学历结构			系统结构		
性别	人数	比例	年龄	人数	比例	学历	人数	比例	类别	人数	比例
男	2 429	69.40%	18 ~ 20	420	12.00%	硕士	586	16.74%	管理	604	17.26%
女	1 071	30.60%	21 ~ 25	880	25.14%	本科	872	24.91%	技术	337	9.63%
			26 ~ 30	693	19.80%	专科	921	26.31%	营销	489	13.97%
			31 ~ 35	645	18.43%	高职	715	20.43%	后勤	176	5.03%
			36 ~ 40	417	11.91%	其他	406	11.60%	生产	1 894	54.11%
			41 ~ 45	263	7.51%						
			≥ 46	182	5.20%						
合计	3 500	100.00%		3 500	100.00%		3 500	100.00%		3 500	100.00%

从表2-7中可以看到，该公司从性别、年龄、学历和系统4个方面对现有人力资源结构进行了统计分析，得到的分析结果不是特别明确。对于这些比例数据，相互之间的占比不够清晰、直观，下面以通过饼图来展示学历结构的数据为例，讲解利用图表展示人力资源数据分析结果的相关方法。

在Excel文件中选择需要创建图表的单元格区域，这里选择学历结构下的学历和比例所对应的单元格区域，单击"插入"选项卡，在"图表"组中单击"插入饼图或圆环图"下拉按钮，选择需要的饼图类型，如图2-16所示。

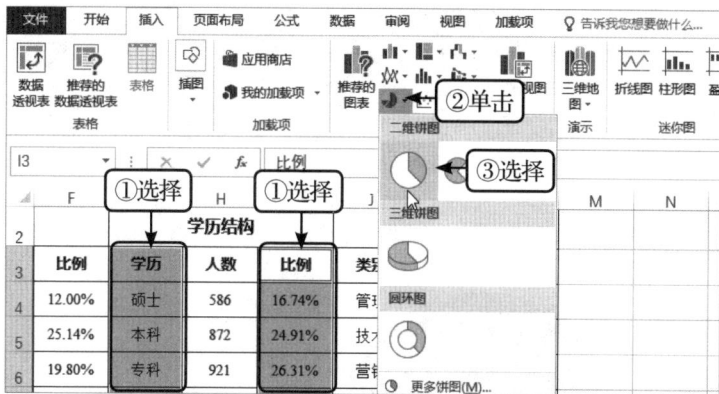

图 2-16　根据数据源创建饼图

程序自动创建对应的饼图并激活"图表工具"选项卡组，保持图表的选择状态，单击"图表工具 格式"选项卡，在"形状样式"组中选择一种预设样式更改图表默认的形状样式，如图2-17所示。

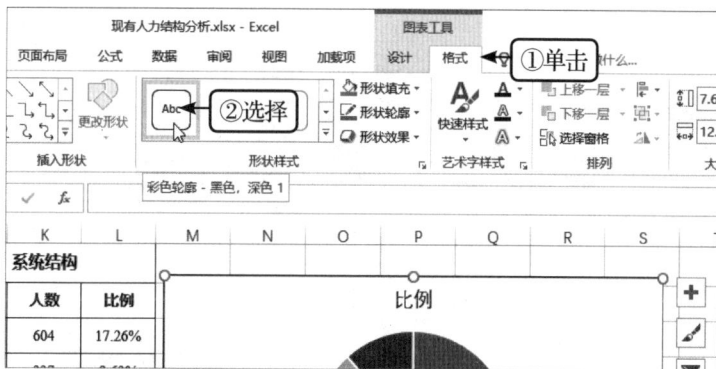

图 2-17　更改图表默认的形状样式

在"图表工具 格式"选项卡的"大小"组中分别设置高度和宽度为10厘米和13厘米，更改图表的大小，如图2-18所示。

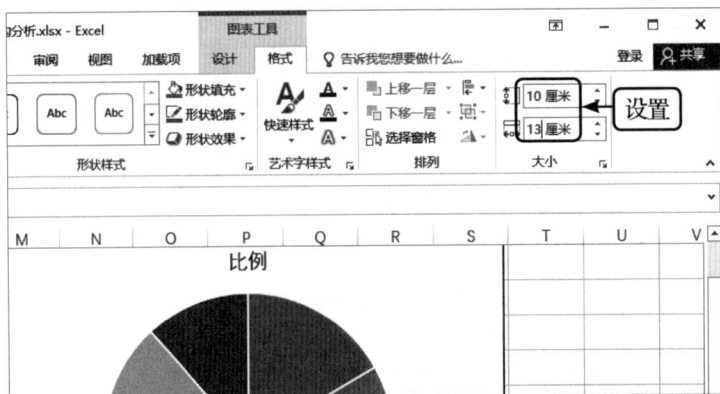

图 2-18　更改图表大小

　　保持图表的选择状态，单击"图表工具 设计"选项卡，在"图表布局"组中单击"添加图表元素"下拉按钮。选择"图例"命令，在弹出的子菜单中选择相应的选项可更改图例的位置，这里选择"无"选项取消显示图表的图例元素，如图2-19所示。

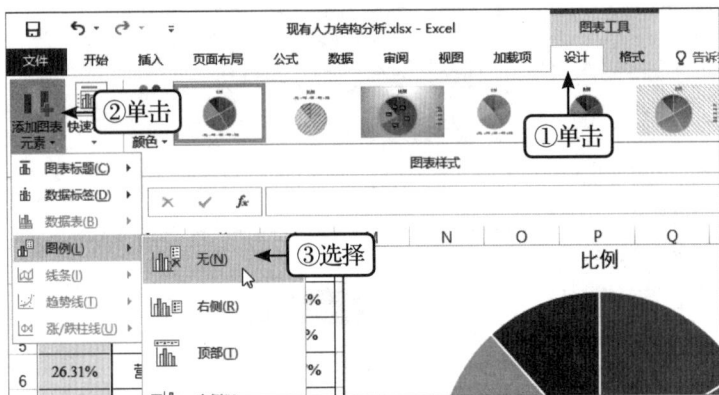

图 2-19　取消图例元素的显示

　　再次单击"图表布局"组中的"添加图表元素"下拉按钮，选择"数据标签"命令，在弹出的子菜单中选择相应的选项可快速为饼图的每个扇区添加或删除数据标签，这里选择"其他数据标签选项"命令对显示的数据标签进行更多设置，如图2-20所示。

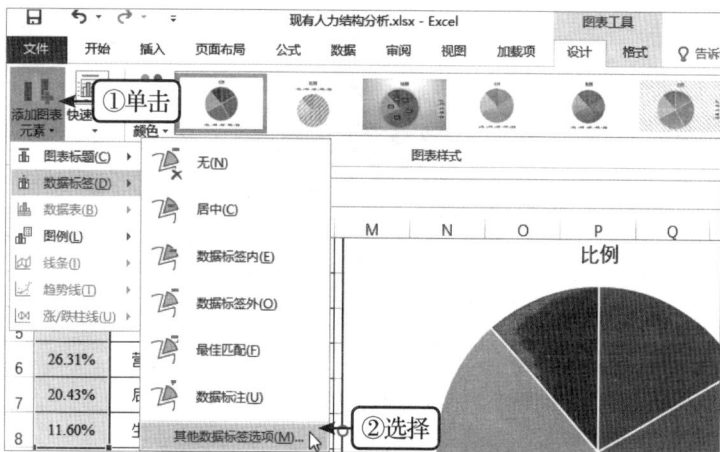

图 2-20　执行"其他数据标签选项"命令

在打开的"设置数据标签格式"任务窗格的"标签选项"栏中选中"类别名称"复选框可在数据标签中显示对应数据的类别。单击"分隔符"下拉列表框右侧的下拉按钮，选择"分行符"选项将数据标签中的类别和值分行显示，最后关闭该任务窗格，如图2-21所示。

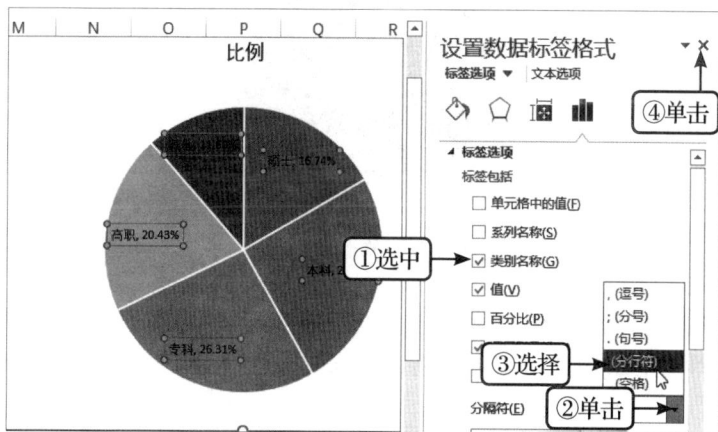

图 2-21　自定义设置数据标签的显示内容和效果

保持数据标签的选择状态，在"开始"选项卡的"字体"组中将其字体格式设置为"微软雅黑，加粗"，字体颜色设置为自动，如图2-22所示。

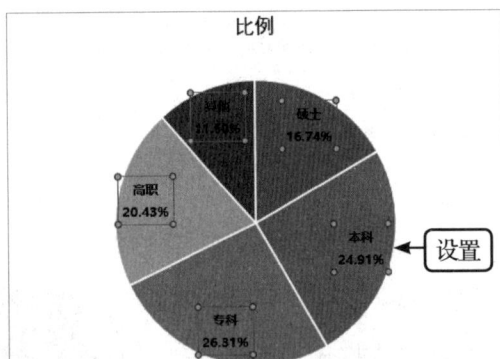

图 2-22　更改数据标签的显示格式

将默认的图表标题修改为"某公司2020年6月现有人力学历结构分析"，并为其设置对应的字体格式，完成最终效果的设置，如图2-23所示。

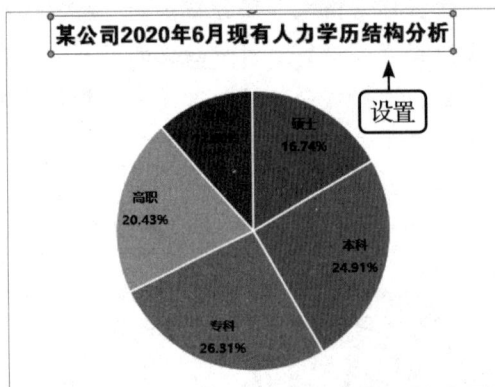

图 2-23　修改饼图标题

从创建的饼图（见图2-23）中可以清晰地查看到该公司有哪些学历的员工，且各学历占公司总人数的比例是多少。

第3章

有效的招聘与面试，
引进高素质人才

企业的发展壮大离不开高素质人才的贡献，因此，要提升企业的竞争力，促使企业更好地发展，引进高素质的人才是非常关键的。要达到这个目的，企业就必须重视人才的招聘与面试工作。有效的方法和科学的量化分析，是做好招聘与面试工作的重要保障。

3.1
做足准备才能开展招聘活动

企业开展招聘活动的最终目的是为企业吸纳优秀的人才，要完成一次招聘活动，会涉及多个流程环节。为了确保招聘活动达到预期的效果，那么必要的准备工作要做足。

3.1.1　了解招聘的流程

对企业来说，招聘是很常见的事，对 HR 来说，也是经常处理的工作。但是，为了更好地指导招聘工作的全面开展，企业也应当根据自身的实际情况，制定符合本公司的招聘流程图。它不仅能帮助企业科学地管理招聘活动，也能让相关工作人员在流程中认识到自己的职责所在，从而让招聘的各环节都能有序进行，提高招聘效率。

各个企业因为部门设置和职务不同，设计的招聘流程图会有所差异，但是大多数企业的人事部门招聘都会经历 9 个阶段，如图 3-1 所示。

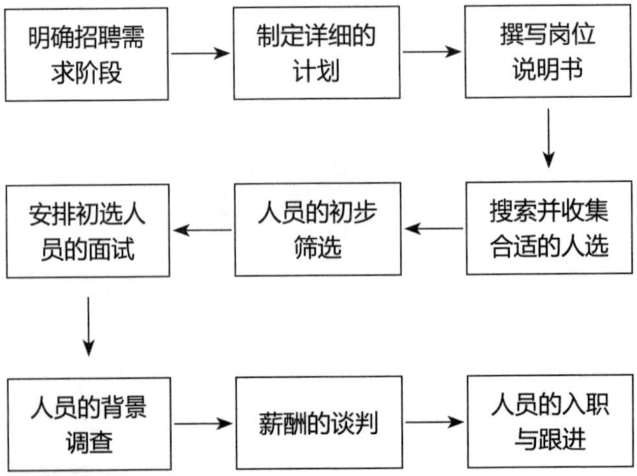

图 3-1　招聘的 9 个阶段

针对这样 9 个招聘阶段，我们可以确定出最基本的招聘工作流程，具体如下。

◆ 第 1 阶段：明确招聘需求阶段

这是开展招聘活动的基础，最容易被忽略。只有真正了解岗位的人，才能有效和快速地识别哪些人选是合适的。

◆ 第 2 阶段：制定详细的计划

制定切实可行的招聘计划，可以监督招聘活动在每个时间节点完成既定的关键事项，从而确保招聘活动有序进行。

◆ 第 3 阶段：撰写岗位说明书

岗位说明书是应聘人员了解企业的第一个窗口，因此 HR 要根据目标招聘岗位撰写真实、严谨的岗位说明书。

◆ 第 4 阶段：搜索并收集合适的人选

在这个阶段，HR 需要通过各种招聘渠道尽可能地挖掘多一些潜在的人选，因为招聘过程是层层筛选，最后筛选出合适的人员。所以前期要尽可能多地收集合适的人员，可以为后期有更多的选择做好储备。

◆ 第 5 阶段：人员的初步筛选

由于在招聘活动开展前，HR 已经对招聘岗位有深入地了解，此时，就需要根据具体的招聘条件快速判断收集的人选是否满足岗位需求。将不符合需求的人选快速剔除，留下数名合格人选汇总到备选的名单当中。

◆ 第 6 阶段：安排初选人员的面试

通过前面的阶段，在这个阶段，终于可以将费心寻找的人选推荐给用人部门了。此时 HR 需要与用人部门协调时间，安排其与初选人员之间的会谈，完成面试。

有的时候，用人部门可能要求 HR 陪同面试，此时 HR 需要从面试者的工作经历和成果方面进行询问和考察，尽可能地深挖其中的过程，为用人部门提供有价值的信息。

◆ 第 7 阶段：人员的背景调查

在一些大型公司，用人部门在面试中筛选出最合适的人选和作为后备的人选后，在正式录用前，HR 还需要对人选的关键工作经历进行背景调查，以此来了解这些经历的真实性，以及人选在过往工作中的真实表现。

◆ 第 8 阶段：薪酬的谈判

作为应聘者来说，都希望获得比自己真实价值更高的薪酬，但从企业的角度来看，因其时刻面临生存和发展带来的挑战，所以希望能够以更节省成本的方式招聘到优秀的人才。

因此，薪酬谈判无疑是一场考验 HR 的博弈战。此时，HR 要时刻做好最坏的打算，如果排在第一位的人选拒绝了 Offer，就要紧接着跟进第二、第三排位的人选，以确保招聘能够顺利完成。

◆ 第 9 阶段：人员的入职与跟进

招聘活动并不是招聘到合适的人才就完了，在这之后还有招聘流程的最后一步，即为人选办理入职和入职后的试用期工作跟进，以确保这位新员工能够顺利转正，这样才是真正地完成这个岗位的招聘。

因此，在新员工稳定下来之前，HR 都需要时刻关注他的工作状态，并及时为他提供入职指导。

为了方便 HR 更形象、直观地了解招聘的整个流程，我们需要根据招聘的流程阶段制作符合公司实际情况的招聘流程示意图。

图 3-2 所示为根据以上招聘阶段制作的对应的招聘流程图，通过这个流程示意图可以将整个招聘工作的流程工作变得更具体，对 HR 的招聘工作也更具指导作用。

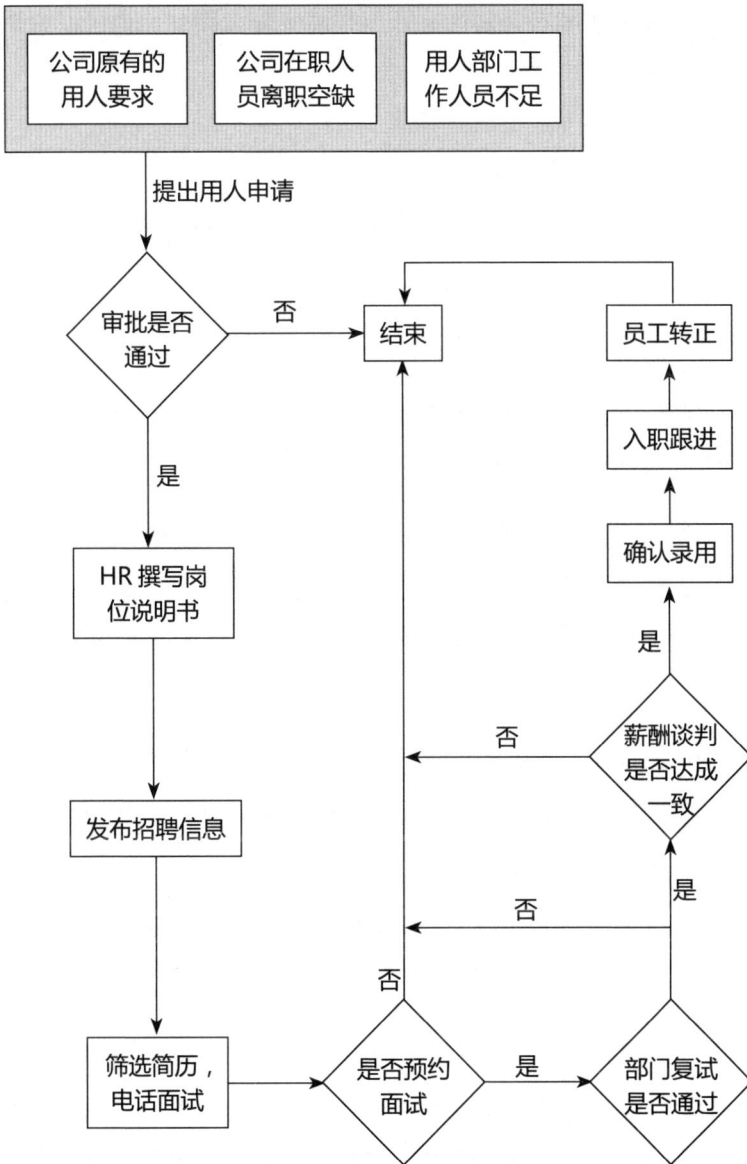

图 3-2　招聘流程图示化

3.1.2　明确招聘的需求

通俗地讲，招聘需求就是指企业需要招什么样的人，HR 只有清楚本次招聘的目标人才，才能有针对性地开展招聘工作。因此，也可以说招聘需求是招聘活动开展的最基本前提。

（1）招聘需求分析的内容

要明确招聘需求，就要进行招聘需求分析。所谓招聘需求分析是指企业在招聘员工时所需的人才类型的综合分析，即通过对本企业人力资源配置状况和需求进行分析，根据内、外部环境的变化，确定人员需求。

通常，HR 在进行招聘的需求分析时，可以从职位本身的职责要求、职位所属团队的特点和企业文化要求这 3 个方面入手。

对于职位本身的职责要求就是招聘岗位的岗位职责和在岗员工需要满足的任职要求，这些内容在本书第二章介绍职位说明书时介绍过，这里不再进行赘述。下面针对职位所属团队的特点和企业文化要求这两方面进行介绍。

◆ 职位所属团队的特点

HR 在组织企业的招聘活动之前，首先要了解清楚是哪个部门哪个团队需要招聘员工，并且了解团队的做事风格，团队负责人喜欢什么样的员工。毕竟招聘的人才是给用人部门使用，而不是单单完成一项任务。如果招聘的员工非常优秀，但是不能很好地融入团队，那么也会降低整个团队的做事效率。

| 范例解析 | 不同地域、不同风格的团队负责人的招聘需求分析

某公司要给成都分公司和北京分公司招聘销售人员，那么在招聘员工的时候就需要对地域划分这个特点进行考虑。此外，这两个分公司的销售经理性格差异也是比较大的，在招聘时必须要考虑到这点。

成都分公司的销售部经理属于豪爽性格的人，其带领的团队成员都比较有闯劲的，每个人都像"打了鸡血"一样亢奋，行事匆匆。

北京分公司的销售经理属于行事稳重的人，喜欢行事低调，是一位做事有成效的人。

如果HR不了解这个特点，在招聘时将性格豪爽、张扬的人安排到北京分公司，而将做事慢但是很沉稳的人安排到成都分公司。这样分配可能导致销售经理不喜欢这类人员，难以安排和开展工作，而且员工本身也不能很好地融入团队氛围当中，做起事来也不顺心。这对员工和用人单位来说，都是比较麻烦的事情。

◆　企业文化要求

招聘员工不仅仅是用人单位的需求，其招进的人才也要与企业文化的要求形成统一，这样才能长久地和公司捆绑在一起，共同发展。比如公司企业文化体现的是实在、稳当的特点，那么在招聘人才时要更偏向于内敛、低调的人员。

（2）招聘需求分析的步骤

在了解了招聘需求分析的内容后，下面再来看看 HR 具体应该按照什么样的步骤来执行招聘需求分析工作。

一般情况下，要进行招聘需求分析，可以按照 4 个步骤来实施，具体步骤如下。

【第一步，岗位信息的采集搜集】

HR 可借助公司的职位说明书、企业的组织机构等文件，对招聘岗位有逐步的了解，再结合适当的工作岗位分析法（相关内容已在第二章有详细的讲解，读者可在该位置查看相关内容）来进一步了解招聘岗位，完成拟招聘岗位的岗位信息采集。

【第二步，岗位信息的整理提炼】

由于搜集岗位信息的途径有很多，对于来自各方搜集到的资料，HR 还需要将其汇总在一起，筛选提炼出有用的信息，方便使用。

在整理搜集的岗位信息时，HR 可以从岗位的职责要求、工作环境特点、公司文化特征和公司发展需要这几个方面进行归类，具体分类说明如表 3-1 所示。

表 3-1　岗位信息的分类

分　　类	具体说明
岗位职责要求	岗位的关键作用是什么？岗位对人员的要求是什么？这些要求哪些是对人的，哪些是针对工作的？
工作环境特点	工作环境是否特殊？是否要承担较大的工作压力？工作强度如何？任职人员所在团队氛围如何？
公司文化特征	公司倡导什么样的价值观？公司员工的精神风貌是怎样的？公司需要体现什么样的工作风格？
公司发展需要	公司的业务方向是什么？在可预见的未来，业务发展对人员的要求会有什么变化？

【第三步，汇总岗位的用人要求】

HR 要充分与企业的用人部门进行沟通，从而获取用人单位对当前招聘岗位的一些特殊要求，可从知识、技能、经验、能力、价值观等方面入手了解。然后结合搜集到的岗位信息，最终汇总到一起，形成当前招聘岗位的用人要求。

【第四步，有效招聘要素的选择】

在第三步中，所有的用人要求的汇总都是基于一种理想状态下提出的要求，但是企业在招聘的过程中是通过有效的方式招聘到合适的人才，而不是毫无约束地招一个"完美"的人才。

影响招聘效果的因素是方方面面的，企业不需要面面俱到地考虑所有因素，只要把握几个重点的招聘要素，进行综合衡量即可很好地完成一次招聘活动。

表 3-2 所示为 HR 在进行招聘需求分析中要重点考虑的几个关键招聘要素。

表 3-2　招聘需求分析中的关键要素

招聘要素	具体说明
培训成本	人员的某项素质在短期内的培训难易度对企业来说是很重要的，能够影响企业的招聘成本。易于培养的，作为招聘的次要标准或不予考察；不易培养的，则作为主要考察点
人群区分度	人员的某项素质在应聘者群体中的差异大小。差异小的，无法区分优秀人才和一般人才的，作为次要标准或不予考察；差异大的，则作为主要考察点
环境约束度	人员的某项素质因环境因素对职责发挥的影响程度。环境约束度高的，可作为次要标准或不予考察；约束度低的，则作为主要考察点
可衡量度	人员的某项素质能用现有方式进行衡量的程度。不能或不易衡量的，作为次要标准或不予考察；易于衡量的，则作为主要考察点

3.1.3　做好企业的招聘计划

一系列招聘准备工作完成后，企业还需要制定完整的招聘计划，以保证招聘工作有目的地进行。同时，也可以规范招聘工作人员的工作事项，确保招聘效果。

在制定招聘计划时，需要了解招聘计划中应包括的内容，从而更好地指导招聘工作的开展。

下面具体介绍一下招聘计划中应包括的内容，这个内容按照一定的顺序准备，也是招聘计划制定的步骤，具体如图 3-3 所示。

准备人员需求清单，具体包括招聘的职务、人数和任职要求等内容。

确定招聘信息发布的时间和渠道。

组建招聘小组，明确小组人员、对应的职务及各自的职责。

制定应聘者的考核方案，包括确定考核的场所、大体时间和题目设计者姓名等。

确定招聘的截止日期。

确定新员工的上岗时间。

进行招聘费用的预算，包括资料费、广告费和人才交流会费用等。

制作招聘工作时间表，该时间表要尽可能详细，以便于他人配合。

编制招聘广告样稿，完成招聘计划的制定。

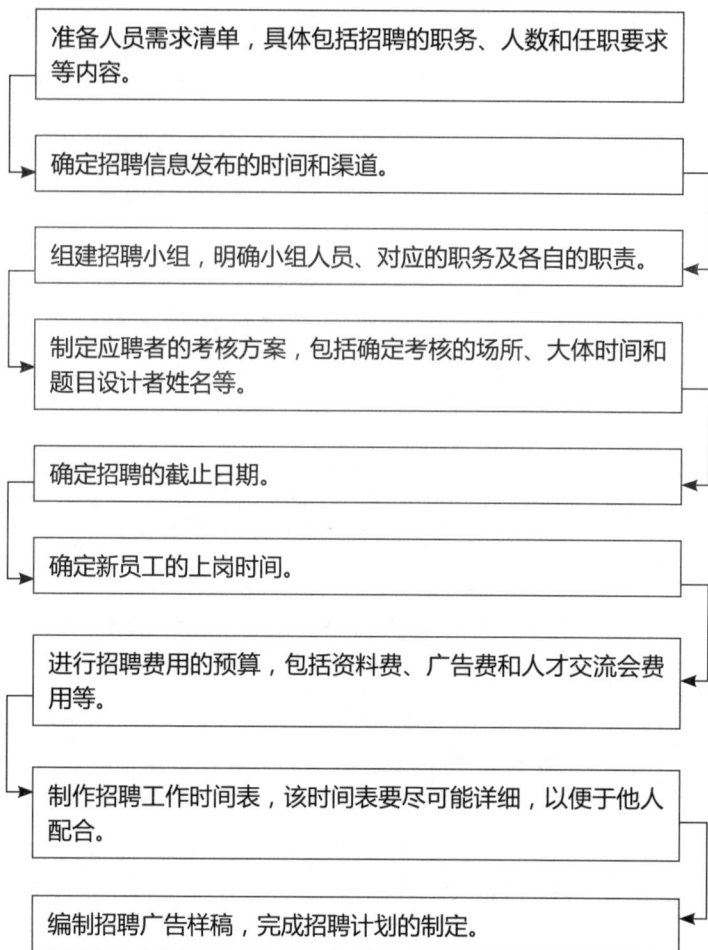

图 3-3　招聘计划的制定过程

总的来说，招聘计划实际上就是企业对聘用新员工的要求、时间以及程序等做出具体安排的文书。一方面方便企业管理规划自身的人力资源，另一方面也便于应聘人员了解企业的用人要求。为了达到该目的，在制作招聘计划时还需要注意以下 3 点内容。

①在招聘计划书中对于招聘的岗位和条件要充分说明，以便应聘人员参考选择，尤其是聘用条件，应当尽量详细具体。

②招聘计划的时间安排要尽量留有余地，一方面要考虑企业正常运作所需要的人力资源，另一方面也要考虑新员工入职正式工作的时间周期。

③确定招聘工作人员名单时，遵循专业与技能对口的原则，即需要新员工的部门参与招聘考核工作，这样才能帮助部门找到合适人才。

此外，一个完善的招聘流程还要体现招聘的特殊性，具体是指：企业在招聘过程中出现的各种突发状况的应对措施，比如招聘的人员不能及时到岗、招聘人员稳定性差、录用通知中隐藏什么风险等因素都要体现在招聘流程的最后环节，并且对招聘效果进行有效的评估。

| 范例解析 | 某科技有限公司××年招聘计划

一、招聘目的及意义

随着公司规模的不断扩大，对人才的需求也是日益增长。本着发扬企业文化，提高企业员工整体素质，获取企业发展所需人才的宗旨，特制订××年度招聘计划。

二、招聘原则

公司招聘员工应以"用人所长、容人之短、追求业绩、鼓励进步"为宗旨；以面向社会、公开招聘、全面考核、择优录用为原则；从学识、品德、能力、经验、体格、符合岗位要求等方面进行全面审核，确保为企业吸引到合适的人才。

三、招聘人员计划表

（1）去年人员进出分析（时间：3月～11月，以9个月计算）：

人员变化	人员入职 / 流失率	平均每月新进 / 流失人员
新进	17.8%	210 人
流失	15.53%	180 人

（2）根据去年年度公司人员新进和流失的总体情况，结合公司未来的发展计划，特作出如下计划。

序 号	类 型	预计人数	要 求	薪 酬
1	普工类	2 300 人 / 年	1. 年龄 18 ～ 45 岁，身体健康。 2. 初中以上文化层次	
2	技术员职员	100 人 / 年	1. 中专（高中）以上文化。 2. 能熟练操作各办公软件。 3. 相关工作经验 1 年以上	按照公司工资标准执行
3	工程师	70 人 / 年	1. 大专以上文化。 2. 相关工作经验 3 年以上	
4	管理类	50 人 / 年	1. 大专以上文化。 2. 相关工作经验 3 年以上	

四、招聘方案设计

类 型	招聘渠道	招聘时间	费用预算
普工类	1. 公司门口 2. 发传单 3. 介绍所 4. 中专、技校	1. 学校：3 ～ 4 月和 9 ～ 10 月。 2. 其他由人员需求再确定时间	1. 广告费：5 000 元。 2. 资料设备费：10 000 元。 3. 人员费：10 000 元。 4. 摊位费：20 000 元。 5. 网络招聘费：5 000 元。 6. 校园招聘：30 000 元。 7. 不可预计费：20 000 元
技术员职员	1. 网络招聘 2. 人才市场 3. 大学院校	1. 大学：4 ～ 5 月和 10 月。 2. 人才市场每周三或周六	
工程师	1. 网络招聘 2. 人才市场	人才市场每周三或周六	
管理类	1. 网络招聘 2. 人才市场 3. 猎头公司	人才市场每周三或周六	

五、招聘的实施

【第一阶段】

2月15日～4月30日是招聘高峰阶段。年后找工作的人员较多，不论是普工类还是职员类，在此阶段必须用各种手段来满足各部门的用工需求，并达到足以填补人员正常流失的标准。

（1）在公司门口发布招聘广告以及到人流量大的地方发布招聘简章。

（2）在网上做好专属招聘页面。

（3）参加人才市场的现场招聘会。

【第二阶段】

5月1日～9月30日是常规化的招聘阶段，主要进行日常的人员流失补充及处理突发性招聘。通过网络、现场及其他招聘形式来满足各部门的用工需求。

（1）在××人才市场进行现场招聘。

（2）在招聘网站上发布用工需求。

（3）在电子或电声行业的各类专业网站发布招聘信息。

（4）通过职业介绍所和免费的中介机构等渠道接受推荐和招聘。

（5）联系院校，招聘人才。

（6）公司内部员工转介。

（7）到人流量大的区域设摊招聘。（笔试面试地点具体约定，方法同上或略简）。

【第三阶段】

10月1日～次年2月14日是大规模的人员储备阶段。

（1）在××人才市场进行现场招聘。

（2）在电子或电声行业的各类专业网站发布招聘信息。

（3）在招聘网站上发布用工需求。

（4）联系院校，招聘人才。

六、招聘风险及应对措施

面试后招聘到了满意的人才，但是我们不能觉得高枕无忧，从决定发出录用通知书开始，就要防范一系列的风险：

首先是录用通知与体检的顺序。应先让劳动者参加入职体检，在体检合格以后再发出录用通知书。如果发出录用通知后才发现员工体检不合格而拒绝录用的话，很容易被视为就业歧视，引起诉讼风险；另一方面，也可以降低企业的解聘成本。

其次，录用通知书失效时间。企业在录用通知书上应加上一条：在接到录用通知后多少日内未能答复或者前往单位报到，录用通知自动失效。

七、招聘效果分析

……

八、招聘总结与评估

企业招聘结束后，需要对整个招聘工作进行总结和评估。评估的主要指标包括：招聘人员的数量是否达到计划的目标，录用人员的素质是否符合企业的要求，招聘人员的到岗率、招聘成本是否在控制之内，招聘带来的效益。

某科技有限公司

××年12月12日

3.1.4　根据岗位设置合适的招聘条件

企业招聘新员工时需要对岗位招聘的条件进行设置，而这种设置并不是随意规定的，而是要结合岗位的实际要求和工作要求来考虑。

虽然根据招聘岗位的不同，设置的招聘条件也会有所差异，但岗位招聘条件的设置通常要包含以下几点内容，如表3-3所示。

表3-3　招聘条件的内容

项　　目	具体说明
基本要求	指应聘者的身体基本要求，包括年龄、性别和身高等，有的岗位对员工的年龄和性别有明确的要求，例如助产师、产后调理师等，这是岗位招聘的首要条件
学历要求	学历代表了一个人受教育的程度，也是招聘条件中的硬性指标。根据招聘岗位的不同，对学历也有不同要求，只有达到企业指定学历条件的应聘者才能参加面试
健康要求	健康要求在一般的企业招聘条件中很少涉及，但在一些特殊行业中会严格要求，例如饮食行业和教育行业等。如果劳动者有精神类疾病、传染类疾病或其他足以严重影响工作的病史对企业来说是有影响的，所以需要提前在招聘条件中说明
资质要求	有的岗位对员工的资质会有严格要求，例如教师行业的教师资格证、医护行业的医师证和护士证等。对于这些特殊岗位的工作来说，劳动者是否具备相应资质和相关技能就显得尤为重要了，因此需要在招聘条件中说明相关的资质要求，过滤掉一些不专业的应聘者

项目	具体说明
专业要求	对于一些专业性强的岗位还需要设置一些专业性要求，例如相关软件的掌握等。通常这些专业性要求外行人员很难通过短时间学习掌握，所以在招聘之初就需直接为岗位找寻到适合的专业型人才
性格要求	有的岗位还会对员工的性格提出要求，例如销售类岗位，通常要求员工热情开朗，有较强的沟通力。这类要求前期主要通过应聘者的自我分析，来考量与岗位的匹配度
经验要求	有的岗位对应聘者的工作经验会有明确要求，以便员工能够快速上岗。大部分的经验要求是直接以年限为主，例如该岗位要求 5 年相关工作经验者，但是有的则以应聘者的相关作品和成绩作为经验要求

虽然岗位招聘条件的设置非常重要，为了帮助企业选拔到适合的人才，HR 应该科学合理地设置招聘条件。但是 HR 也要注意，在设置岗位招聘条件时不得设置指向性或与岗位无关的歧视性条件，也不能擅自更改已公布的招聘岗位条件。

3.2
招聘渠道的选择方法

在准备人员招聘时，招聘渠道的选择也非常重要。不同的招聘渠道具有不同的优缺点，企业在招聘时需要根据待招聘的岗位选择合适的招聘渠道。下面具体来了解这些招聘渠道。

3.2.1　了解常见招聘渠道

根据招聘人才的来源不同，通常将招聘分为内部招聘和外部招聘两种，而这两种招聘渠道又可细分为多种具体的招聘渠道，具体如图 3-4 所示。

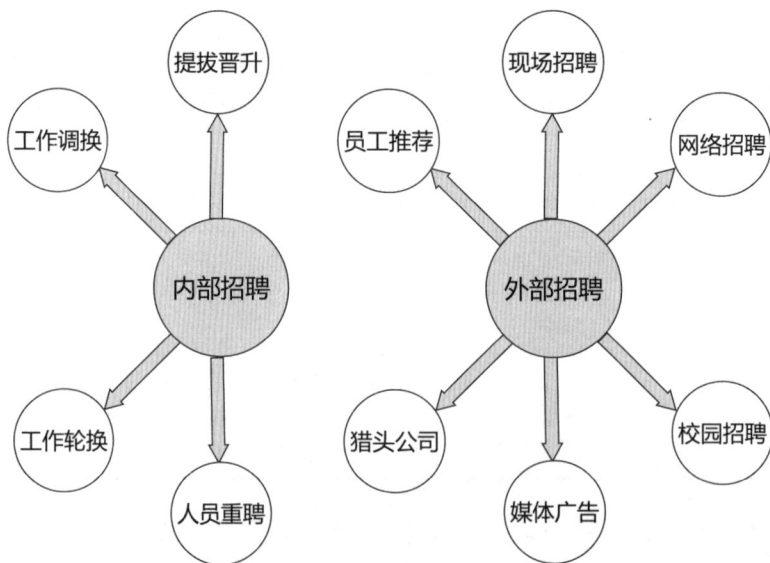

图 3-4　招聘渠道

（1）内部招聘

所谓内部招聘，就是当企业出现职位空缺时，从企业内部挑选合适的人选来填补这个空缺。从图 3-4 中得知，内部招聘又分为提拔晋升、工作调换、人员重聘和工作轮换 4 种，其具体介绍如表 3-4 所示。

表 3-4　内部招聘渠道介绍

内部招聘方式	具体表述
提拔晋升	在空出职位的下级员工中进行选拔，作为员工升职的机会，使员工看到希望，从而产生积极性。同时由于是内部人员，所以他对相应的工作和业务较为熟悉，能很快地适应工作
工作调换	只是一种工作岗位的调换，属于平级调换，简称"平调"，其目的很明确：就是填补空缺，快速使该岗位运转起来
工作轮换	一种岗位上的调动，类似于班次的轮转一样，针对多个人员、班次或部门，具有零时性又具有长期存在性。这样可调整员工的生产生活习惯，有效减少对工作岗位的疲劳感和厌倦感

续表

内部招聘方式	具体表述
人员重聘	这种内部招聘方式，主要针对那些在位不在岗的人员，若出现岗位空缺的情况。这时，企业可将他们重新"请"回来，为企业效力

（2）外部招聘

当内部招聘无法满足企业的岗位需求时，企业就需要进行外部招聘，招收更多的满足要求的人才。从图 3-4 可知，外部招聘的渠道一般有 6 种，下面分别进行介绍。

◆ 现场招聘

现场招聘也就是面对面的招聘，一般通过招聘会和人才市场进行，主要是完成招聘或初试。图 3-5 所示的两种不同的现场招聘。

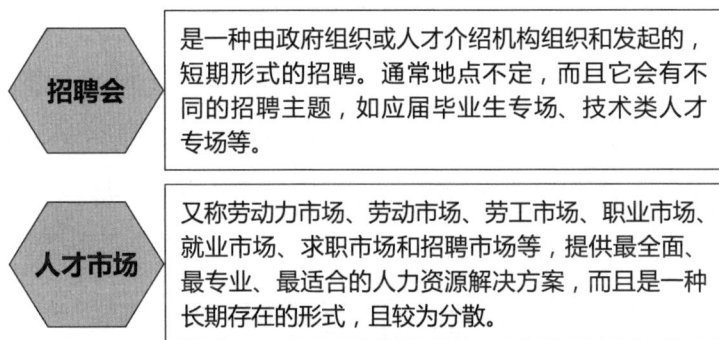

图 3-5 现场招聘的两种形式

◆ 网络招聘

网络招聘是利用现在的网络技术，将企业的招聘信息发布在相应的网站上，构成招聘平台。

对于一些中小型公司或企业来说，没有自己的专门介绍网站，就会通过一些专业的招聘网站来发布招聘信息，如智联招聘网（https://www.zhaopin.

com）、前程无忧（https://www.51job.com）、中华英才网（https://www.Chinahr.com）等，并支付一定的费用。图 3-6 所示为智联招聘官网效果。

图 3-6　智联招聘官网首页效果

而对于一些大型的公司或企业，他们会在自己网站的招聘网页中发布相应的招聘信息，如图 3-7 所示；同时还可能在其他招聘网站上发布招聘信息。

图 3-7　大型公司在各自的企业网站发布招聘信息

◆　校园招聘

校园招聘有广义和狭义两种定义：广义是指公司通过各种招聘渠道招聘应届毕业生。狭义是指公司直接进入校园招聘应届大学生，主要集中在毕业季。

通常情况下，校园招聘是指狭义的这种（广义的校园招聘可使用所有的招聘渠道进行），它的大致流程如图 3-8 所示。

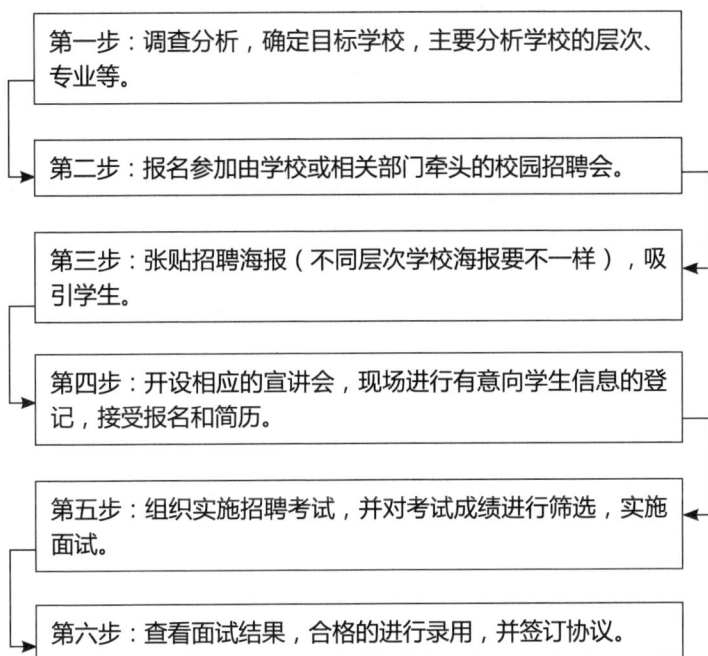

第一步：调查分析，确定目标学校，主要分析学校的层次、专业等。

第二步：报名参加由学校或相关部门牵头的校园招聘会。

第三步：张贴招聘海报（不同层次学校海报要不一样），吸引学生。

第四步：开设相应的宣讲会，现场进行有意向学生信息的登记，接受报名和简历。

第五步：组织实施招聘考试，并对考试成绩进行筛选，实施面试。

第六步：查看面试结果，合格的进行录用，并签订协议。

图 3-8　校园招聘的流程

◆　媒体广告

媒体广告主要是指通过电视、报纸、杂志以及一些流动性广告视频等传播招聘信息。它能将招聘信息快速传播，而且覆盖面广、受众大，这样招聘方就能很快收到很多的应聘信息。

需要说明的是，如果要在媒体广告中发布招聘信息，HR 需与相应媒体的商务部门或人员联系。通常情况下，媒体广告都有相应的热线电话，可直接拨打进行洽谈。

◆ 猎头公司

猎头公司能根据用户的要求，对相应的人才进行搜罗，并对其进行考核，最后将合格的人才推荐给企业。当然用人单位需要付出较高的费用，通常其收费是按照公司所要招聘的人才"质量"来收费。

所以，作为中小型公司，我们使用猎头公司招聘时，要考虑两点：一是我们要招聘的人才的档次是否较高级，二是猎头公司收取的费用我们是否能够接受，从而进行对比选择。

◆ 员工推荐

员工推荐简单理解为员工把自己的熟人或亲戚朋友推荐给公司的一种招聘渠道，它有这样几个优点，如下所示。

①缩短招聘时间，降低招聘的时间成本，为快速招到合适人才提供基础。

②扩大招聘范围，提供更多可选择的候选人，利于招聘到更合适的人才。

③由于双方（公司和被推荐者）的信息对称，所以成功率较高，且不容易流失。

3.2.2 不同招聘渠道的分析

通过前面的内容可以知道，企业可供选择的招聘渠道有很多，鉴于企业对招聘人员的需求以及对应聘者的需求层次不同，HR 在进行招聘活动之前，需要根据招聘对象来确定可供选择的招聘渠道，最终选择一种最有效的招聘方式进行招聘。

而且，在一些企业的招聘计划中，也会对招聘渠道进行分析，并评估各种招聘渠道可达到的招聘效果。

| 范例解析 | 某科技有限公司年度招聘计划中的招聘渠道分析

……

（1）张贴招聘广告的费用相对较低，但招聘效果相对较差，预计能完成招聘计划的5%左右。

对此方法从去年分析，招聘效果不很明显，且相对的应聘人员总体素质较低，且人员流动率较大。

（2）网络招聘费用相对较高，对综合性管理人员的招聘效果相对较好。预计能完成招聘计划的25%左右。

此方法的招聘效果相对明显，简历收入量大，但应届生占半数左右比例，所以筛选资源需投入的人力成本较高；再就是公司地理位置较偏僻，交通不方便，会造成投简历的多，来面试的少。

（3）人才市场的现场招聘费用相对是最高的，但招聘效果却是不错的，预计能完成招聘计划的25%左右。

此方法的招聘效果极可能走极端，因为一方面可以和求职者第一时间接触，筛选出的面试人员相对把握较大，成功概率较高。但另一方面，对应聘人员选择的主动权很高， 他会因时间、天气、地点、交通等因素而不到公司进行复试，所以到位率不是很高。

（4）员工介绍的招聘效果相对也比较高，预计能完成招聘计划的10%左右。

考虑到公司的接触面相对较窄，可根据员工介绍人员的能力和适应岗位的水平支付介绍员工一定费用以调动大家的积极性。另一方面，介绍员工知道底细，公司相对投入的人力物力较少，而且稳定性也高。

（5）校园招聘也是不错的，但是费用较高，预计能完成招聘计划的20%左右。

此方式招聘的资源比较多，专业性更强，对企业投资的人力较少、财力较多，但最终能稳定的人员只有1/3左右。

（6）中介机构、免费网站、发传单等其他渠道的招聘费用支出微乎其微，人力、物力的投入较少，招聘效果尚可，预计能完成招聘计划的15%左右。

充分利用众多网站的免费招聘服务，信息发布范围尽量扩大，同时对公司也能起到一定的宣传作用，关键在于要不断发掘新的网站并及时更新（更新等工作可请专门人员协助，因为每天都需要花时间和精力做些琐碎的登录、刷新等工作）。

……

通过上面的案例可以看到，对招聘渠道进行分析和合理安排，可以最大化地降低招聘成本，并且精准实施招聘。下面具体对一些常见招聘渠道的招聘对象、优缺点和整体使用建议进行对比分析，如表3-5所示，方便用户参考使用。

表3-5　常见招聘渠道分析

招聘渠道		优　势	劣　势	整体分析与使用建议
内部招聘		1. 花费低。 2. 员工工作上手快。 3. 有利于内部人才的晋升、调动、轮岗，减少人员流失	1.增加培训成本。 2.公司内部易形成派系	1.适合提高人才选拔。 2.对人员忠诚度高、重要且应熟悉企业情况的岗位常用这种方式。 3.专业度高的岗位不适合内部招聘
现场招聘	招聘会	1. 效率较高。 2. 可快速淘汰不合试的人选，控制求职者的数量和质量	1. 花费高，要投入人力和场地。 2. 有效周期短。 3. 受展会主办方宣传推广力度影响，求职者的数量和质量难保证	1.适用于一般型人才的招聘。 2. 如果没有大量的岗位需求和合适的大型招聘会，不建议企业参加
	人才市场			
网络招聘	企业网站	花费最少	点击率少	是一种守株待兔的招聘方式,如果能提高点击率,则招聘的可行性就高多了

续表

招聘渠道		优　势	劣　势	整体分析与使用建议
网络招聘	招聘网站	1. 灵活发布招聘信息。 2. 发布后管理方便。 3. 受众面广。 4. 周期长、简历多。 5. 花费较低	1. 简历筛选工作量较大。 2. 求职者应试率较低，岗位针对性不强	1. 企业的一般岗位首选此渠道，但是招聘信息发布一周后效果不理想，可考虑其他方式。 2. 资深人员和高级管理岗位的招聘慎用
校园招聘	学校组织的招聘会	花费很少	竞争激烈，知名的大企业更占优势，小企业、一般企业成效不高	1. 时刻保持与校方就业办联系，随时准备参加。 2. 有时效性，一般是每年11月至次年1月
	学校企业联合专场	不仅人数能得到极大的满足，也能提高企业的知名度	花费相对较大，对知名企业、大企业批量招聘更适用	1. 适合批量招聘。 2. 最好在校方准备招聘会前期举行。 3. 做好企业宣传的工作
	学校信息栏的海报	花费很少	不够正规，缺少校方的支持	大四上学期中旬，即9～10月实施比较合适
媒体广告	电视媒体	相比报纸，更容易被求职者看到	1. 花费高，只能传递简短的信息。 2. 求职者不能回头再看	不适合中小企业招聘
	广播媒体			
	报纸	1. 招聘信息及时、快速，能得到很好回应。 2. 求职者可重复查看招聘信息	1. 花费较高。 2. 时效性短。 3. 受区域限制	1. 普通企业招聘效果不够理想，不建议使用。 2. 知名企业、大企业可以尝试
猎头公司		1. 周期长、针对性强，可以保证招聘效果。 2. 利用猎头公司储备人才库、关系网络，在短期内快速、主动、定向寻找企业所需要的人才	花费高，通常为被猎成功人员年薪的20%～30%	1. 中高层管理人才、难招的岗位和稀缺人才常用这种招聘方式。 2. 确保猎头公司了解本企业的用人特点和需求，建议长期使用一家猎头公司。 3. 避免猎头公司挖自己企业的人

续表

招聘渠道	优　势	劣　势	整体分析与使用建议
员工推荐	1. 成本较小。 2. 成功率高。 3. 针对性较好	1. 受众面窄。 2. 公司内部易形成派系	1. 适合多数中小企业。 2. 适合一些专业度较高的岗位。 3. 多接受考核成绩好的员工的推荐，一般好员工推荐的人，也比较优秀。 4. 适当给予一些推荐奖金

3.3
高效预约和组织面试

只有通过面对面的沟通与了解后，才能确定求职者是否是公司需要寻求的优秀人才。因此，面试环节在企业的招聘流程中非常重要，HR 要特别重视并认真对待。

3.3.1 高效筛选目标简历的方法

无论是通过网络招聘、现场招聘还是校园招聘，企业都会收到很多的简历，它是公司了解求职者的第一份直接资料。虽然只看简历不能判断一个人是否优秀，但是也不可能逐一面试每个提交简历的人，否则只会加重面试官的工作，而且也不一定能够招聘到合适的人才，这样就浪费了大量的时间与成本。

因此，筛选简历是一项非常重要的工作。那么，我们应该如何把握，才能高效地完成简历筛选工作呢？

（1）将简历进行分类

将简历进行分类是进行简历筛选的第一步，一般我们可以把收到的简历分成3类，分别是拒绝类、基本类和重点类。

对于简历分类的划分标准主要是从学历、年龄、工作经历等方面进行，如果连最基本的这些都不能满足，则直接将该简历归类到拒绝类；符合这些条件的称为基本类；在基本类中对于某些看起来比较有潜力的求职者简历则归类到重点类。

对于拒绝类的简历，公司可对其进行软处理，在工作量不大的情况下，可以对投递的简历进行简单回复，感谢其对本公司的关注，希望下次有机会合作。对于基本类和重点类的简历，则需要工作人员认真对待，因为里面就有可能存在公司需要的合适人才。

（2）简历怎么看

筛选出来的基本类和重点类简历也并不是全部都会通知到公司来面试，此时还需要HR进行第二轮筛选，从留下来的简历中筛选出可以通知面试的求职者。那么，面对简历，HR应该如何看，才能发掘其中的问题，并留下优秀的人员呢？下面列举几个查看简历的要点供大家参考，具体如表3-6所示。

表3-6　简历的查看要点

查看要点	具体表述
简历版面效果设计	有些求职者的简历排版非常乱，个人基本介绍也没有什么逻辑，再加上如果存在很多错别字，那么初步可以判断该求职者的逻辑性和细心程度有问题。这类求职者就不太适合从事人事行政相关工作，因为这类工作对细致度要求比较高，而且处理的事情多、杂
年龄	一般来说，年龄小的求职者可塑性都较强，因此可从事具体事务性相关岗位，如销售、市场等；年龄大的求职者由于经验比较丰富，可从事管理类岗位或技术类岗位，如销售主管、技术总监等

续表

查看要点	具体表述
学历	相对而言，学历高的求职者各方面的条件都要比学历一般的求职者更具优势，能力也相对较强，所以大多数企业都更倾向于学历高的求职者。但是任何事物都有两面性，学历高的求职者，对应的薪资要求也比较高，这会增加用人成本。因此 HR 要综合学历和薪资要求一起考虑
专业	专业的人做专业的事，因此一般情况下都要求专业与工作岗位匹配，尤其对于技术类的工作岗位，其专业要求更加严格
薪资要求	从企业的角度来说，当然是希望用相对低的薪资招聘到优秀的人才，但是往往优秀的人才其薪资要求都比较高，此时企业要综合进行判断。对于严重偏高者，最好建议不考虑为好，因为贸然引进会造成企业内部现有人员的不稳定，如果导致更多的人员流失，那么重新招聘也会带来巨大的招聘成本
工作经历	一般来说，经历就是人的财富，HR 从简历中列举的工作经历，可以清晰地了解该求职者的过往工作情况，从而判断是否能够胜任当前的新工作岗位

（3）工作经历中蕴藏的秘密

相对来说，工作经历是个人简历中比较重要的一项内容，也是后期背景调查的一项重要信息。虽然说经历越多，见识越广，经验就越丰富，工作更顺手，但是工作经历也不是越多越好。那么，工作经历中蕴藏了哪些秘密？读懂这些秘密，对筛选简历非常重要。

◆ 短时间内频繁更换工作

一般而言，一个员工在企业工作 3 年左右的时间后更换一次工作是比较合适的。如果某个求职者更换工作的频率太高，甚至一年更换几次，则可以初步判断该员工性情不稳定，工作不踏实。

如果更换的职位变化都非常大，则可以判断该求职者对自己未来的目标不确定，求职意向不明确，有可能这封简历就是随手投递的。对于这类求职者，HR 应该果断将其剔除。

如果求职者频繁更换工作，但是每次跳槽的职位性质都是逐步上升的，则可以初步判定该求职者不仅有能力，而且有明确的职业规划，上进心比较强，是一个比较优秀的求职者。

◆　工作经历中的空档期不能忽略

有些简历中的工作经历从毕业后到当下的时间段之间，存在一些空档期。HR 对于这类存在空档期的工作经历不能忽视，因为在这段空档期中很有可能存在与招聘岗位关系密切的因素，此时 HR 需要在简历上做好标记，待面试时进行具体了解。

◆　过往工作的内容很重要

在工作经历中，求职者一般都会写明在哪个公司，从事什么工作，负责过什么项目，业绩怎么样等，通过具体的工作内容，不仅可以了解求职者的工作能力，还能对招聘的匹配度有一个参考。

如果求职者的过往工作经历不是特别具体，都是一些模糊的概述，例如某求职者在工作简历描述中介绍：

"曾在××单位工作8年，在原公司负责××项目的策划方案，团队按照方案执行后，销售额明显增加了不少。"

这段描述看似很不错，但是连最基本的销售额增加了多少的具体数据都没有，那么这段经历就值得怀疑。这些都需要 HR 认真辨别、谨慎筛选，不要被华丽的文字描述吸引而失去了辨别真伪的能力。

3.3.2　掌握通知应聘者面试的方法

对于那些符合公司要求的人员，我们需要告知其来参加面试。它分为电话通知面试和书面通知面试，其中书面通知面试，又可以分为网络通知面试、短信通知面试和邮件通知面试。

（1）电话通知面试

电话通知面试是非常流行和直接的预约方式，其一般流程是：礼貌问候并确认对方身份→自我介绍→说明简历的获取渠道→介绍企业和招聘岗位→提及公司对候选人的印象→邀请对方前来面试→确认面试时间→提供交通路线→提醒对方查收短信和其他注意事项。

在使用电话通知面试时要注意电话通知的专业规范和礼貌用语，图 3-9 所示为电话通知面试流程中的一些礼貌用语模板。

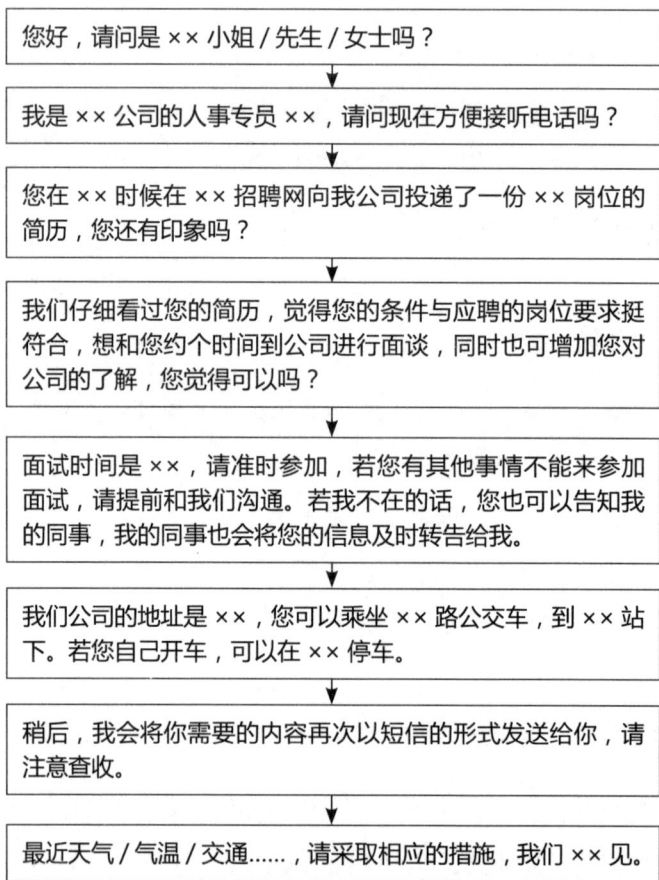

图 3-9　电话通知面试的规范流程示意图

另外，需要特别注意的是，HR 在使用电话通知求职者面试时，要注意打电话的时间，一般选在 10:00 ~ 11:00，14:30 ~ 16:00 打电话。这样可以避开求职者在路上或吃饭的时间。虽然这个时间可能会遇到求职者正在开会的情况，但此时可以与求职者说明再约时间。

（2）网络通知面试

网络通知求职者到公司面试的方式非常简单，只需要 HR 在招聘网上使用网站提供的一键发送面试邀请功能即可完成面试通知。图 3-10 所示为智联招聘网的企业版登录页面，直接在简历详情页面中单击"约面试"按钮，即可发出邀请。

图 3-10　网络邀约面试页面

（3）短信面试通知

短信通知面试是一种比较便捷、简单的通知面试的方式，只需要 HR 编辑好面试通知内容后直接短信发送到对方手机号码即可。

短信面试通知没有大致的格式，只要包括以下两个部分就好。

①面试时间，面试地点，面试需要准备的材料。

②如果更贴心的，可以提供前往公司的公交搭乘。

| 范例解析 |　短信面试通知模板1

×× 先生/女士，您好！我们是 ×× 有限公司，现通知邀请您来面试我公司的 ×× 职位。

面试时间：20×× 年 ×× 月 ×× 日上午9:00。

面试地点：×××××××× 。

来时请携带您本人简历、身份证原件与复印件、学历证明（和其他公司需要的材料）。

咨询电话：×××××××× （前台或人事部座机就行）。

| 范例解析 |　短信面试通知模板2

×× 先生/女士，您好！我们是 ×× 公司人事部，感谢您投递 ×× 岗位简历，我们初步认为您具备的资质与招聘需求相吻合，遂邀请您参加面试。

面试时间：20×× 年 ×× 月 ×× 日下午15:00。

联系电话：×××××× 。（如因故不能按时到达，请提前与我们联系！谢谢！）

（4）邮件面试通知

邮件面试通知是大多数企业都会采用的一种面试通知的方式，这种面试方式不仅简单、便捷、快速，而且能够节约招聘成本。

虽然邮件通知方式和短信通知方式一样，都是编辑好通知内容后发送给对方，但是相对而言，邮件可发送的内容比短信可发送的内容多，查看也方便。因此，在使用邮件向求职者发送面试通知时，除了一些必要的面试时间、面试地点、乘车路线、联系人等重要信息以外，还可以包括一些对对方简历肯定、出行温馨提示等内容。

| 范例解析 |　邮件面试通知模板

尊敬的××先生/女士：

您好！我在××招聘平台上看到您投递的简历，感谢您对我公司的关注和信任。经过人力资源部初步筛选，我们认为您基本具备××岗位的任职资格，现在很高兴地通知您已经通过我公司的初步筛选，特邀请您前来参加我公司组织的首轮面试，具体安排如下：

公司全称：××公司

公司网站：https://www.××××××.com

公司地址：×××××××××

面试时间：20××年××月××日

联系电话：×××××××××

联系人：××××

乘车参考路线：

①路线1：……

②路线2：……

③路线3：……

注意事项：面试时请您一定记得携带个人简历（和其他公司需要的材料）。

友情提醒：收到面试通知，请您准时参加。如有任何变化请提前通知，方便后续安排，谢谢!

××公司人力资源部

20××年××月××日

为了提高面试通知的通知率，以防求职者漏看短信或者邮件，一般情况下，公司都会采用电话＋短信，或者电话＋邮件的方式结合使用，从而确保求职者能够收到面试通知。

3.3.3　面试基本程式全知道

完成面试者的通知后，接下来就进入到具体的面试环节了，它是考察一个人的工作能力与综合素质的关键环节。那么面试具体怎么实施呢？这里将面试的基本程式划分为 3 个阶段，即准备阶段、实施阶段和总结阶段，掌握了这个面试的基本程序，面试工作就不再难。

（1）准备阶段

正式开始面试之前，HR 还应当把准备工作做足，以确保面试工作的顺利开展。通过无数的实例也证明了，面试准备工作是否到位，直接影响求职者录用率的高低。因此，HR 不能忽视这一工作。

通常，在面试准备阶段，HR 要完成 4 件事，即制定面试指南、准备面试问题、评估方式确定和培训面试考官，其具体工作内容如表 3-7 所示。

表 3-7　面试准备阶段

准备工作	具体表述
制定面试指南	面试指南是促使面试顺利进行的指导方针，其一般以书面形式呈现。在面试指南中，需包括的内容有：面试团队的组建、面试题目及答案、面试场地安排、面试提问的分工与顺序、面试提问的形式及面试评分标准等
准备面试问题	面试提问是选拔人才的重要环节，通过面试者对这些问题的回答，可以了解很多信息，它是面试官对求职者做出录用决定的重要参考依据
评估方式确定	评估方式是在面试问题的基础上进行的，它是对面试中收集到的信息按工作岗位需要的标准进行评估的体系，具体包括两方面：①确定面试问题的评估方式和标准，从而客观评价应聘者，确保面试的公平性；②设计面试评分表，方便面试官对应聘者的面试情况进行打分、评价
培训面试考官	面试是一项复杂的工作，不是每个人都适合做面试官，在这之前还需要对拟定的面试官进行培训，使其掌握一定的提问技巧、追问技巧以及熟悉评价标准，才能保证面试过程的有效实施

（2）实施阶段

面试工作的正式实施分 5 个阶段进行，分别是关系建立阶段、导入阶段、核心阶段、确认阶段和结束阶段。每个阶段都有各自不同的任务，下面具体来了解一下，如表 3-8 所示。

表 3-8　面试实施阶段

实施过程	具体表述
关系建立阶段	这一阶段主要是让面试官与面试者建立关系，以消除面试者紧张的情绪，营造轻松、友好的面试氛围，为后面的面试做准备。因此在该阶段，面试官可采用封闭性的问题开场，如"路上堵车吗？""今天天气还不错，对吧"
导入阶段	这是进一步拉近面试官与面试者距离的环节，在这一阶段，面试考官可以将准备的一些相对简单的开放性问题抛给面试者，如"请你简单做一下自我介绍吧""请你介绍一下你的工作经历有哪些"，让面试者轻松回答，为进一步的面试做准备
核心阶段	在通过前面的铺垫后，正式进入面试的核心阶段，这是面试实施中的关键阶段。在这一阶段中，面试官需要围绕岗位需求来对面试者进行提问，从而对面试者的各项核心胜任能力作出评价，为最终的录用决策提供重要的依据。这一阶段所涉及的提问类型比较多，例如，可以先用开放性问题引出一个话题，然后主要以行为性问题将话题聚集到一个关键行为事件上，最后用探索性的问题进行探索和追问
确认阶段	通过核心阶段的开展，面试官对面试者的基本能力已经有所掌握。在这一阶段，面试考官需要通过进一步的提问来对核心阶段所获得的信息进行确认。此阶段尽量采用开放性的问题，要避免使用封闭性的问题，因为封闭性的问题会对面试者的回答产生引导，从而限制面试者的发挥，面试官也就很难得到希望听到的其他信息
结束阶段	面试官完成了所有预计的提问之后，在面试结束之前还应该给面试者一个机会，询问其是否还有其他想要了解公司的方面，或者其是否还有什么事项需要自我补充说明。最终不管是否录用该面试者，面试官均需要确认在轻松、友好的氛围中结束此次面试。由于面试的时间不是那么多，也不能百分百地了解清楚一个人。因此，对于某一对象是否录用有分歧意见时，面试官不必急于下录用或不录用的结论，可根据情况为面试者安排第二次面试。同时，要整理好面试记录，填好面试综合评价表

面试综合评价表没有固定的结构，不同公司对于考查的项目和考察重点不一样，评价项目也不一样，但是其基本包含的内容都差不多，如表3-9所示为常见面试综合评价表的模板。

表3-9　面试综合评价表

面谈时间：

姓名		应聘职位		专业		学历	
请根据应聘者的行为表现在相应的选项中打"√"							

评价项目	优	良	中	差
1. 应聘者的仪表和精神面貌是否符合所聘职位的要求？				
2. 应聘者的气质、性格和综合素质是否符合所聘职位的要求？				
3. 应聘者受教育程度是否符合所聘职位的要求？				
4. 应聘者的工作经历是否符合所聘职位的要求？				
5. 应聘者的技术技能是否符合所聘职位的要求？				
6. 应聘者的态度及工作抱负与公司的目标是否一致？				
7. 应聘者的综合分析能力如何？				
8. 应聘者的语言表达能力如何？				
9. 应聘者的应变能力如何？				
10. 应聘者的逻辑思维能力如何？				
11. 应聘者的沟通、协调和组织能力如何？				
综合评价：				
综合评语：				
录用建议：□录用　　□再安排一次面试　　□存资料，暂不考虑　　□不考虑				

面试人：　　　　　　　日期：

知识延伸｜了解问题的类型

在面试实施阶段我们了解了不同阶段会使用不同的提问类型，下面就具体来了解这些问题类型。

◆ 封闭式问题主要用于对信息、资料的了解或确认，其形式决定了候选人只能做"是"或"否"的简单回答，这是面试中常见的一种问题。这类问题的开头词汇多是能不能、对吗、是不是、会不会、可不可以、多久、多少等。

◆ 开放式问题与封闭式问题刚好相反，需要打开和发散候选人的思维，得到更多的信息，以便HR以此判断候选人能力。所以在句式设计上要多用"如何""哪些""什么""为什么"等词汇，可以有效地引出候选人更详细的回答。

◆ 行为性问题是提高结构化面试预测有效性的核心技术。它是针对面试者过去某一件真实发生的事件进行行为了解，通过面试者对该事件的阐述，以及在该事件中如何处理问题等进行关注，从而预测面试者未来的表现能力。

◆ 探索式提问可以用来了解对方的观点，其关键点就是多问"为什么"，或者通过"你是怎么处理的？""后来的情况是怎样的？"等问题进行追问，这样才能掌握面试者更多的信息。

（3）总结阶段

面试过程的实施阶段结束后，还会进入到面试的最后一个阶段——总结阶段，在该阶段才能对面试者的去留做出最终决定。那么，在总结阶段，HR到底需要做哪些工作呢？一般而言，需要完成3个方面的工作，分别是综合面试结果、面试结果的反馈和面试结果的存档，各工作的具体工作内容说明如表3-9所示。

◆ 综合面试结果

综合面试结果即是HR将所有面试官对每位面试者的评价进行汇总，形成对面试者的总体看法，以便决定是否录用该面试者。这个工作可以在面试综合评价表的基础上来完成。

在汇总面试评价后，面试官和面试小组的其他成员还要进行一次讨论，给出最终的面试录用结果。其具体执行的过程如下。

首先，根据面试评价汇总表的平均分，对面试者进行综合评价。

其次，将所有面试者进行对比，按综合评价分数的高低进行排列。

最后，将岗位条件和面试者的实际情况做比较，做出最终面试的结论。

需要特别注意的是，在将岗位需求条件和面试者进行匹配查看时，HR应特别重视那些和应征岗位最为密切的评价项目。综合衡量面试者的素质与能力，本着以公司岗位需求为前提，着眼于面试者的长期发展潜力，从而判定其是否符合公司的需要。

◆ 面试结果的反馈

面试结果的反馈是指 HR 将面试的结论反馈给用人部门，与用人部门协商后，最终作出录用的决定。对于录用的面试者，需要发送聘用书（或试聘书），对于未被录用的面试者，也需要发送辞谢通知书。

◆ 面试结果的存档

面试结果存档是整个面试过程中的最后一个环节，在该环节中，HR 主要是对此次面试的相关资料进行备案，并进行妥善保存。这些资料是企业人力资源档案管理系统的基础资料，是公司对新员工的首次全面性评价，也是公司对新进员工系统考评的开始。

3.4
招聘面试量化分析

在招聘与面试环节中实施量化分析，不仅可以让各项决策有据可依，而且能够大大提高工作效率。下面就具体来了解一下在招聘与面试环节中有哪些常见的量化分析方法需要掌握。

3.4.1 了解岗位定编的量化方法

定编在这里主要是定员的意思。所谓岗位定编就是采取一定的程序和科学的计算方法，对确定的岗位进行各类人员的数量及素质的配备。通俗地讲，就是这个岗位需要多人。

确定了岗位需要多少人，再根据岗位的现有人数，就可以判断用人部门提出的用人申请是否合理，从而判断是否有必要进行相应的招聘活动。

由于各类岗位都有自己的组织性质和工作特点，而且不同企业的业务特点和经营模式不同，因此岗位的定编方法也不是完全一样的。这里介绍两种常见的岗位定编量化方法供大家了解。

◆ 劳动效率定编法

劳动效率定编法是指根据生产任务和员工的劳动效率以及出勤等因素来计算岗位人数的方法。简单理解，劳动效率定编法实际就是根据工作量和劳动定额来计算所需的员工数量的量化方法。这种方法主要适用于实行劳动定额的岗位，特别是以手工操作为主的工种。

由于劳动定额的基本形式有产量定额和时间定额两种，因此运用劳动效率定编法确定用工人数的相关计算公式也有两个，具体如下。

产量定额定编人数=计划期生产任务总量/（员工劳动定额×出勤率）

时间定额定编人数=生产任务×时间定额/（工作时间×出勤率）

| 范例解析 | 运用劳动效率定编法确定用人数量

某企业每人每年需生产某零件6 671 200只，每个车工每天的产量定额为16只，年平均出勤率为95%，每个工人每天工作8小时，单位产品的时间定额为0.5小时。假设当年的工作日为262天，工人只在工作日工作，现在需要计算完成这项生产任务所需的工人人数。

1.采用产量定额，其定编人数为：

定编人数=6 671 200/[(16×262)×0.95]≈1 676（人）

2.采用时间定额，其定编人数为：

定编人数=6 671 200×0.5/[(8×262)×0.95]≈1 676（人）

通过计算可以发现，无论是按产量定额，还是按时间定额，最终得到的定编人数的结果都是一样的。

知识延伸｜如何返回一段时间内指定的休息日以外的工作日

如果要快速返回一段时间内指定的休息日以外的工作日，可以使用Excel中提供的NETWORKDAYS.INTL()函数，其语法结构如下。

NETWORKDAYS.INTL(start_date, end_date,[weekend],[holidays])

从语法结构中可以看出，NETWORKDAYS.INTL()函数有4个参数，各参数的具体含义如下。

- start_date：该参数为必选参数，用于指定需要计算差值的起始日期，该参数可以早于 end_date 参数，也可以晚于 end_date 参数，甚至与 end_date 参数相同。
- end_date：该参数为必选参数，用于指定需要计算差值的终止日期。
- weekend：该参数为可选参数，表示介于 start_date 参数和 end_date 参数之间但又不包括所有工作日中的周末日，其参数值有多种情况，具体对应情况如表 3-10 所示。
- holidays：该参数为可选参数，表示包含一个或多个日期的可选集合，这些日期将从工作日日历中排除。

表 3-10　weekend 参数对应的参数值

参数值	指定的周末日	参数值	指定的周末日
1 或省略	星期六、星期日	3	星期一、星期二
2	星期日、星期一	4	星期二、星期三

续表

参数值	指定的周末日	参数值	指定的周末日
5	星期三、星期四	13	仅星期二
6	星期四、星期五	14	仅星期三
7	星期五、星期六	15	仅星期四
11	仅星期日	16	仅星期五
12	仅星期一	17	仅星期六

例如，要计算 2020 年 1 月 1 日至 2020 年 12 月 31 日有多少个工作日，直接使用公式 "=NETWORKDAYS.INTL("2020/1/1","2020/12/31")" 即可，如图 3-11 所示。

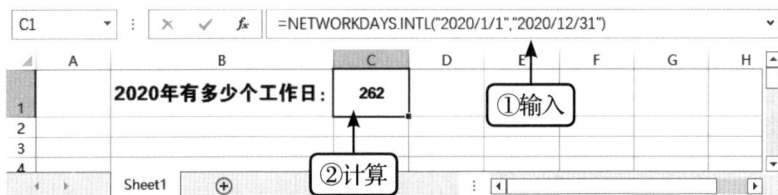

图 3-11　使用 NETWORKDAYS.INTL() 函数计算两个日期之间的工作日

◆ 行业比例法

行业比例法是指按照企业职工总数或某一类总数的比例来确定岗位人数的方法。在本行业中，由于专业化分工和协作的要求，某一类人员与另一类人员之间总是存在一定的比例关系（如人力资源管理类人员与业务人员之间的比例在服务业一般为 1 ： 100 ），并且随着后者的变化而变化。

行业比例法比较适合各种辅助和支持性岗位的定员，其计算公式如下：

$$M = T \times R$$

在如上公式中，M 表示某类人员需求总数，T 表示已知的对象人员总数，R 表示需求人员类型与已知的对象人员类型之间的定员比例。

| 范例解析 | 运用行业比例法确定用人数量

手机分销型企业人力资源人员与业务人员之间的比例一般为1：100，某企业有业务人员1 000人，现在要确定该企业需要配备多少人力资源人员，其相关计算如下。

人力资源人员配备人数=1 000×0.01=10（人）。

在如上的计算中，要特别注意行业比例的方向，这里计算人力资源配备人数，则行业比例为1：100=0.01；如果计算业务员配备人数，则行业比例为100：1=100。

当然，这里需要特别说明的是，在行业比例法中提及的行业比例不能一概而论，它还需要考虑分支机构数量，以及区域的分散程度，人力资源服务的精细程度等因素。

3.4.2 招聘渠道成本分析

在前面我们已经了解到了可供企业选择的招聘渠道有很多，各种招聘渠道的优缺点也非常明显。但是在选择招聘渠道时，还有一个重要的考虑因素就是招聘渠道的成本分析。如果招聘渠道很好，但是投入的成本非常大，那也是不可取的。此外，对招聘渠道的成本进行分析对公司招聘岗位下一年的招聘渠道的资金投入预算具有非常重要的参考价值。

这里说的招聘渠道成本分析也不是一个标准的参考值，根据企业的不同，运用不同招聘渠道的效果也不同，投入的成本也不同，但是分析的方法都是一样的。而且，在进行招聘渠道分析时，我们不能单看某个渠道的资金投入大小，而是要看投入资金后产生的有效性。

而对于这些成本分析，一般都是在表格中进行比较，但是由于数据比较多，分析结果呈现不直观，此时可以结合图表来进行展示。

| 范例解析 | 对比分析不同招聘渠道的成本

表3-11所示为某公司通过不同招聘渠道招聘销售人员所支出的招聘费用和招聘效果统计。

表3-11 某公司招聘渠道成本汇总表

招聘渠道	到岗人数（人）	套餐费用（元）	渠道招聘人均成本（元）
智联招聘	4	12 000	3 000
人才网	4	8 000	2 000
内部推荐	1	5 000	5 000
51Job	1	4 000	4 000
总计	10	29 000	

从表3-11中可以看到，企业这阶段总共招聘了10个人，其中通过智联招聘和人才网招聘到的人数最多。内部推荐和51Job这两个渠道招聘的人数最少，只有1人。

为了方便对比分析，这里可以将汇总表的数据进行图表展示。但是需要注意的是，想要更直观地查看各招聘渠道的人均成本相较于企业整体招聘的人均成本的大小，需要添加一个辅助列，专门展示企业招聘的人均成本数据，如表3-12所示。

表3-12 某公司招聘渠道成本汇总表（添加辅助列）

招聘渠道	到岗人数（人）	套餐费用（元）	渠道招聘人均成本（元）	企业招聘人均成本（元）
智联招聘	4	12 000	3 000	2 900
人才网	4	8 000	2 000	2 900
内部推荐	1	5 000	5 000	2 900
51Job	1	4 000	4 000	2 900
总计	10	29 000		

由于是进行数据比较，而且分类项比较多，因此首选柱形图。但是在本

例中，企业招聘的人均成本相当于一条参考线，因此这里采用柱形图和折线图的组合图表来表示渠道套餐的总费用、渠道招聘的人均成本以及企业招聘人均成本，其具体操作如下。

在Excel文件中选择招聘渠道、套餐费用、渠道招聘人均成本和企业招聘人均成本对应的单元格区域，这里选择A1:A5单元格区域和C1:E5单元格区域，单击"插入"选项卡，在"图表"组中单击"组合图"下拉按钮，选择"创建自定义组合图"命令，如图3-12所示。

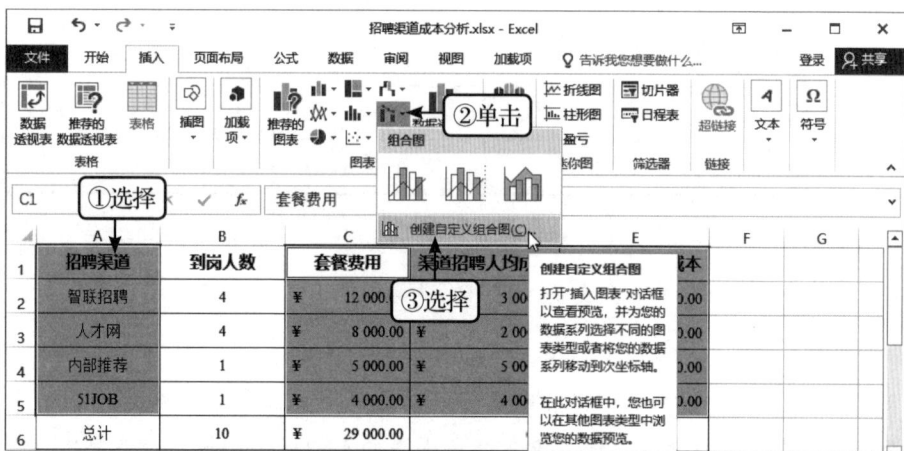

图 3-12　创建组合图

在打开的"插入图表"对话框中单击"渠道招聘人均成本"下拉列表框右侧的下拉按钮，选择"带数据标记的折线图"选项更改该数据系列的图表类型，单击"确定"按钮，如图3-13所示。

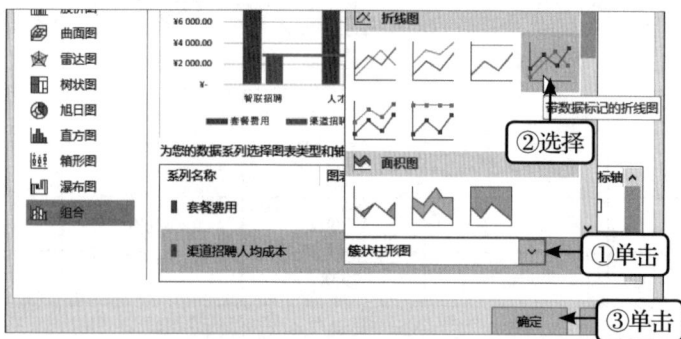

图 3-13　更改数据系列类型

将图表标题更改为"各招聘渠道成本分析"，选择图表，在"图表工具设计"选项卡中选择一种图表样式，如图3-14所示。

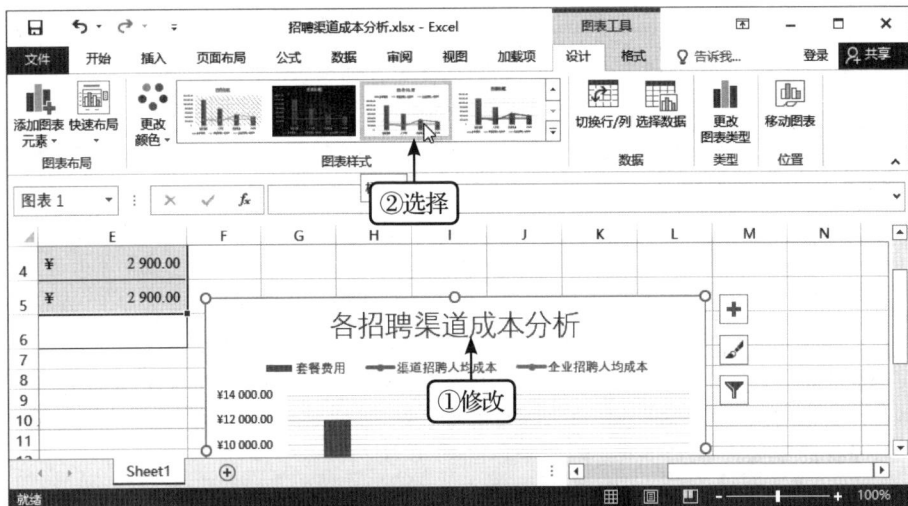

图 3-14 应用图表样式

对图表进行大小设置、字体格式设置以及数据系列的填充效果设置，效果如图3-15所示。

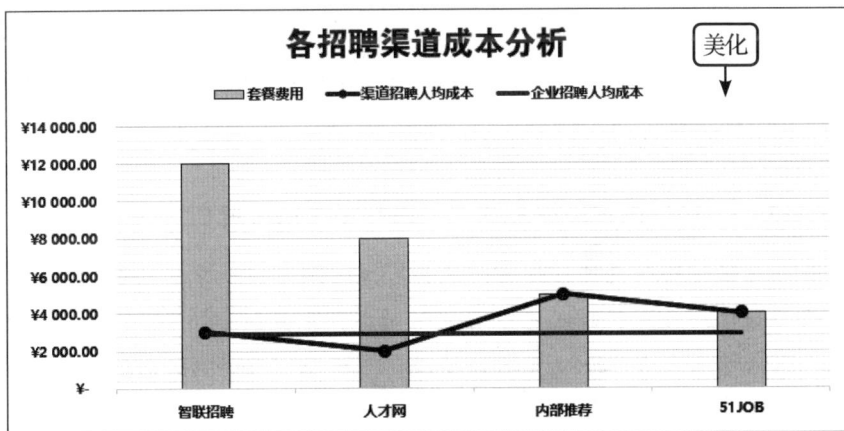

图 3-15 格式化图表效果

从图3-15中，我们可以清晰地查看到：虽然内部推荐和51Job渠道的套餐费用低，不过渠道招聘人均成本都高于企业招聘人均成本；而智联招聘和人才网的套餐费用虽然很高，但是渠道招聘人均成本明显小很多，尤其人才网招聘渠道，其平均成本更是低于企业招聘的人均成本很多。

因此可以判断，若后期继续招聘，则可以放弃内部推荐和51Job这两个招聘渠道，以人才网招聘为主，智联招聘渠道为辅的分配计划来执行。

知识延伸 | 使用内置图表样式的注意事项

在Excel中，内置的图表样式包含了形状的填充、轮廓、效果以及字体、文字颜色和文字效果等信息，直接套用这些内置的图表样式，系统会自动将图表中原来设置的样式替换为选择的图表样式。

然而，也有的内置图表样式不符合实际需求，需要对局部效果进行修改，此时一定要记住先使用内置的图表样式，再修改局部格式。如本例中，如果先自定义设置字体的格式、形状的填充效果，再应用图表样式，那么，之前的设置将全部被内置样式替代。

3.4.3 自动判断面试人员是否被录用

在招聘员工时，不同公司有不同的考核标准，有些公司只进行面谈面试即可，有的公司却要同时考核面试和笔试两项，只有面试成绩和笔试成绩均达到要求后，才可能被录用。对于这类数据的处理，利用 Excel 的函数功能可以方便、快速地完成。

| 范例解析 | 根据面试成绩和笔试成绩判断录用情况

某公司在招聘人员时，会有面试和笔试两个考核部分，只有当面试和笔试成绩都高于85分时，该应聘人员才能被录用。某HR已经将所有应聘者的面试成绩和笔试成绩在Excel中进行了汇总，现在需要依据公司的规定，判断这些应聘人员是否被录用。

在这个范例中，由于考核成绩包括面试成绩和笔试成绩两部分，且需要两个成绩都高于85分，应聘人员才能被录用。对于这种要多个条件同时成立的判断，可以使用AND()函数将每个需要成立的条件连接起来，实现所有条件成立时最终结果才成立的判断，其具体操作如下。

选择J3:J16单元格区域，在编辑栏中输入"=IF(AND(H3>85,I3>85),"录用","不录用")"，直接按【Ctrl+Enter】组合键即可完成判断，其最终效果如图3-16所示。

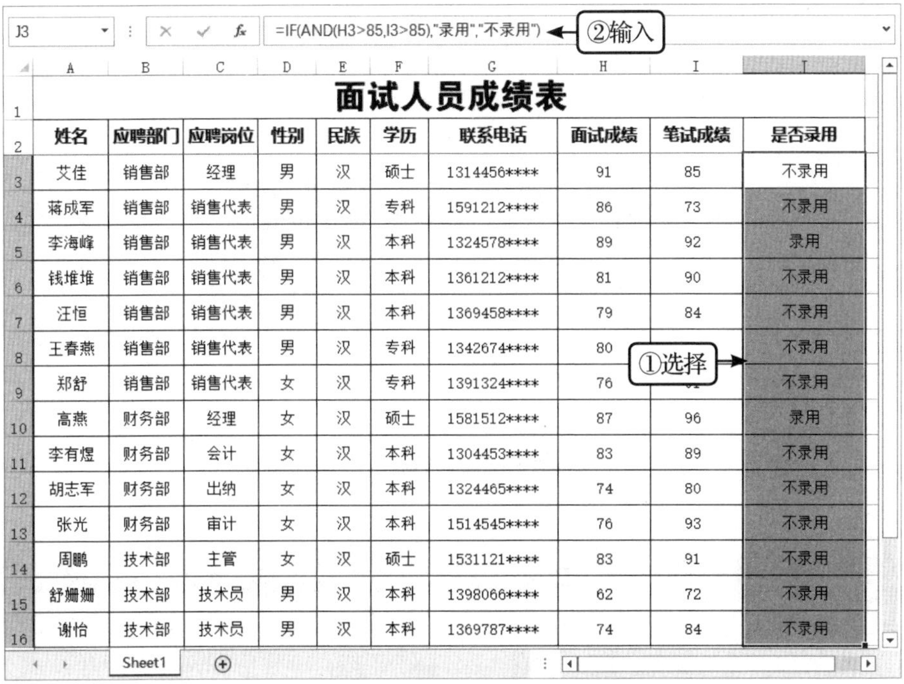

图3-16 自动判断面试人员的录用情况

在上述示例的公式"=IF(AND(H3>85,I3>85),"录用","不录用")"中，"AND(H3>85,I3>85)"函数可以判断出面试成绩和笔试成绩都大于85分的结果，也是应聘人员被录用与否的条件。

"录用"是当"AND(H3>85,I3>85)"条件成立时的返回值（即当前应聘人员的面试成绩和笔试成绩都高于85分）。"不录用"是当"AND(H3>85,I3>85)"条件不成立时的返回值（即当前应聘人员的面试成绩或笔试成绩低于或等于85分），该公式的运行过程如图3-17所示。

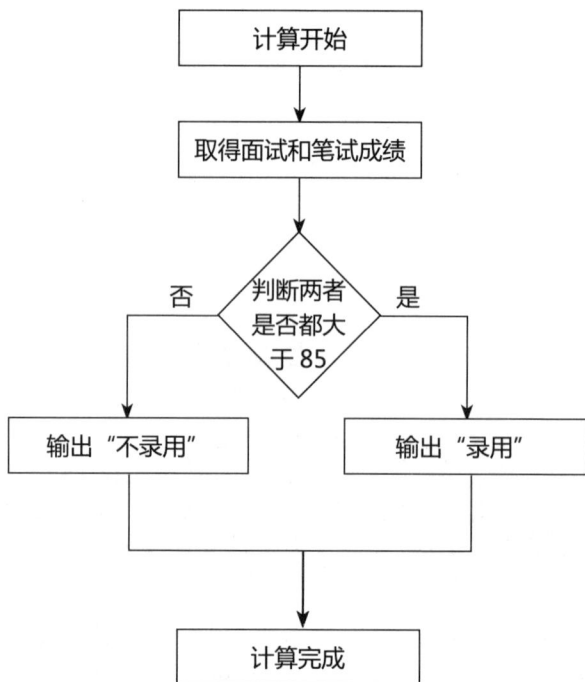

图 3-17　示例中公式的运行过程示意图

知识延伸｜IF()函数和AND()函数的使用说明

　　IF()函数是一个非常常用的函数，它能根据条件判断真假值，并根据逻辑计算的真假值返回不同结果，其语法结构为：IF(logical_test,value_if_true,value_if_false)。其中，logical_test参数表示计算结果为TRUE或FALSE的任意值或表达式；value_if_true参数用于指定当设置的logical_test条件成立返回TRUE值时要返回的值；value_if_false参数用于指定当设置的logical_test条件不成立返回FALSE值时要返回的值。

　　AND()函数主要用于对数据进行并集运算，也称逻辑与运算。当指定的所有条件都成立时，该函数返回逻辑真值TRUE；只要有一个条件不成立，则函数返回逻辑假值FALSE。其语法结构为：AND(logical1,logical2,…)，logical1,logical2,...参数可以是逻辑值，也可以是逻辑表达式，其返回值可以是TRUE，也可以是FALSE。

第 4 章

入职、试用与转正管理，新员工进公司的必经之路

录用员工后招聘工作并没有完成，在新员工办理完入职手续，进入试用期，并在试用期经过考核符合公司转正条件并办理转正手续后，试用员工变为正式员工，这才标志着一轮招聘活动的完成。作为 HR，如何处理好新员工进入公司后的试用期呢？又有哪些数据处理技巧需要掌握呢？本章就围绕这些知识和技巧进行展开。

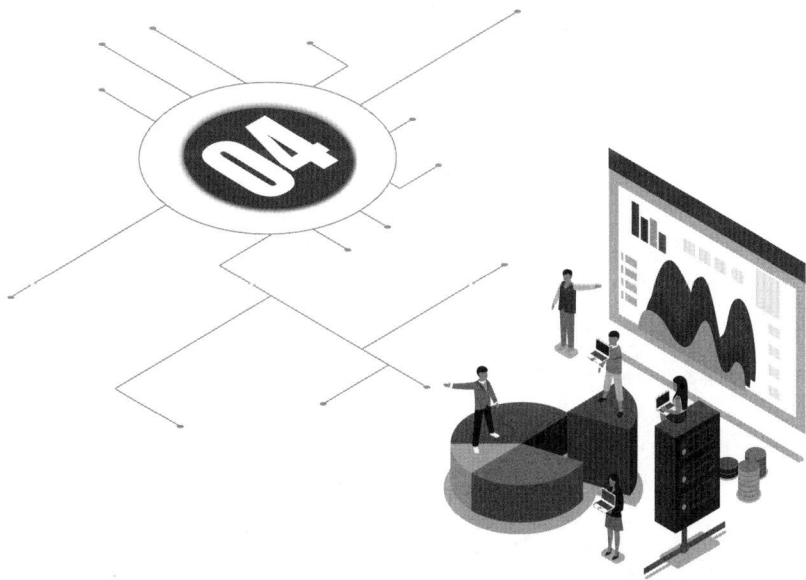

4.1
做好流程服务，迎接新员工入职

应聘者在通过层层筛选被录用后即可正式入职公司，但是在这之前，还有一些流程化的事务需要办理。由于此时应聘者还未正式属于公司，HR 在这一环节要做好流程服务工作，给即将入职的新员工留下好的印象。

4.1.1　新员工报到，HR 要做好入职指引

新员工报道的第一天，新环境或多或少会给他带来一定的压力。因此，HR 在新员工报到第一天一定要做好入职指引，协助新员工快速办理好入职手续。

为了保证入职报到流程能够顺利进行，人力资源部最好在新员工入职前的 1 ~ 2 天做好以下这些准备工作。

◆ 整理新员工的个人资料，并确定新员工报到准确时间。

◆ 提前打电话通知报到人员应该准备的物品，如本人身份证原件和复印件、学历证明原件和复印件、体检健康证明原件、近期彩照以及其他资料等；企业如果提供了员工宿舍的，HR 还应提醒报到人员准备相应的生活用品和床上用品等。

◆ 准备好新员工入职手续办理所要填写的相关表单文件，并做好入职培训指南、员工手册、工号牌、考勤卡和餐卡等物品的发放准备。

◆ 负责办公座位的安排，并申领电脑与其他办公用品。

◆ 提前告知用人部门有新员工报到，并通知相关部门领导做好新员工入职的引导工作准备。

◆ 如果需要带领新员工参观公司，则应提前与各相关部门负责人做好沟通，以免影响各部门工作运作。

在新员工报到的当天，HR 要做好如下几件事情。

◆ 热情接待新员工，引导其做好入职办理手续。

◆ 指导新员工阅读员工手册和入职培训相关文件。

◆ 带领新员工参观公司，并在参观过程中细心讲解，应答新员工提出的问题。

◆ 将新员工带领到办公地点，并介绍部门领导和同事，安排好办公座位并发放办公用品。

◆ 午饭时间可以和新员工一起进餐，并亲切慰问与关怀。

◆ 在第一天结束时可以找新员工进行简单的沟通，了解新员工的适应情况，并了解其是否需要帮助。

4.1.2　资料审核，做好员工的入职背景调查

入职背景调查是针对即将入职的员工进行的背景调查，其具体是指 HR 通过从外部求职者提供的证明人或以前工作的单位那里搜集资料，来核实求职者个人资料的行为，它是一种能直接证明求职者情况的有效方法。

（1）入职背景调查到底查什么

员工入职背景调查一般是对新员工的学历、职称、工作经历、薪资状况、在职期间业绩、综合能力、人际关系和奖惩记录等方面进行调查，判断其与新员工提供的信息是否吻合，确保信息的真实性，降低企业的用工风险。

知识延伸｜入职背景调查的其他内容

> 对于一些特殊岗位或者有实力的企业，在对入职员工进行背景调查时，还会对其是否有过犯罪记录、教育经历有哪些进行调查，以及通过各种权威的信息库来查找求职者被公开的一些负面信息。

为了更好地指导 HR 进行新员工的入职背景调查，可以借助新进人员入

职背景调查表来完成，表 4-1 所示为常见的入职背景调查表模板。

表 4-1　新进人员入职背景调查表

姓　名		性　别		年　龄		应聘岗位	
原工作单位							
工作年限							
原任职务							
工作能力							
薪资待遇							
奖惩情况							
离职原因							
其他							
情况提供人信息	姓名						
	职务						
	电话						

（2）何时开展入职背景调查

对于员工入职背景调查的时间，不同的公司进行的时间不同，但一般分为入职前和试用期两种方式，这两种时间段进行入职背景调查各有优缺点，具体对比如表 4-2 所示。

表 4-2　入职前和试用期进行入职背景调查的优缺点对比

开展时间		优　点	缺　点
入职前	1.填写应聘登记表后、正式面试前进行。 2.面试结束后、正式上岗前进行	及时发现求职者弄虚作假，主动权掌握在企业手里，企业可以灵活处理，决定是否通知求职者面试或者决定是否录用，几乎没有任何风险	1. 由于时间紧（面试前进行背景调查时间更紧），背景调查的信息可能审核不全面。 2. 在等待背景调查审核的同时，求职者可能已经放弃了，从而造成了人才的流失
试用期	试用期一般都是 1～6 个月	时间充裕，有利于调查信息的收集与核对，同时背景调查的信息也可作为员工转正的条件	1. 试用期辞退员工必须要有充足的证据，否则可能承担法律风险。 2. 会增加企业招人的成本

（3）入职背景调查方法

HR 可以选用多种方式进行背景调查，如电话调查、问卷调查、网上调查和委托调查等。HR 可以多种调查方式搭配使用，也可以只用一种方法简单调查一下即可，最重要的是得到有用的信息。

方法是配套的，可灵活运用，而灵活运用的前提就是对不同的背调方式有所了解。下面对一些常见的入职背景调查方法进行介绍。

◆　电话调查

电话调查是最直接、简单的方式，不过这需要新员工原公司的配合。电话调查的内容一般包括新员工的工作内容、工作形式、工作表现和离职原因。

由于是占用对方联系人的时间来完成自己的工作，因此 HR 在使用电话调查方法时，要遵循 4 个基本步骤，如图 4-1 所示。

①**自我介绍。**接通电话后，HR 应该第一时间对相关人员做自我介绍。

②**进行说明。**做好自我介绍后，HR 就该说明打这通电话的缘由和目的。

③**确认授权。**说明目的后，HR 有义务向对方保证本次背景调查是被允许的，是经过授权的，以免去对方的忧虑。

④**正式提问。**这是电话调查中最重要的部分，这就需要 HR 根据岗位要求进行具体提问。如果对方表示不太方便，HR 一定要约定好再次沟通的时间，掌握主动权。

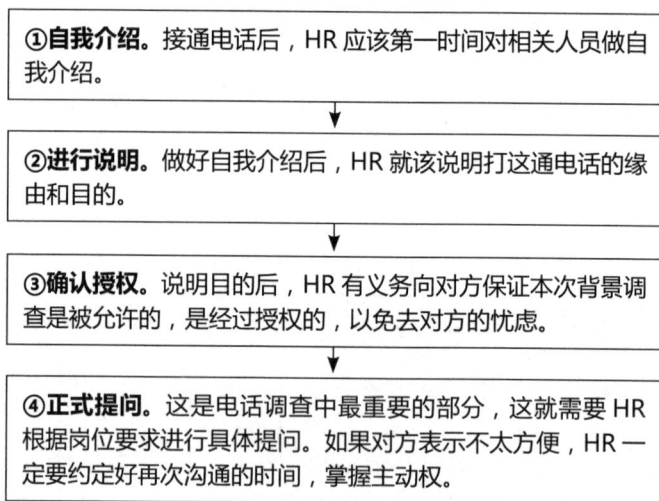

图 4-1 电话调查的基本步骤

◆ 问卷调查

问卷调查是 HR 提前根据岗位设计一份背调问卷，并将其通过邮箱或传真的形式发送给新员工原工作单位的相关人员，请其在一定时间内予以回复。这种背调方式比较传统，但也是非常有用的一种方式，很多 HR 都会选择使用这种背调方式。

◆ 网络调查

网络调查主要是对新员工在社交平台的信息进行调查，比如微博、博客、QQ 空间等，另外还可以通过比较正规的网站对新员工的基本学历信息进行查询，如学信网（https://www.chsi.com.cn/）。对于岗位级别较高的候选人，可能还要对其在公开场合的一些行为进行调查，以了解其资历和具体水平，如演讲、发表的文章、接受媒体访问材料。

知识延伸 | 第三方数据库和机构

HR在采用网络方式进行背调时，难免要借助第三方数据库和机构来完成工作，通过一些官方网站、法院、公安机关、高校及企业之间的资源共享，能够让HR快速掌握一些重要的信息。

◆　委托调查

委托调查就是企业委托第三方背调公司来进行新员工的入职背景调查。虽然委托调查的成本比自己调查的成本高，但是委托调查也有其明显优势的地方，具体如下。

①调查范围更广泛，包括简历信息、过往履历和工作表现等。

②可以让 HR 保留精力去做别的工作，节省背调时间。

③保证背调结果的客观、公正和专业。

目前市面上的背调公司比较多，HR 一定要选择一家靠谱的公司来开展背调工作，下面列举几个常见的背调公司供 HR 参考，具体如表 4-3 所示。

表 4-3　常见的背调公司简介

公司名称	介　　绍
八方锦城	八方锦程（http://www.gdbf.com/）是一家人力资源有限公司，也是中国最领先的员工背景调查公司之一，其员工背景调查服务，可实现来自全球一百多个国家和地区候选人的调查审核工作。其服务范围分为境内背景调查和境外背景调查两类。 ①境内背景调查的内容包括身份信息核实、护照信息核实、教育背景核实、专业资格核实、工作经历核实、工作评价鉴定、法院数据库核实、无犯罪记录核实和非法组织核实。 ②境外背景调查的内容包括身份信息核实、护照信息核实、教育背景核实、专业资格核实、工作经历核实、工作表现核实、诉讼记录核实、无犯罪记录核实、非法组织核实、禁用药物核实、全球数据库搜索、信用记录调查和个人破产调查
i 背调	i 背调（https://www.ibeidiao.com/）隶属于杭州有才信息技术有限公司，是一个与互联网相结合的背景调查平台。公司 HR 可以直接在 i 背调官网在线下单，委托平台进行背调并在线支付，获取背调报告。i 背调对接多个国家数据库并联合含近 10 万名 HR 的互助背调联盟获取候选人的职场征信数据。其服务项目包括身份验证、学历验证、学位验证、工作履历核实、工作表现核实、驾驶证验证、违章记录查询、金融违规记录查询、商业利益冲突查询、犯罪记录查询、诉讼记录查询、失信记录查询以及金融行业黑名单查询等

续表

公司名称	介　　绍
一诺背调	一诺背调（https://www.yinuobeidiao.com/）是上海振韵信息科技有限公司旗下的互联网背景调查品牌，通过"大数据＋AI＋专业线下服务"的形式，为用户提供互联网时代的线上云端背景调查服务。 　　目前客户群体包括互联网金融、零售电商、大型商超、招聘网站、家政服务、制造业、房地产行业以及共享经济等
知了背调	知了背调（https://www.17zhiliao.com/）是上海知了人力资源有限责任公司旗下的高科技背景调查机构。知了背调将互联网、大数据、人工智能、区块链等高科技应用于职业背景调查领域。为企业提供精准、高效的员工职业背景调查服务，为个人建立职业能力和信用档案，帮助企业实现人才投资效益最大化

4.1.3　办理入职手续

招聘员工后，只有在员工办理了正式的入职手续后，其才能称为企业的员工。那么，在员工报到当天，HR 应该如何协助员工办理好入职手续呢？一般会按照如下所示的步骤来进行。

①新员工填写入职登记表，并交验各种证件（身份证、毕业证、离职证明、体检报告和照片等）。

②按照新员工入职手续办理清单逐项办理入职手续。

③向新员工发放员工手册、岗位职责说明书等相关入职须知文件，并由相关人员为其进行讲解。

④与新员工签订试用期劳动合同、保密和竞业禁止协议、入职承诺书等文件。

⑤填写员工信息登记表，为新员工建立员工档案并做好档案保存，同时更新员工花名册，填写人员异动情况统计表。

⑥办理考勤卡（如果是指纹打卡，则需要采集指纹）、工作牌等。

⑦更新员工通信录，并通过 E-mail 的方式告知公司员工。

⑧将新员工移交给用人部门。

由于不同的公司，不同的工作岗位，其入职手续和流程可能存在不同。但是企业一般都会制定新员工入职手续清单，在该清单上会详细列明新员工入职需要办理哪些手续，对应的办理部门是什么，利用该清单就可以很好地指导新员工顺利办理入职手续。

表 4-4 所示为某公司的新员工入职手续清单模板。

表 4-4　新员工入职手续办理清单

姓名		部门		职位		入职时间	
报到前确认项目							
序号	项目	内容		责任部门	确认完成情况	责任人	备注
1	整理信息	准备简历、岗位说明书		HR 部门			
2	通知录用	电话确认、明确入职时间		HR 部门			
3	办公用品	座位、电脑		行政部门			
报到时确认项目							
1	确定劳动关系	签订劳动合同及保密协议		HR 部门			
2		签订薪资确认单					
3	确认员工信息	提交身份证、学历证、寸照		HR 部门			
4		填写员工信息表					
5		发放工作证、考勤卡					
6	入职培训	学习人事行政制度		HR 部门			
7		签字认同公司各项制度					

8	领取办公用品	领用常规办公用品	行政部门			
9		开通邮箱				
10	引导新员工认识各部门	董事办、总裁办	HR 部门			
11		企划部				
12		财务部				
13		品牌中心				
14		客服部				
15		后勤部				
报到后确认项目						
1	部门培训	学习本部门制度与流程	用人部门			
2		熟悉本部门人员				
3	信息反馈	用人部门将入职员工的信息反馈给 HR 部门，双方及时发现、解决问题	用人部门与HR部门			

入职人员签字：   HR 助理签字：   手续办理完毕时间：

4.1.4 HR 必知的入职法律风险

办理入职手续的同时必然伴随着相关的法律风险，无论哪一个 HR 都不可避免，HR 只有了解入职过程中常见的法律风险才能有所警惕，并在办理入职手续的过程中，时刻注意规避，以保障公司的利益。

◆ 员工身患疾病或职业病

《中华人民共和国劳动合同法》（以下简称《劳动合同法》）第四十条规定："有下列情形之一的，用人单位提前三十日以书面形式通知劳动者本人或者额外支付劳动者一个月工资后，可以解除劳动合同：（一）劳动者患病或者非因工负伤，在规定的医疗期满后不能从事原工作，也不能从事由用人单位另行安排的工作的。"

所以为了避免员工入职后因患病而不能工作，还要公司承担医药费和生活费，在入职之前就要要求员工做体检，对于不符合用工标准的员工，HR 要拒绝与其签订合同。除此之外，若员工原工作岗位容易患职业病的，HR 也要注意排查录用人员是否有患职业病。

◆　外籍人员的聘用风险

《外国人在中国就业管理规定》第二十八条规定："对违反本规定未申领就业证擅自就业的外国人和未办理许可证书擅自聘用外国人的用人单位，由公安机关按《中华人民共和国外国人入境出境管理法实施细则》第四十四条处理。"

而根据《中华人民共和国外国人入境出境管理法实施细则》第四十四条规定，对私自雇用外国人的单位和个人，在终止其雇用行为的同时，可以处 5 000 元以上、5 万元以下的罚款，并责令其承担遣送私自雇用的外国人的全部费用。

所以公司聘用的员工是外籍人员的话，HR 要注意查验其是否取得《中华人民共和国外国人就业许可证书》。

◆　推迟签订劳动合同的隐患

《劳动合同法》第十条规定："建立劳动关系，应当订立书面劳动合同。已建立劳动关系，未同时订立书面劳动合同的，应当自用工之日起一个月内订立书面劳动合同。用人单位与劳动者在用工前订立劳动合同的，劳动关系自用工之日起建立。"

第八十二条规定："用人单位自用工之日起超过一个月不满一年未与劳动者订立书面劳动合同的，应当向劳动者每月支付二倍的工资。"

所以 HR 不要因故推迟与员工签订劳动合同，否则会令公司承受多余的人工成本。在试用期期间就要签订试用期合同，转正后要在一月之内签订正式的劳动合同。

◆ 未解除劳动关系

《劳动合同法》第九十一条规定："用人单位招用与其他用人单位尚未解除或者终止劳动合同的劳动者，给其他用人单位造成损失的，应当承担连带赔偿责任。"

企业在招聘员工时一定要确认对方是已离职人员，要求对方提供离职证明，否则不能签订劳动合同，以免为公司带来损失。

◆ 扣押员工证件

《劳动合同法》第八十四条规定："用人单位违反本法规定，扣押劳动者居民身份证等证件的，由劳动行政部门责令限期退还劳动者本人，并依照有关法律规定给予处罚。用人单位违反本法规定，以担保或者其他名义向劳动者收取财物的，由劳动行政部门责令限期退还劳动者本人，并以每人五百元以上二千元以下的标准处以罚款；给劳动者造成损害的，应当承担赔偿责任。劳动者依法解除或者终止劳动合同，用人单位扣押劳动者档案或者其他物品的，依照前款规定处罚。"

对一个正规企业来说，收取押金或扣押员工证件等行为都是不可取的，用人单位只能要求对方提供证件复印件以作为信息核查的依据，一定要避免收取其财物和证件的做法。

4.2
新员工入职试用管理，做好转正前的过渡

新员工正式入职后，一般都会经历一个试用期，不同公司的试用期限不

同。这段时间，是员工与公司的磨合期，也是员工与公司双向考察和慎重选择的关键时期。

4.2.1　新员工试用期的管理

试用期是指包括在劳动合同期限内，用人单位对劳动者是否合格进行考核，劳动者对用人单位是否符合自己要求也进行考核的期限，这是一种双方双向选择的表现。

公司不能因为新进入职的员工还处于试用期间就忽视对其的管理。相反，为了对新进人员在试用期间的工作业绩、能力、态度做客观的评价，作为新进人员转正、加薪、转岗、辞退等提供客观合理依据，更应该做好新员工的试用期管理。

为了规范管理工作，企业必须制定相应的试用期管理办法来指导试用期的新员工，下面列举某公司的试用员工管理办法供大家参考借鉴。

| 范例解析 |　某公司员工试用期管理制度

员工试用期管理制度

一、目的：试用的目的在于补救招聘中的偏差。

二、适用范围：公司所有试用期员工。

三、管理职责：人力资源部及试用期员工所在部门，对试用员工进行试用管理。

四、试用期时间规定

新进员工根据劳动合同期限及有无工作经验给予1~6个月的试用期；用人部门和人力资源部可以根据试用员工入职后的具体表现缩短或延长试用期。

五、试用期员工导师制

1.用人单位有义务对新员工进行上岗引导，并确定一名入职引导人管理其行为，承担其行为责任。

2.入职引导人的确定

①新员工入职前，人力资源部应与用人部门沟通，确定备选人员，并上报至

副总经理审批确定入职引导人。

②入职引导人不仅可以由部门负责人担任，也可由部门中有一定经验的其他员工担任。

③入职引导人的职责

◆ 负责向新员工介绍公司基本情况，包括公司的历史概况、基本管理制度和办事程序等，使新员工迅速融入公司文化。

◆ 负责向新员工介绍公司的经营业务、业界现状以及公司在业界的地位，培养新员工对公司的忠诚度。

◆ 负责新员工业务知识、业务技能的指导与实战培训，缩短新员工适应的时间。

◆ 负责了解新员工思想动态、兴趣爱好、特长等，为新员工的职业发展提供相应基础材料。

◆ 新员工转正后，入职引导人应继续对新员工进行跟踪培养，随时关注新员工的思想动态、工作情况，并提供有力的帮助与指导。

3.入职引导人的待遇（略）。

4.入职引导人反馈制

①新员工试用结束后，应真实填写入职引导人反馈表（见附表1），并交由人力资源部存档。

②人力资源部应视情况与入职引导人沟通，帮助其更有效地发挥入职引导人的作用。

六、试用期跟踪考核制

1.试用期访谈制：……。

2.试用期考评制：……。

3.转正考评：……。

4.试用期间，新员工若有严重违规行为或能力明显不足者，试用部门应在试用期记录（见附表3）上陈述事实与理由，报人力资源部审核，公司领导审批后，终止试用。

七、新员工在试用期间有以下情形之一者，公司可解除劳动合同：

1.严重违反公司相关规章制度，被公司予以"批评"及以上处罚的。

2.不符合试用岗位任职资格的。

3.试用期内不履行或无能力履行岗位工作职责或达不到职责考核要求的。

4.员工试用期考勤规定如下（3个月内）：有旷工记录或迟到、早退达3次者应予辞退。

八、试用期工资、福利按公司薪酬管理和福利管理的有关规定执行。

附表1：入职引导人反馈表

附表2：试用期员工访谈表

附表3：试用期记录

附表4：试用期考评记录表

附表5：论文总结汇报评估表

附表6：转正申请表

从以上的范本中可以看到，公司并不会因为新员工还在试用阶段而降低对其的管理，相反还更加细致，其中包含有别于正式员工的一些特殊管理，如安排入职引导人为试用员工提供指导与帮助、试用员工试用期的劳动合同解除规定。而对于其他方面，如工资、福利待遇等都按正式员工的规定执行。

总的来说，新员工试用期的管理除了要对其工作上的表现进行管理帮助以外，还要关心新员工的心理情绪变化，帮助其快速熟悉工作环境、工作内容和人际关系，使其快速融入企业。通过科学有效的试用管理办法，对促进稳定和留住新员工也有积极作用，因此，企业必须重视对试用员工的管理。

4.2.2　客观、规范化的试用评估

公司对某个试用员工的考核很大程度取决于其在试用期的工作表现，而对工作表现做评价的一般都是其直接引导人或者部门负责人。为了避免相关人员凭主观意识来衡量新员工的工作表现，公司必须制定切实可行的考核办法，用于客观、公正、规范地对试用员工进行试用评估。

通常而言，公司在对试用员工进行考核时，需要从工作态度、工作能力和工作绩效3个方面进行，其具体考核内容介绍如下。

工作态度。 对工作态度的考核主要从责任心、合作性、主动性、纪律性、自我提高的热情和基本行为准则等方面进行。

工作能力。 工作能力的考核主要是对试用员工在试用期中处理业务能力进行考核，具体包括学习能力、理解能力、解决问题的能力、应用创造能力、协调能力和执行力等岗位必需的能力。

工作绩效考核主要是对试用员工能否按时、保质、保量地完成所布置的工作或学习任务，并达成每月的改进目标。

日常行为。 日常行为的考核主要是对试用员工日常行为规范进行考察，具体包括考勤、着装、制度及规范的遵循情况。

下面列举一个常见的试用员工考核表模板供 HR 参考，模板的具体内容如表 4-5 所示。

表 4-5　试用员工考核表

考核日期：

姓名		性别		部　　门		岗　　位	
考核项目	考核明细	分值	评分标准				得分
			一级：100%	二级：80%	三级：60%	四级：10%	
工作能力（55分）	学习能力	15分	有强烈的学习意识，有明确的学习计划	注重学习，同样的错不会重复犯，能很快学会新知识	被动学习，能很快纠正错误，学习能力一般，学得缓慢	学习意识不强，有得过且过的思想	
	工作能力的改进和改善	10分	善于总结，工作能力大幅提升，能对企业发展提出建设性建议	通过锻炼工作能力持续提升	经过指导和锻炼能力有所改进，但改进较缓慢	不能有条理地开展工作，工作不能按时完工	

工作能力（55分）	发现问题和解决问题的能力	10分	主动发现问题并妥善解决，还能形成经验总结	无能力主动发现问题，但能妥善解决问题	无能力主动发现问题，仅能低质量解决问题	无能力主动发现问题并解决问题	
	岗位技能掌握情况	10分	熟知岗位技能，能完成工作无差错	能较好地掌握所学岗位操作知识和技能	基本掌握岗位技能，需要别人指导	未掌握所学岗位操作知识和技能	
	执行力	10分	能超出期望地完成工作	能积极高效地完成工作	基本能按时完成工作	无法按时完成工作	
工作态度（30分）	工作态度	10分	积极面对工作困难，主动思考解决方案	有正确的工作态度，偶有工作情绪	有发牢骚的现象，需领导不断教导	消极怠工，工作延误，或拒绝接受工作	
	工作责任心	5分	工作责任心强，能积极主动完成工作，并能督促他人共同完成工作	工作责任心较强，无推诿现象，能积极主动完成工作	有工作责任心，偶尔疏忽但及时补救	工作责任心差，工作中屡犯错误	
	团结协作	5分	与同事相互帮助、合作融洽，与团队共同进步	有团队意识，自身做好团队协作	努力试图与同事开展合作，共同完成一些任务	无法处理好同事关系，谈不上团结和合作	
	服务意识	5分	有强烈服务意识，得到公司内外部的一致好评	有服务意识，且热情主动服务	服务意识一般，常需领导提醒	无意识，很不愿做服务工作	
	企业忠诚度	5分	极强的企业忠诚度，认同企业文化，并为能身处其中而感到自豪	较强的企业忠诚度，比较认同企业文化，对在企业工作感到比较自如	企业忠诚度一般，对企业偶有抱怨，对在企业工作感到有一定的束缚和压力	企业忠诚度差，不认同企业文化，经常抱怨，并散布不利于企业的负面消息	

日常行为（15分）	考勤	5分	全勤	有事假或迟到早退不超过1次／月	有事假或迟到早退不超过3次／月	有旷工行为	
	着装	5分	严格按照公司要求着工作服	偶尔出现不穿工作服的情况	被发现上班时间内2次以上不着工作服	经常在上班时间不穿工作服	
	制度及规范的遵守	5分	严格遵守各项规章制度，并影响公司其他人	基本遵守公司各项规章制度，偶尔违反	有违纪现象的发生，但是不超过2次／月	经常违反公司各项规章制度，次数达到2次／月以上	
总分值		100分		实际得分			
考核意见	经过考核，我部门认为，该名员工…… （部门领导）签名： □可以按期转正　□继续试用考察　□建议辞退 （部门分管领导）签名：						

注：本表由新员工所在部门领导填写，并请部门分管领导签字确认，得分占最终考核结果 ____ 。

在有的公司，如果试用时间比较长，对试用员工的考核可能会进行多次，不同阶段考核的内容会有所区别。

另外，对于不同的岗位，其考核的侧重点可能有所不同，例如技术性岗位会对工作能力着重考察；文职类岗位会对工作态度着重考察。且考核项目关系到试用期员工是否能顺利转正，因此，HR 在设计考核内容和指标时需要结合岗位的实际情况，要多方面综合考虑，做出具体的安排，以避免人才流失。

4.3
知人善任，择优确认员工转正

在员工通过试用期的考核后，符合条件的试用员工可以转为正式员工，正式成为公司的一员。进行到这个阶段后，企业的招聘工作才最终告一段落。因此，HR 要尽力做好最后的转正工作，以确保顺利为企业输送优秀的人才。

4.3.1 转正审批流程全知道

转正对试用员工来说是一种肯定与认可，那么，HR 应该如何来做好试用员工的转正工作呢？首先要熟悉转正流程，按照流程来妥善开展转正工作。图 4-2 所示为一般的转正审批流程示意图。

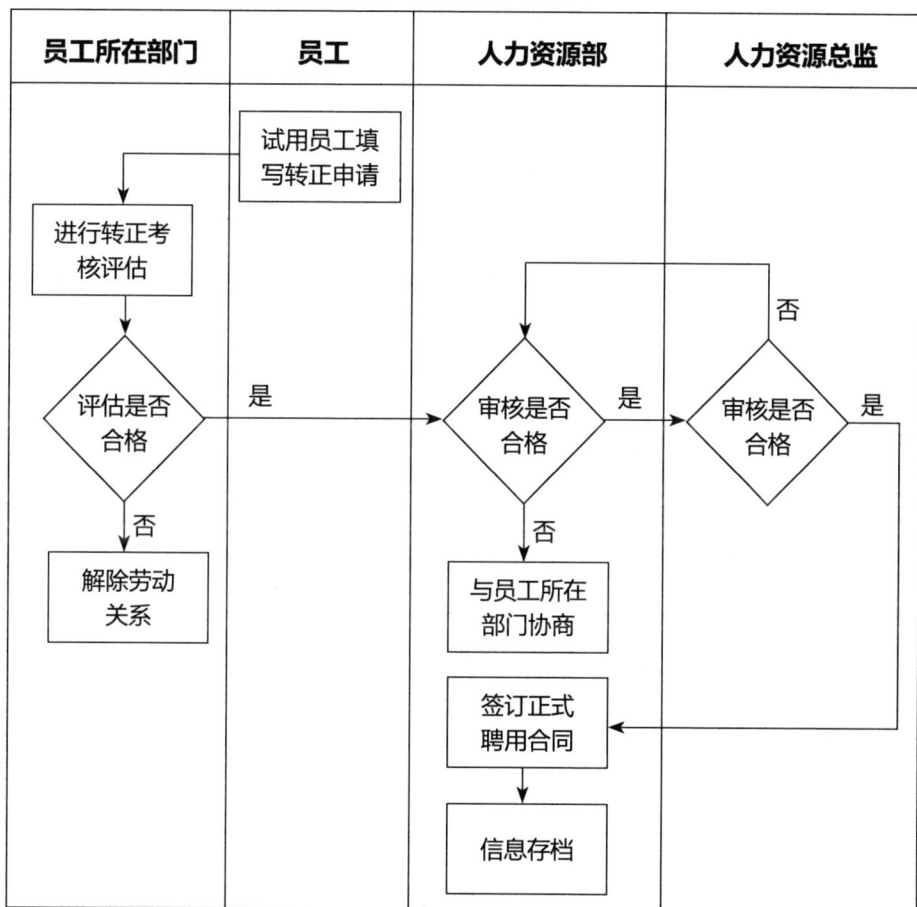

图 4-2 转正审批流程示意图

根据转正流程，HR还应该设计好员工转正申请表，如表4-6所示为该表模板。

表4-6　员工转正申请表

填表日期：年　月　日

姓　名		性　别		学　历	
籍　贯		部　门		职　位	
入职时间		试用结束		试用时间	
主要工作职责（范围）					
试用期期间的工作总结及自我评估（由本人填写）					
部门负责人意见	试用期考核意见： □不符合录用条件 □按期转正 □提前转正，转正日期：_____年____月_____日 □转正后建议薪资：_____				
人力资源部意见	 人力主管签字：				
总经理审批	审批意见： 审批转正薪酬：_____				
备注：此表需由部门负责人出具转正意见，经总经理审批后生效。					

4.3.2　判断员工是否适合现在的职位

知人善任是最好的招聘结果，既能让员工发挥出自己最大的热情干好工作，又能为企业创造效益。但是，并不是每个试用员工经过试用期的双向选择与考核后一定能被留下来，这就需要企业对试用员工是否适合现在的岗位进行判断。一般可以从以下 5 个方面进行初步判断。

（1）观察员工的表现

一般而言，如果一个得到了在能力、长处、兴趣等方面都适合自己的岗位的试用员工，其在整个试用期的情绪会是相对愉悦的。具体表现如下所示。

①上班积极，不会无故迟到早退。

②不会有太多抱怨，甚至不介意偶尔加班。

③在面对工作中出现的问题时，也会积极地寻找解决办法，或寻求帮助。

而如果试用员工在试用期出现了以下情况，则需要引起重视了。

①工作一味拖延、等待，不能按时完成任务，即使完成任务，完成质量也不高。

②犯了错就推卸责任，从不审查自己是否有做得不够的地方。

③经常抱怨工作不顺利，并将消极情绪传递给他人。

④为了工作的事情和同事发脾气，甚至吵架等。

知识延伸 | 试用期要经常与试用员工进行沟通

　　需要特别说明的是，员工对工作岗位的不满意，可能并非因为工作不合适，而是因为其他的原因，比如公司管理不当、员工工资太低等。因此，HR 要适时找员工谈话，了解其想法，交换意见才是最重要的。

（2）询问员工的感受

定期找员工谈话，了解他们现在的工作情况以及对工作岗位的感受，如是否对工作仍然保持兴趣？对工作安排是否感到有压力？是否能发挥自己的专长？工作是否顺利？工作中遇到了哪些困难？需要 HR 怎么实施帮助……

关于对员工工作的感受，可以单独询问，也可以安排制度化的会见环节，专门探讨此事。

（3）考察员工的业绩

业绩是最能反映试用员工工作状态的量化指标。HR 需要特别注意，在事先制定量化指标时，不能定得太高，更不要制定一些无论试用员工如何努力都不可能达到的指标。试用期是考察试用员工是否符合工作岗位的基本条件，是否具有潜质，而不是故意为难员工（有关绩效评定指标的确定方法可参见本书第 6 章的相关内容）。

（4）重视多方的反馈

"偏听则暗，兼听则明"，了解员工的工作情况，和是否与现有职位相匹配，需要多方面取证，至少包括以下几个方面。

①试用员工的上下级，特别是入职引导人。

②试用员工的同事。

③试用员工的直接客户。

④其他渠道。

（5）利用测试表

在试用期过一段时间后让试用员工做一些测试题来考验、测试其对工作岗位的适合度。

| 范例解析 | 某公司员工岗位适合度自测

1.是否经常怀着愉快的心情上班？

A.经常如此　　　　B.有时如此　　C.从来没有

2.是否很少留意离下班还有多长时间？

A.是的　　　　　　B.偶尔留意　　C.不停看表

3.是否因工作而耽误了吃饭的时间？

A.经常如此　　　　B.有时如此　　C.从来没有

4.认为自己的工作环境同时是一个很好的学习空间？

A.是的　　　　　　B.尚可　　　　C.不是

5.乐于和家人、朋友谈论自己的工作？

A.时常如此　　　　B.有时如此　　C.绝口不提

6.你在工作中得到了应有的尊重和肯定吗？

A.多数时间　　　　B.少数时间　　C.从来没有

7.你愿意接受更高职位的挑战吗？

A.非常愿意　　　　B.可以一试　　C.不愿意

8.如果工作需要，你能接受节假日加班吗？

A.欣然接受　　　　B.可以接受　　C.不愿接受

9.是否经常觉得工作有压力？

A.从来没有　　　　B.偶尔如此　　C.经常如此

10.你对自己的工作充满希望吗？

A.是的　　　　　　B.还好　　　　C.没前途

11.你对目前的薪金收入感到满意吗？

A.比较满意　　　　B.还可以　　　　C.不满意

12.你认为自己的工作能发挥专长吗？

A.是的　　　　　　B.尚可　　　　　C.不能

13.除了目前应有的专业知识以外，你愿意再加强其他方面的才能吗？

A.很愿意　　　　　B.可以试试　　　C.不愿意

14.你的朋友和家人支持你现在的工作吗？

A.非常支持　　　　B.不予干涉　　　C.极力反对

15.你觉得和领导、同事相处得愉快吗？

A.非常愉快　　　　B.一般　　　　　C.不愉快

16.你能接受领导的批评与指正吗？

A.欣然接受　　　　B.阳奉阴违　　　C.拂袖而去

17.你是否经常阅读和工作性质相关的资料和信息？

A.是的　　　　　　B.偶尔如此　　　C.从来没有

18.你是否认清了自己的工作领域和所负担的任务？

A.比较清楚　　　　B.一知半解　　　C.所知有限

19.你喜欢你的工作职责和你所扮演的角色吗？

A.非常喜欢　　　　B.比较喜欢　　　C.不喜欢

20.你是否为自己设定了一个短期、中期和长期的工作目标？

A.已经设定　　　　B.尚在规划　　　C.还未想过

以上各问题，选A计3分；选B计2分；选C计1分。然后计算总分。

39分以下：该试用员工的岗位适应性已经快要亮起红灯，建议HR对其要多加关照，帮助其反思职业取向、兴趣与专长，帮助其充分了解自己所期望的工作环境和工作目标。如果有其他委任的机会，可考虑为其调岗。

40~49分：该试用员工还算能胜任自己目前的工作，该工作比较适合他。HR 可以继续关注和鼓励他，如果是能力尚待增进的话，可以与其入职引导人进行沟通，加强其培训力度，以期获得更好的工作业绩。另外，不妨引导他规划一下自己的中、长期工作目标。

50~60分：该试用员工在自己岗位上是一个出色的工作者，他对自己的能力、价值观有比较清楚的认识，其岗位也合乎他自己的职业取向和专长，他对自己的未来充满信心。

通过以上几个方法只能基本判定员工能否胜任工作岗位，如果认定试用员工暂时还不能胜任其工作岗位。这时，企业应该及时采取相应的补救措施，如调岗、加强培训等。如果经过一系列的补救措施后，试用员工仍然达不到胜任工作岗位的要求，那么就不予以转正批准。

总之，判断一个员工是否能够胜任他的工作岗位对企业来说是很重要的，HR 和用人部门应该重视，并慎重考察和做决定。

4.3.3　转正通知书的发放

转正通知书是指试用员工试用期满后提交了转正申请书后，企业通过考核并接受其加入所发放的正式通知书文件。它对试用员工而言具有重大的意义。HR 在制作转正通知书时一定要严谨、专业。那么，转正通知书一般的结构格式是怎样的呢？

通常情况下，试用期的转正通知书会包括如下所示的内容。

◆ 通知书的对象为转正职员的名称。

◆ 说明职员转正的事实，并说明转正后的职员薪资调整变化情况。

◆ 肯定员工的付出与努力。

◆ 表示对员工转正的祝贺。

◆ 公司人事部门的落款。

| 范例解析 | 某公司员工转正通知书模板

_____先生/女士：

恭喜你已通过本公司试用期考察，自____年____月____日起，你将成为本公司的正式员工，现通知如下：

1.工作岗位：_____　部门：_____　职务：_____

2.薪酬待遇：_____元/月，其中包括：

学历工资：_____；职称工资：_____；执业资格工资：_____；技能工资：_____；职务工资：_____；交通补贴：_____；其他工资_____。

3.福利待遇：购买社保按国家有关规定执行，其余福利按公司薪酬及福利制度执行。

4.公司实施薪资保密制度，请不要将你的薪资情况透露给他人。也不要相互打听薪资，一经发现，从重处罚。

××公司人力行政部

年　月　日

注：本通知一式两份，员工及人力行政部各一份

4.4
试用转正数据的处理

在试用和转正阶段，主要是对试用员工的能力进行考核，并在合适的时间进行转正处理。因此这期间主要对转正时间进行核算、判断是否转正等，

这些数据的处理，在 Excel 中通过数据计算功能都可以自动完成，下面介绍一些常见的数据处理操作。

4.4.1 判断试用员工是否符合转正条件

在试用期阶段，通常都会对试用员工进行至少一次的试用考核，并对考核结果进行等级评定，符合公司要求的转正评定等级的试用员工，才能批准其转正。

| 范例解析 | 判断试用员工是否符合转正条件

某公司规定新员工进入公司需要经历3个月的试用期，每个月都会进行一次考核，考核评定等级有3级，分别为"优""良"和"一般"。试用员工在公司工作满3个月且在试用期间的考核成绩任意两次为"优"，才能顺利转正。HR 已经对新员工在试用期的考核成绩进行了整理，如图4-3所示。

××公司试用员工考核结果统计

姓名	性别	学历	入职时间	第一次考核	第二次考核	第三次考核	联系电话	身份证号	是否符合转正条件
刘琴	女	本科	2020/3/1	优	优	良	139****7372	511***197910235001	
秋秋	男	本科	2020/3/1	良	优	优	135****5261	511***198012057230	
何旭	女	大专	2020/3/15	良	优	良	139****6863	511***198103113825	
杨恒露	男	本科	2020/3/15	优	良	良	133****0269	511***197911113431	
许阿	男	大专	2020/3/10	优	一般	优	135****4563	511***196606066971	
李好	女	硕士	2020/3/5	一般	优	良	132****0023	511***197202126960	
汤元	男	本科	2020/3/1	良	良	优	138****8866	511***198306096971	
戴石	男	硕士	2020/3/7	良	优	良	138****7920	511***197507143675	
柳絮	女	本科	2020/3/5	一般	良	良	135****7233	511***177512021928	
林七	男	本科	2020/3/12	良	良	一般	133****2589	511***196901032334	
周其	男	本科	2020/3/1	良	一般	良	139****9080	511***198005254556	
张小强	男	本科	2020/3/1	良	良	一般	138****5222	511***198005253332	
柏古今	男	高中	2020/3/2	一般	良	优	138****2314	511***195904263771	
余邱子	女	本科	2020/3/2	优	良	优	135****7264	511***198508086646	
吴名	男	硕士	2020/3/1	良	良	优	133****8554	511***197702306330	

图4-3 试用员工考核结果统计

现在要判定哪些试用员工符合转正条件，对近段时间要转正的员工的考核成绩进行了综合评定，本例中需判断试用员工是否符合转正条件。

由于需要同时考察转正时间是否满3个月以及考核等级是否有两次优，因此可以使用AND()函数来判断该员工是否同时符合转正的两个条件。其具体操作方法如下。

选择保存判断结果的单元格区域，在编辑栏中输入公式"=IF(AND(DATEDIF(D3,TODAY(),"M")>=3,(E3="优")*1+(F3="优")*1+(G3="优")*1>=2),"是","否")"，按【Ctrl+Enter】组合键即可完成最终的转正判断，如图4-4所示。

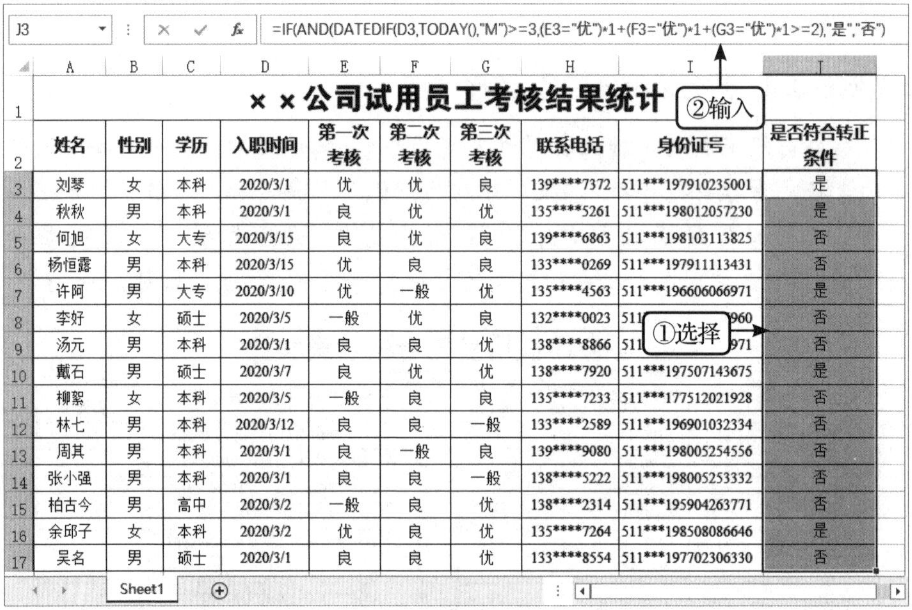

图4-4 判断符合转正条件的试用员工

需要特别说明的是，在如上使用的公式中，"(E3="优")*1+(F3="优")*1+(G3="优")*1>=2"部分用于判断3次考核成绩是否有两次为"优"。其中，"(E3="优")""(F3="优")"和"(G3="优")"都会返回逻辑值TRUE或FALSE，将其与1相乘即可转化为数字1和数字0的求和，从而判断考核成绩为"优"的次数。

> **知识延伸｜DATEDIF()函数和TODAY()函数的使用说明**
>
> 　　在日期数据的处理过程中，如果要快速计算两个日期的时间间隔，可以使用
> DATEDIF()函数来完成，其语法结构为：DATEDIF(start_date,end_date,unit)。从语法
> 结构中可以看出，DATEDIF()函数有3个参数，对于该函数需要注意以下几点。
>
> ◆ start_date：该参数为一个日期，它代表时间段内的第一个日期或起始日期。
>
> ◆ end_date：该参数为一个日期，它代表时间段内的最后一个日期或结束日期。
>
> ◆ unit：该参数为用于指定计算时间间隔的单位和方式，该参数有多种值，
> 　　参数值不同，函数返回的差值就不同。例如在本例中，该参数取值为"M"，
> 　　表示计算 start_date 与 end_date 指定的日期中的整月数。
>
> 　　另外，TODAY()函数主要用于要返回当前系统的日期，其语法结构为：
> TODAY()。从语法结构可以看出，该函数没有任何参数，如果要在某个位置获取当前
> 系统的日期，直接输入"=TODAY()"，按【Ctrl+Enter】组合键即可。

　　从图4-4的判断结果中可以看到，由于判断结果为文本"是"和
"否"，查阅不直观。这里将继续使用条件格式功能将符合转正条件的试用
员工的整条记录突出显示出来，其具体操作如下。

　　选择A3:J17单元格区域（即所有表格记录单元格区域），在"样式"组
中单击"条件格式"下拉按钮，选择"新建规则"命令，如图4-5所示。

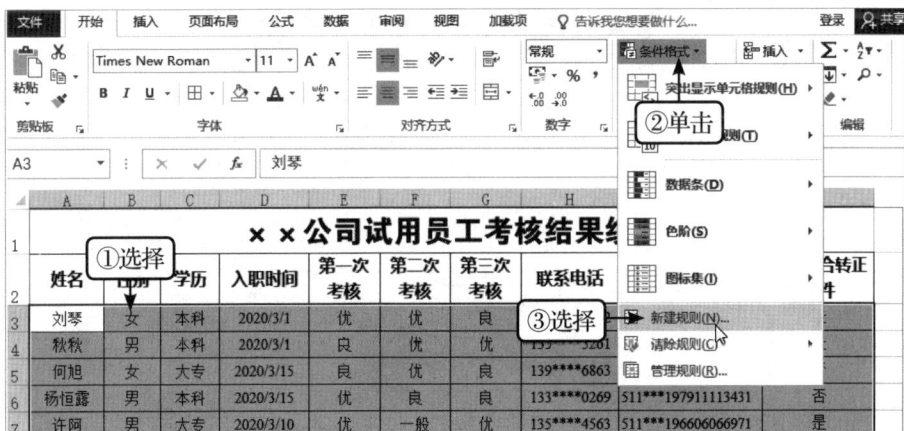

图4-5　执行"新建规则"命令

　　在打开的"新建格式规则"对话框中选择"使用公式确定要设置格式的

单元格"命令，在下方的文本框中输入公式"=$J3="是""，单击"格式"按钮，在打开的对话框中选择一种填充颜色，如图4-6所示。完成后单击"确定"按钮。

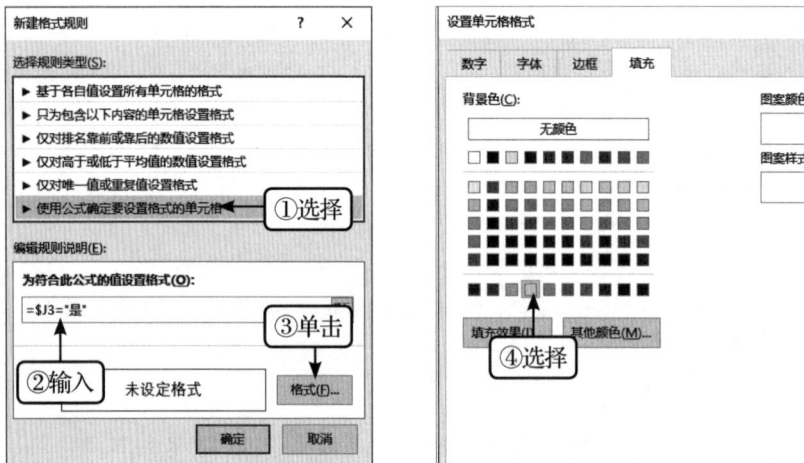

图4-6　设置填充规则

在返回的"新建格式规则"对话框中单击"确定"按钮确认设置的填充规则，在返回的工作表中即可查看到最终的自动填充效果，如图4-7所示。

	A	B	C	D	E	F	G	H	I	J
1	××公司试用员工考核结果统计									
2	姓名	性别	学历	入职时间	第一次考核	第二次考核	第三次考核	联系电话	身份证号	是否符合转正条件
3	刘琴	女	本科	2020/3/1	优	优	良	139****7372	511***197910235001	是
4	秋秋	男	本科	2020/3/1	良	优	优	135****5261	511***198012057230	是
5	何旭	女	大专	2020/3/15	良	优	良	139****6863	511***198103113825	否
6	杨恒露	男	本科	2020/3/15	优	良	良	133****0269	511***197911113431	否
7	许阿	男	大专	2020/3/10	优	一般	优	135****4563	511***196606066971	是
8	李好	女	硕士	2020/3/5	一般	优	良	132****0023	511***197202126960	否
9	汤元	男	本科	2020/3/1	优	良	良	138****8866	511***198306096971	否
10	戴石	女	硕士	2020/3/7	良	优	优	138****7920	511***197507143675	是
11	柳絮	男	本科	2020/3/5	一般	良	良	135****7233	511***177512021928	否
12	林七	男	本科	2020/3/12	良	良	一般	133****2589	511***196901032334	否
13	周其	男	本科	2020/3/1	良	一般	良	139****9080	511***198005254556	否
14	张小强	男	本科	2020/3/1	良	良	一般	138****5222	511***198005253332	否
15	柏古今	男	高中	2020/3/2	一般	良	优	138****2314	511***195904263771	否
16	余邱子	女	本科	2020/3/2	优	良	优	135****7264	511***198508086646	是
17	吴名	男	硕士	2020/3/1	良	良	良	133****8554	511***197702306330	否

Sheet1

图4-7　查看自动填充效果

4.4.2 自动计算试用员工办理转正手续的时间

对于不同的企业，其处理员工转正工作的时间是不一样的，有的企业是转正时间到了，就立即办理；有的企业则有规定，在每个月的指定时间集中对到期的试用员工办理转正手续。下面通过具体的实例讲解在 Excel 中如何通过日期函数来计算试用员工的转正时间。

| 范例解析 | 计算试用员工办理转正手续的时间并设置提醒

某公司规定，新员工的试用期为 3 个月，每月从 11 日开始计算，到下月 10 日为一个月。如果新员工在当月的 10 日之前报到，则应在之后的第三个月的 11 日办理转正手续；如果新员工在当月的 10 日之后报到，则应在之后的第四个月的 11 日办理转正。现在已经知道了每个试用员工的入职时间，需要计算具体办理转正手续的时间，其具体操作如下。

选择需要计算转正手续办理时间的单元格区域，在编辑栏中输入公式 "=DATE(YEAR(G3),MONTH(G3)+3+(DAY(G3)>10),11)"，按【Ctrl+Enter】组合键完成计算，如图 4-8 所示。

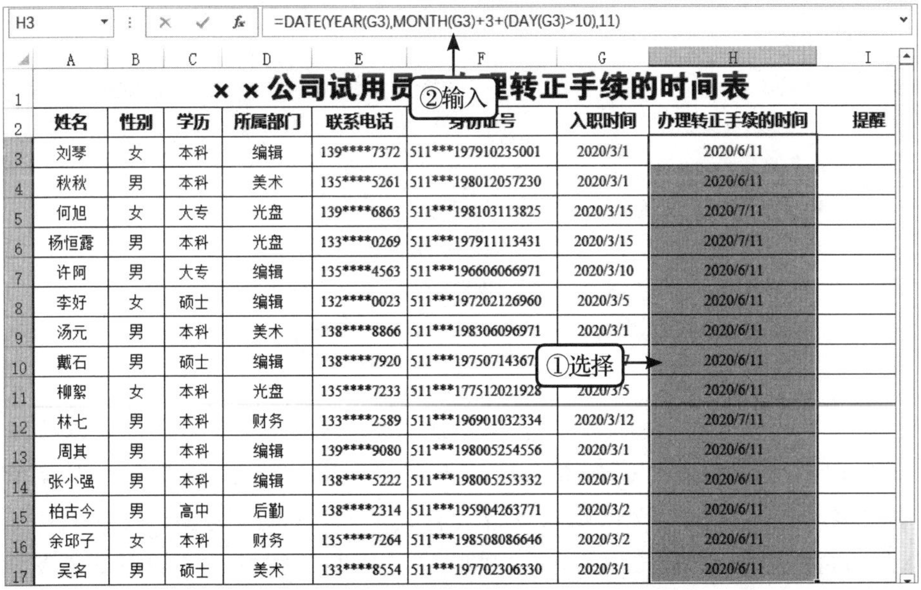

图 4-8 计算试用员工办理转正手续的时间

在上述示例的公式"=DATE(YEAR(G3),MONTH(G3)+3+(DAY(G3)>10),11)"中，"YEAR(G3)"用于提取入职时间中的年份；"MONTH(G3)"用于提取入职时间中的月份，在月份上加3即可求得办理转正手续的月份。

"DAY(G3)>10"用于判断提取的入职时间是否在10日之后，若是，则返回逻辑真值TRUE，即在月份上加1；若不是，则返回逻辑假值FALSE，即提取的月份保持不变。

"11"参数表示转正手续办理的日期统一为11日，最后使用DATE()函数将求得的结果转换为日期。

> **知识延伸｜YEAR()、MONTH()、DAY()和DATE()函数的使用说明**
>
> 如果要返回指定日期中的年份数据，可以使用YEAR()函数来完成，其语法结构为：YEAR(serial_number)。
>
> 如果要返回指定日期中的月份数据，可以使用MONTH()函数来完成，其语法结构为：MONTH(serial_number)。
>
> 如果要返回指定日期在当月的天数，可以使用DAY()函数来完成，其语法结构为：DAY(serial_number)。
>
> 以上3个函数都只有一个serial_number参数，用于指定将要返回其年份数/月份数/天数的日期。
>
> DATE()函数主要用于将提取的数字变为日期格式进行显示，其语法格式为：DATE（year,month,day）。其中：
>
> ◆ year：该参数表示日期中的年份数字。
> ◆ month：该参数表示日期中的月份数字。
> ◆ day：该参数表示日期中当月的具体日期的数字。
>
> 需要说明的是，若结果单元格的格式为"常规"，则结果将以日期形式出现；若结果单元格的格式为"数字"，则结果将以日期代码的形式出现。

为了更好地提醒HR不要忘记为试用员工办理转正手续，可以将当月要办理转正手续的试用员工做一个提醒标记。具体操作是：选择所有提醒单元格区域，在编辑栏中输入公式"=IF(VALUE(MONTH(H3)-MONTH(TODAY()))=0,"本月办理","")"，按【Ctrl+Enter】组合键完成计算，如图4-9所示。

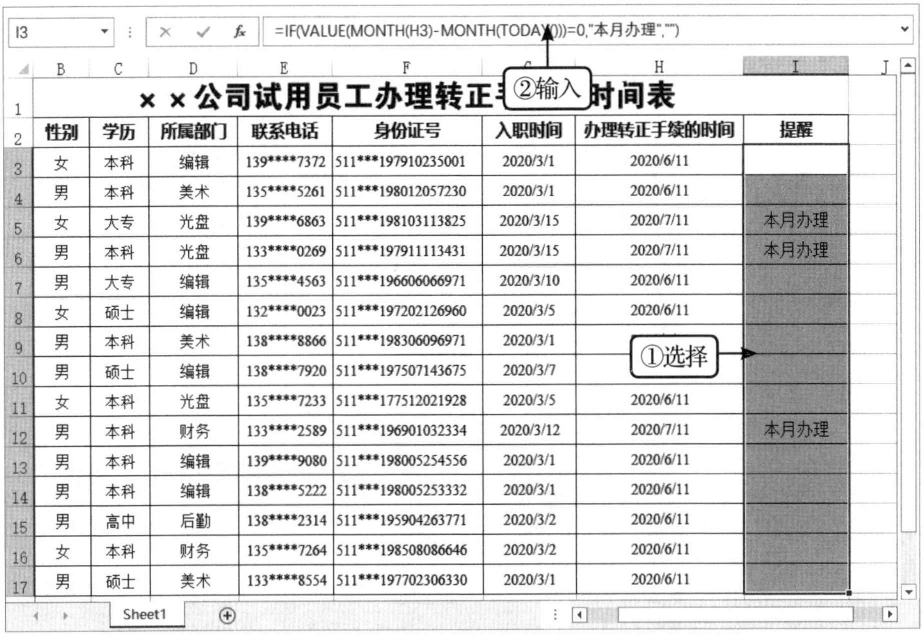

图 4-9　设置提醒

在上述公式"=IF(VALUE(MONTH(H3)−MONTH(TODAY()))=0,"本月办理","")"中，"MONTH(H3)−MONTH(TODAY())"部分主要用于计算办理转正手续时间的月份与当前电脑中时间的月份的差值。本例中使用VALUE()函数将其结果转化为具体的数字数据，方便其与数字数据0进行比较，如果二者比较返回TRUE，则说明办理转正手续的时间的月份就是当月，则提醒单元格显示"当月办理"，否则显示空置。

> **知识延伸 | VALUE()函数的使用说明**
>
> 在Excel中，使用VALUE()函数可以将文本类型的数字字符串转换成数值，其具体的语法结构为：VALUE(text)。
>
> 从语法结构中可以看出，VALUE()函数只有一个参数text，该参数用于指定需要转换成数值格式的文本，text参数既可以用双引号直接引用文本，也可以引用其他单元格中的文本。

同样地，为了便于查看记录，也可以将当月办理转正手续的记录突出显示出来，其效果如图4-10所示。对于具体的设置方法可参见4.4.1节中案例的相关设置方法，这里不再进行赘述。

姓名	性别	学历	所属部门	联系电话	身份证号	入职时间	办理转正手续的时间	提醒
					××公司试用员工办理转正手续的时间表			
刘琴	女	本科	编辑	139****7372	511***197910235001	2020/3/1	2020/6/11	
秋秋	男	本科	美术	135****5261	511***198012057230	2020/3/1	2020/6/11	
何旭	女	大专	光盘	139****6863	511***198103113825	2020/3/15	2020/7/11	本月办理
杨恒露	男	本科	光盘	133****0269	511***197911113431	2020/3/15	2020/7/11	本月办理
许阿	男	大专	编辑	135****4563	511***196606066971	2020/3/10	2020/6/11	
李好	女	硕士	编辑	132****0023	511***197202126960	2020/3/5	2020/6/11	
汤元	男	本科	美术	138****8866	511***198306096971	2020/3/5	2020/6/11	
戴石	男	硕士	编辑	138****7920	511***197507143675	2020/3/7	2020/6/11	
檸絮	女	本科	光盘	135****7233	511***177512021928	2020/3/5	2020/6/11	
林七	男	本科	财务	133****2589	511***196901032334	2020/3/12	2020/7/11	本月办理
周其	男	本科	编辑	139****9080	511***198005254556	2020/3/1	2020/6/11	
张小强	男	本科	编辑	138****5222	511***198005253332	2020/3/1	2020/6/11	
柏古今	男	高中	后勤	138****2314	511***195904263771	2020/3/2	2020/6/11	
余邱子	女	本科	财务	135****7264	511***198508086646	2020/3/2	2020/6/11	
吴名	男	硕士	美术	133****8554	511***197702306330	2020/3/1	2020/6/11	

图4-10　突出显示需要进行转正手续办理的记录

第5章

培训与人才开发，要以需求为向导

企业要想长远发展，不仅需要招聘优秀的人才，还需要进行人才培训，这样有利于提升企业效益，也有利于提升员工的能力，使员工获得发展。

5.1 做好员工培训计划

常言道"当一个人知道自己的目标去向时，这个世界就会为他让路。"这句话用于培训管理也是十分贴切的。一份成熟的、有效的企业员工培训计划不仅有助于企业制度的落实与深入人心，而且能切实有效地提高和改善员工的态度、知识、技能和行为模式。

实际上，要制订一份高质量的员工培训计划，提高员工培训效果，5 个步骤缺一不可，如图 5-1 所示。

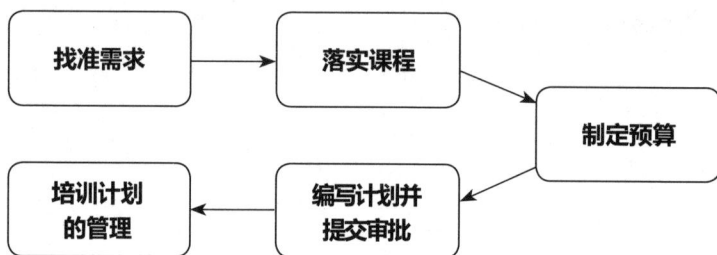

图 5-1　制订员工培训计划的步骤

下面具体介绍各个步骤。

◆ 找准需求

培训计划的制订是从需求开始的，培训需求包括以下两个层面。

①年度工作计划对员工的要求。

②员工为完成工作目标需要做出的提升。

人力资源部需通过以上两个层面的分析，才能得出较为完整的公司培训需求。

培训需求是和员工的绩效紧密结合在一起的，因此在设计员工培训结构化表格时，要结合员工的绩效。具体而言，可以在表格中设计知识、技能、态度这三个维度。通过过去的一个绩效周期内，考核员工在知识、技能、态度方面和公司的要求存在哪些差异，把这些差异点找出来，作为员工改进计划，列入培训需求。

将各个部门培训需求汇总后，结合公司年度目标任务与培训需求进行对比，找到契合的部分，形成培训需求汇总表。

◆ 落实课程

根据确定的培训需求，选择合适的课程，列出培训目标、课程大纲、培训课时以及实施时间等。

在设计培训课程时，要注意课程的先后逻辑关系，做到循序渐进、有条不紊。在培训方式的选定上，也要根据参训人员的不同，选择出最适合的方式。

另外企业还需要落实讲师资源，是从外面请专业的讲师还是由企业内部的培训师来讲，或者为节省开支购买网课。

例如，新员工岗前培训，主要采用课堂学习与户外体验式培训相结合的方式，使新员工逐步认识公司，加深对公司企业文化的理解，获得新感觉、新动力。

◆ 制定预算

培训预算要经过相应领导的批示，HR 在制定培训预算时要考虑多种因素，如公司业绩发展情况、上年度培训总费用和人均培训费用等，在上年度的基础上根据培训工作的进展情况考虑增加或缩减培训预算。

一项培训课程涉及的培训费用主要包括讲师费、教材费、差旅费、场地费、器材费和茶水费等，HR 应全面考虑这些费用，做出大致预算。若要留些弹性空间，可在该预算总数的基础上再上浮 10% ~ 20% 作为最终的培训预算。

◆ 编写计划并提交审批

在以上工作的基础上，HR 需要编写培训计划。对于初步制订出来的培训计划应先在内部进行审核，由人力资源部的负责人和主管一起分析、讨论该年度培训计划的可执行性，找出存在的问题，进行改善，确定一个最终版本，再提交给总经理办公会（或者董事会）进行审批。

◆ 培训计划的管理

企业培训也会存在多种风险，企业需要做好防范措施，包括以下3点。

①建立培训相关风险管理制度，运用法律手段保护公司专利技术等，尽可能降低培训的风险。

②要组建项目管理小组，确定小组成员，明确规定在项目小组中的工作内容和责任，并及时向项目小组成员和上级领导通报。

③要制订项目小组的计划，项目小组的组长需控制培训项目的实际进程，使之能在预算指标内按期完成任务。

5.2
培训不白做，培训需求分析是前提

要想企业培训工作能够起到预期的效果，在进行培训之前就应先进行培训需求分析，了解进行培训的相关信息、明确培训目的等，避免做无用功。

5.2.1 培训需求分析的正确步骤

培训需求分析是指在规划与设计每项培训活动之前，由培训部门采取各种办法和技术，对组织及成员的目标、知识、技能等方面进行系统的鉴别与分析，从而确定培训必要性及培训内容的过程。

下面具体介绍培训需求分析的步骤，如图5-2所示。

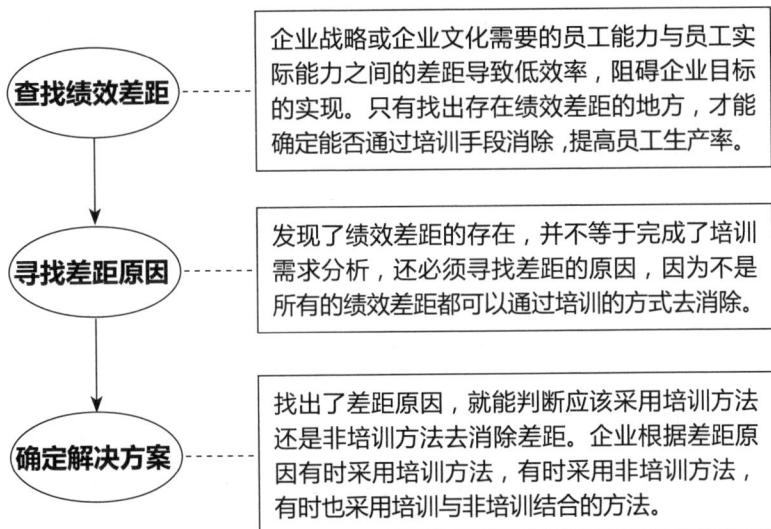

图 5-2　培训需求分析的步骤

5.2.2　培训需求分析的三大核心要素

培训需求分析的三大核心要素主要是指培训需求分析的三个阶段，分别是知识引入阶段、问题解决阶段和体系建立阶段，下面分别进行介绍。

◆　知识引入阶段

知识引入阶段是绝大多数企业接触培训的第一阶段。这个阶段的培训需求调查与分析较为简单，其关键在于培训内容是否为目前企业或培训对象感兴趣的。在这个阶段，培训作为一种活动，被企业了解和认识，主要包括两个环节，分别是收集培训课题和落实培训需求。

◆　问题解决阶段

在问题解决阶段，企业开始对单纯的知识引入效果提出质疑，关注点转移为培训所能解决的问题，期望培训达到立竿见影的效果。

企业关注点的变化注定了结果导向设计的思考模式，从业务目标出发，逆向倒推，进而寻找或开发合适的课程。解决问题阶段的需求分析与设计思路主要经历五个阶段。

①了解业务和客户需求。

②确定何时何地需要培训。

③分析应用何种方式进行培训。

④开发合适的培训解决方案。

⑤培训实施并验证成效。

分析培训需求，需要在组织层面与各业务单元的经理建立联系，了解业务，理清培训目标、培训效果和业务收益之间的关联关系。

◆　体系建立阶段

企业在培训体系建立与完善阶段，应当更重视对每个受训人员有针对性地培养及产出，具体实施培训需求分析与落实的过程包含以下三个步骤。

①员工对岗位工作能力重要度进行评估。

②直线经理对员工的分析结果进行评估确认。

③培训经理结合调查结果，配合直线经理形成个人培训发展计划。

5.2.3　培训需求分析的内容

员工培训需求分析是进行培训的前提工作，作为人力资源工作者，需要知道培训需求分析应从哪些方面进行。

（1）培训需求的层次分析

按照不同层次进行培训需求分析，会得到不同的结果。培训需求的层次分析可以从前瞻性层次分析、组织层次分析和员工个人层次分析三个方面进行，下面具体介绍。

前瞻性层次分析。 主要是对未来的分析，由人力资源部发起，考虑改变组织优先权的因素。

组织层次分析。 对比找出企业存在的问题并确定是否培训，考察企业目标和对目标产生影响的因素。

员工个人层次分析。 主要是通过对比个人实际绩效与绩效标准来分析员工技能要求的差距。个人实际绩效依据员工业绩、技能测试和个人需求调查问卷获得。

（2）培训需求的对象分析

不同的培训对象有不同的培训需求，在进行培训需求分析时，要根据不同的培训需求对象进行分析，可以分为新员工培训需求分析和在职员工培训需求分析。

新员工培训需求分析。 对企业文化、制度、工作岗位的培训，通常使用任务分析法。

在职员工培训需求分析。 对于在职员工，主要针对新技术、技能要求进行培训，通常使用绩效分析法。

（3）培训需求的阶段分析

培训需求的阶段分析主要分析不同阶段的培训内容，例如分析当前需求、未来需求以及能力需求等。

目前培训需求分析。 主要分析目前企业员工存在的不足，并以此为依据制订培训计划。

未来培训需求分析。 主要分析未来企业员工需要掌握的技能或是企业为了向某方面发展要求员工具备的知识和技能，以此为依据制订培训计划。

能力需求。分析员工能够完成当前工作或更高层次的工作需要具备的技能和能力。

5.2.4 培训需求分析的对象

确定了培训需求分析内容和步骤的相关信息后，还需要确定进行培训需求分析的人员，即哪些人应参与培训需求分析。

根据需求分析的规模不同可以进行分类，分为大规模培训需求分析和小规模培训需求分析，下面分别进行介绍。

◆ 大规模培训需求分析

大规模培训需求分析要求分析得较为全面，这种情况下最好是开展全方位的分析，让各个层级的员工都参与进来，因为每个层级的人员都有自己的需求，具体介绍如图 5-3 所示。

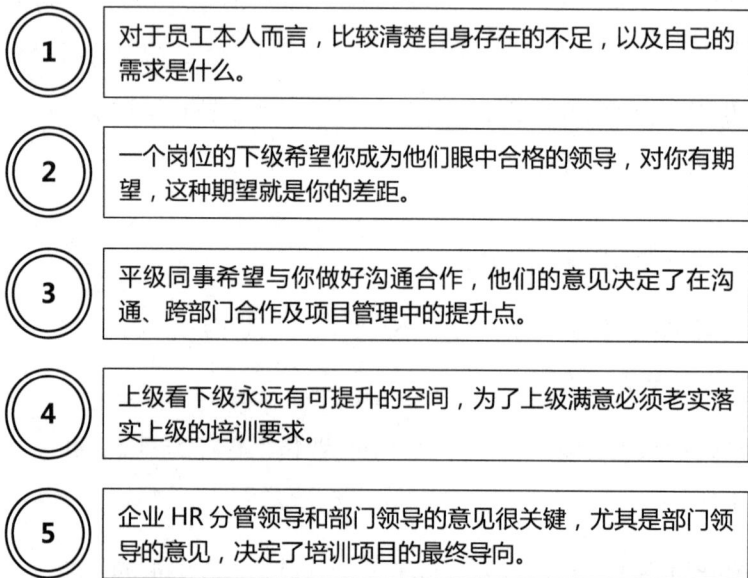

1	对于员工本人而言，比较清楚自身存在的不足，以及自己的需求是什么。
2	一个岗位的下级希望你成为他们眼中合格的领导，对你有期望，这种期望就是你的差距。
3	平级同事希望与你做好沟通合作，他们的意见决定了在沟通、跨部门合作及项目管理中的提升点。
4	上级看下级永远有可提升的空间，为了上级满意必须老实落实上级的培训要求。
5	企业 HR 分管领导和部门领导的意见很关键，尤其是部门领导的意见，决定了培训项目的最终导向。

图 5-3 大规模培训需求分析的参与人员及其需求

从员工和老板这两个层面来看，常见的情况是，员工的需求往往看重个人和具体事件，他们希望得到快速成长。老板往往看重培训后能为发展目标做出可见的贡献，培训管理者需要平衡这两个不同层面的需求。

◆　小规模培训需求分析

对于小规模培训而言，通常只需要做简单的培训需求分析，这种情况下参与培训需求的人不会很多，一般涉及员工本人、直接领导和企业老板三个参与者。

5.2.5　培训费用的预算

对于人力资源工作者而言，不仅要制订人力资源培训计划，还要根据计划确定培训费用，进行预算。通常企业领导关心培训的成果，也关心培训的具体花费，因此培训预算是必不可少的。

人力资源工作者在规划培训预算表时，应考虑如下问题。

◆　各项培训课题能够获得多少收益？

◆　这项培训是不是必要的？

◆　可供选择的方案有哪些？

◆　有没有比当前方案更加经济、高效的？

◆　从实际考虑培训需要花费的资金，以及培训师费用是多少？

◆　培训涉及的差旅费、场地费、电话费及调查费等有多少？

◆　以前培训记录的人均天数和费用各是多少？

在考虑过以上问题后，就可以进行预算了，主要包括以下内容。

确定培训人数和培训内容。 首先要确定参加培训的人数、课题以及主要内容，这些因素会直接影响培训预算。人数越多，培训内容越高端，则相应的花销就越大。

确认培训方式。 是在企业内部组织培训、外派培训还是外请培训师进行培训，这些都会对预算金额有直接影响。内部培训的花销相对较小，外派和外请培训可能会花费较多的人力和财力。

选择和开发培训资源。培训过程中有哪些项目花费和供应商等都需要进行考量，尽量不要经常更换供应商，这样会增加成本，还会花费更多时间寻找新的供应商。

参考从前的培训费用预算。如果对培训费用的各个项目不是十分了解，还可以参考以往的培训预算，从而了解到具体需要考量哪些因素。

下面来看培训费用预算表的模板，如表 5-1 所示。

表 5-1　培训费用预算表

编号：　　　　　　　　　　　　　申请日期：

课程名称		日期		地点	
费用预算明细					
1. 教材			_____元 / 本 × _____本 = _____元		
2. 讲师报酬			_____元 / 时 × _____时 = _____元		
3. 讲师交通费			_____元		
4. 讲师住宿费			_____元 / 日 × _____日 = _____元		
5. 讲师膳食费			_____元 / 日 × _____日 = _____元		
6. 合计费用			_____元		
7. 预支费用			_____元		
参加培训人员名单（共_____人）					
部　门	姓　名		职　称	备　注	

5.2.6　培训需求分析六大方法全掌握

要使培训需求分析达到预期效果，获得准确数据，就要掌握培训需求分析的方法。培训需求分析的方法较多，这里主要介绍较常使用的 6 种方法，如表 5-2 所示。

表 5-2　员工培训需求分析的 6 种方法

方　　法	具体介绍
访谈法	访谈法就是通过与被访谈人进行面对面的交谈来获取培训需求信息。在使用访谈法了解培训需求时要注意 3 点事项：①确定访谈的目标，明确"什么信息是最有价值的、必须了解到的"；②准备完备的访谈提纲；③营造融洽的、相互信任的访谈气氛
问卷调查法	问卷调查法是以标准化的问卷形式列出一组问题，要求调查者打分或是做出选择。当需要进行培训需求分析的人较多时，这种方法最便捷。编写问卷的步骤是：列出希望了解的事项清单→确定封闭式问题和开放式问题→对问卷进行编辑，并最终形成文件→请他人检查问卷→在小范围内对问卷进行模拟测试→对问卷进行必要的修改→实施调查
观察法	观察法是指观察者到员工工作现场，观察员工的工作表现，发现问题，获取信息。观察者要了解员工的工作重点，不能打扰员工正常的工作，或是请陌生人帮助观察
关键事件法	通过考察关键工作过程和关键活动情况来发现潜在的培训需求。需注意两方面：①制定保存重大事件记录的指导原则（一般指工作过程中对企业绩效有重大影响的特定事件）并建立记录媒体（如工作日志、主管笔记等）；②对记录进行定期分析，以确定培训需求
绩效分析法	培训的最终目的是改进工作绩效，对个人或团队的绩效进行考核可以作为分析培训需求的一种方法。绩效分析法需注意以下 4 个方面：①确定标准和考核基线；②注意关键业绩指标；③找到导致绩效不好的原因；④确定通过培训能否达到要求的绩效水平
胜任能力分析法	胜任能力是指员工胜任某一工作所应具备的知识、技能、态度和价值观等。有两个步骤需要注意：①职位描述：描述该职位的任职者必须具备的知识、技能、态度和价值；②能力现状评估：依据任职能力要求来评估任职者目前的能力水平

5.3
设计培训，落实培训课程与培训师

做好了培训需求分析后，就可以在此基础上设计培训，落实培训课程和相关事项。

5.3.1　培训课程设计要素和需要遵循的原则

人力资源工作者在设计培训课程时，需要了解课程设计的要素和需要遵循的原则，这样才能制作出符合企业当前情况的培训计划。下面具体介绍培训课程设计要素和需要遵循的原则。

（1）培训课程设计要素

培训课程设计要素主要是指培训课程的基本构成要素，包括 10 个部分，具体介绍如表 5-3 所示。

表 5-3　培训课程的 10 要素

要　　素	具体介绍
课程目标	指学习的方向和过程中各阶段应达到的标准，应根据环境的需求来确定
课程内容	可以是学科领域的概念、原理和技能等，也可以是过程、程序和标准
课程教材	即将学习的内容呈现给学员的载体，是一个囊括所有学习内容的资料包
教学模式	指学习活动的安排和教学方法的选择，它与课程目标直接相关
教学策略	指教学程序的选择和资源的利用，与学习活动密切相关，是重要组成部分
课程评价	主要用来评估学员对学习内容掌握的广度和深度，以及课程目标完成程度
教学组织	其形式主要包括面向学员的班级授课制和分组式授课制
课程时间	要提高时间的利用率
课程空间	主要指教室，以及其他可以利用的场所
培训讲师	根据培训课程的目标和内容要求而定，是培训课程的执行者

在考虑培训课程要素时，要考虑学员，学员是培训课程的主体，他们不但是课程的接受者，同时也是一种可利用的学习资源。

（2）培训课程设计需要遵循的原则

培训课程设计合理是培训成功的先决条件，因此，要设计合理的培训课程为实施培训进行铺垫，在设计过程中需要遵循以下原则。

◆ 培训课程设计的根本任务是满足企业与学习者的需求。

◆ 培训课程设计的基本要求应体现成年人的认知规律，应该目标明确、实用性强，形成学员的合作学习方式。

◆ 培训课程的设计主要依据现代系统理论的基本原理，培训课程就是一个系统，要综合考虑各个要素之间的相互联系。

5.3.2 新员工培训内容设计

新员工是企业新增的新鲜"血液"和后备力量，新员工培训是在短期内增强员工认同感和归属感的一大有效措施，其具体作用如图 5-4 所示。

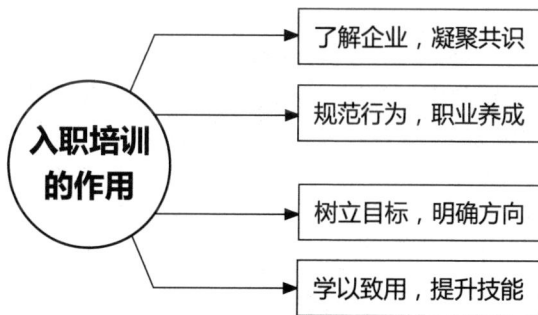

图 5-4 入职培训的作用

合理的新员工培训内容设计是新员工培训成功的关键。

对培训内容的划分可分为三类，分别是与工作环境有关的内容、与工作制度有关的内容和与工作岗位有关的内容。

◆ 与工作环境有关的内容

与工作环境有关的内容主要包括企业宏观环境和工作环境与设施两个部分，具体介绍如下。

①企业宏观环境包括企业的历史、现状及行业地位，发展趋势与目标，优势及面临的问题，组织机构、部门职能，企业文化与传统，经营理念，市场战略，产品与服务等。

②工作环境与设施包括办公设备、生产设备、各办公场所、娱乐休闲场所和生活场所等。

◆ 与工作制度有关的内容

工作制度相关内容关系到员工的切身利益，涉及的内容较多，具体包括企业各项人力资源管理制度、财务管理制度、行政办公管理制度、培训管理制度以及学习晋升管理制度等。

◆ 与工作岗位有关的内容

这一部分与员工所在的具体岗位有关，培训内容主要包括 3 个方面，具体介绍如表 5-4 所示。

表 5-4　与工作岗位有关的培训内容

方　　面	具体介绍
岗位职责培训	根据岗位说明书要求，向新员工介绍其所在岗位的主要职责、新员工的主要任务和责任以及工作绩效考核的规定等；根据工作流程图介绍企业各个相关部门的职能和岗位职责，以及本部门和其他部门的关系
岗位技能培训	对于技术性特别强的岗位，企业可安排新员工到新的工作岗位上进行实地训练，由一位资深员工指导，说明操作规范，协助新员工完成工作，并指出其需改进的地方
行为规范培训	行为规范方面是针对员工行为标准、着装、工作场所行为规范、工作休息制度、组织礼仪等方面进行培训

5.3.3 聘请企业培训师

在企业内部，从新人入职到干部技能提升等，都需要组织培训。可是，组织大规模的培训，需要聘请大量的老师前来授课，那么应当从哪些渠道寻找培训师呢？

勉强找个人前来上课不难，可是要找到兼具理论功底与实践经验于一身的适合的老师却不那么容易。下面具体介绍寻找企业培训师的渠道。

◆ 渠道一：内部资源

对于一些大企业或是专业性较强的企业而言，都比较注重内部培训师的培养。大型企业的培训相对频繁，外聘讲师不划算，也不利于自身培训能力的培育；专业性较强的企业由于专业和业务较为特殊，外聘讲师并不合适。

因此，各个企业都应当从自身实际出发，充分发现、挖掘那些富有经验并且善于表达的专业人才，加以培养，从而将其打造成优质的内训师，这其实也是单位内训的主要师资来源。

◆ 渠道二：高校资源

高校也是聘请培训讲师的渠道，高校在师资储备方面具有优越性和专业性，企业要注意与高校以及高校优质的、专业对口的老师加强联系。注重关系的维护，了解他们的授课特点、授课方向、授课水平和授课行情，从而在组织培训时，有师可寻，有师可请。

◆ 渠道三：行业资源

单位所在的系统、行业，也能为培训提供丰富的师资来源。若单位是政府机关，培训就带有政府机关自身的特点，单位的上级机关、同级机关，都能成为提供培训师资的渠道；若单位是企业工厂，培训具有行业、专业的特点，邀请企业工厂上、下游的专业人员前来授课，也能取得不错的效果。

◆ 渠道四：网络资源

如今互联网发展已日趋成熟，网上出现了越来越多的培训课程，这也为企业组织培训提供了更多的选择机会。网上各种培训课堂、学习讲堂，包括一些国外的或名校课程，无论免费还是收费，都十分丰富。

如果培训开班时间紧，并且一时半会还找不到合适的老师，那从网络获取授课资源也是很好的选择。如果仅凭企业自身的实力和名气，聘请不到优秀讲师，但只要组织得好、准备得充分，通过网络授课也未尝不可。

5.4
实施培训，掌握过程和结果

做好了培训前的准备工作后，就可以开始实施培训了。培训实施过程是否合理决定了培训结果是否达标，本节将具体介绍培训实施的相关内容。

5.4.1　拟定并提交一份完整的培训方案

实施培训的首要工作就是拟定一份培训方案，然后提交审核。那么，应当如何制定一份培训方案呢？

一份完整的培训方案应包括如表 5-5 所示的内容。

表 5-5　培训方案应当包含的内容

内　容	具体介绍
培训目的	培训目的主要是说明员工为什么要进行培训。只有明确了培训的目的，才能确立员工培训的目标、范围、对象和内容，也更容易使培训计划通过

续表

内　容	具体介绍
培训目标	主要解决员工培训应达到什么样的标准。目标的确定可以有效地指导培训者和受训者掌握衡量培训效果的尺度和标准，找到解决培训过程中出现的复杂问题的答案
培训对象和内容	确定培训对象和内容，即明确培训谁，培训什么，进行何种类型的培训。这项内容一般在培训需求分析中通过对工作任务的系列调查和综合分析就已经确定
培训的范围	企业员工培训的范围一般都包括 4 个层次，即个人、基层（班组或项目小组）、部门（职能和业务部门）和企业
培训的规模	培训的规模受很多因素影响，如人数、场所、培训的性质、工具以及费用等
培训的时间	培训的时间安排受培训的范围、对象、内容、方式和费用，以及其他与培训有关的因素影响。如专题报告一般安排半天到一天即可；较为复杂的培训内容，则要集中培训
培训的地点	培训地点一般是指学员接受培训的所在地区和培训场所。如针对个人的岗位技能培训，一般都安排在工作现场或车间；其他类型的培训可以安排在工作现场，也可以安排在特定的地点
培训的费用	培训费用即培训成本，它是指企业在员工培训的过程中所发生的一切费用，主要包括两部分，分别是直接成本和间接成本
培训的方法	为了更好地达到培训的目的，完成培训预定的目标，必须根据培训资源配置的状况，正确地选择适用的方式方法
培训的讲师	企业培训应当以员工为中心，培训的管理工作应当以讲师为主导，如果培训师的水平不高，那么员工的培训也将难以达到既定的目标
计划的实施	为了保证培训方案的顺利实施，培训方案还应当提出具体的实施程序、步骤和组织措施，包括选好培训研的负责人及管理人，做好相关部门的协调工作等

完成培训方案的制作后，还需要将培训方案提交给主管领导进行审核，确认通过后即可实施。

| 范例解析 | 某企业的新员工培训方案

第一条 目的

新员工是公司新鲜的血液，为规范公司新员工入职培训管理，使新员工能够尽快熟悉和适应公司文化、制度和行为规范，了解企业情况及岗位情况，并快速地胜任新的工作，以满足公司发展需要，打造一支高素质、高效率、高执行力的团队，使公司在激烈的市场竞争中有较强的生命力、竞争能力，特制定本方案。

第二条 培训对象

公司新入职员工。

第三条 培训目标

1.使新员工在入职前对公司历史、发展情况、相关政策和企业文化等有一个全方位的了解，认识并认同公司的事业及企业文化，坚定自己的职业选择，理解并接受公司的共同语言和行为规范，从而树立统一的企业价值观念和行为模式。

……

第四条 培训时间

培训时间为3天。

第五条 培训内容

1.企业的发展历史及现状。

……

第六条 培训实施

1.新员工入职培训具体由行政部组织实施，新员工入职部门配合。

……

第七条 培训管理

由公司行政部负责统一规划与管理。集中培训由行政部负责考勤。

第八条 培训纪律

1.培训期间不可迟到、早退，无故迟到、早退累计时间在30～60分钟者，以旷工半天处理；超过1小时，以旷工1天处理；情节严重者，记过1次。培训期间不得随意请假，如有特殊原因，须经所在部门主管领导审批，并将相关证明交至行政部。否则，以旷工论处。旷工两天及以上视为自动离职，行政部每天必须做好检查记录。

......

案例中的培训方案基本包含了应具备的信息，此外还对培训纪律进行了规范，对违反培训记录的员工将进行处罚。这样有利于员工遵守培训要求，按时参加培训。

5.4.2 制定培训签到表，控制培训出勤率

在很多企业中，即使企业已经做好了培训的相关工作，但员工培训的出勤率并不高。那么为什么会出现这种情况呢？原因主要有如下几点。

◆ 培训相关负责人对培训的实施不够重视，导致培训实施效果不理想。

◆ 在制订培训计划时没有对员工出勤进行规范。

◆ 对缺勤信息没有进行记录，对员工缺勤情况也不太清楚，导致员工不重视。

员工自觉是一方面，需要相关规定进行约束也是必不可少的。要想规范员工出勤，提高出勤率，可以制作培训签到表对培训出勤情况进行规范，还可以将出勤情况纳入考核，提高员工参加培训的积极性。

要制作培训签到表，首先要知道培训签到表应当包含哪些内容，分为几个部分，具体介绍如下。

基础信息。 这一部分主要是培训相关的基础信息，包括培训课题、组织

单位、授课人、培训对象以及培训时间等。

当日培训信息。这一部分主要是介绍培训的内容、目的以及培训成效等。

签到信息。这一部分主要是培训的签到信息，每位参加培训的员工都应当填写，主要包括姓名、职位和所在部门等。

下面来看员工培训签到表模板，如表 5-6 所示。

表 5-6　员工培训签到表

课程主题		组织单位		授 课 人	
培训形式		培训对象		人　数	
时　间		实到人数		地　点	
培训内容和目的：					
培训成效：					

序　号	部　门	签　名	职　位

5.4.3 评估培训效果

完成培训工作后，就需要对培训的效果和绩效成果进行评估，并将评估结果上报。评估结果与绩效成果能够展示培训是否取得成功，是否达到预期要求。

培训效果评估是在员工接受培训后，对培训计划是否完成或达到效果进行的评价、衡量。通常采用对受训者反应、学习、行为和结果 4 类基本培训成果或效益的衡量来测定。

反应层面。这类评估主要是考核受训人员对培训讲师的看法，以及培训的内容是否合适等。这是一种浅层评估，通常是通过设计问卷调查表的形式进行。

学习层面。主要是检查受训人员通过培训，掌握了多少知识和技能，可以通过书面考试或撰写学习心得报告的形式进行检查。

行为层面。该层关心的是受训人员通过培训是否将掌握的知识和技能应用到实际工作中，提高工作绩效，此类评估可以通过绩效考核方式进行。

结果层面。这类评估的核心问题是通过培训是否对企业的经营结果产生影响。结果层面的评估内容是一个企业组织培训的最终目的，也是培训评估最大的难点。

根据确定的评估目的和内容，选择评估的方法，对不同的培训可以采取不同的评估方法。下面对培训方法进行具体介绍，如表 5-7 所示。

表 5-7 培训效果评估方法介绍

类　　别	方　　法	具体介绍
受训人员主观评价	现场评估法	培训结束后，针对培训的内容、讲师讲授的技巧、培训过程中的氛围、组织工作等进行现场答卷。此方法成本较低，允许从大量样本中收集信息，便于进行分析

续表

类　别	方　法	具体介绍
受训人员主观评价	测试比较法	应用知识技能的测验评定培训成效。即在培训开始和结束时分别用难度相同的测试题对受训人员进行测试，然后对两次测试结果进行比较。如果受训人员在培训结束后的测试成绩比培训之前的测试成绩提高很多，则表明经过培训后受训人员确实提高了知识、技能
	测验评估法	测验评估包括书面测验与操作测验。书面测验用于了解学员已掌握的知识，这种方法成本低，容易实施。操作测验的作用在于让学员了解他们的学习成果，能够强化培训效果，但这种方法耗费时间长、成本较高
受训人员客观评价	考察比较法	实地观察受训人员的工作实况，评估培训的成效。如根据实地观察发现，受过培训的员工在工作热忱、工作态度、责任心等方面有明显的改善，则可认定培训已发生效果；还可以比较受训人员和未受训人员的工作情况
	访谈法	访谈法的应用范围很广，可以了解受训人员对某培训方案或学习方法的反应；了解受训人员对培训目标、内容与自己实际工作之间相关性的看法；检查受训人员将培训内容在工作中应用的程度；了解影响学习成果转化的工作环境因素；了解受训人员的感觉和态度
	工作绩效评估法	培训结束后，每隔一段时间培训部门以书面调查或实地考察的形式，了解受训人员在工作上取得的成绩，从中可确认培训有无成效。有的工作还使用定量的工作绩效评估方法，如事故率、产品合格率等来反映培训效果

　　培训结束后，通常还需要员工对培训进行整体评价，方便相关人员对培训计划进行改进。培训效果评估表模板如表 5-8 所示。

表 5-8　培训效果评估表

课程名称		上课时间		讲师	
亲爱的学员： 　　××单位非常感谢你的参与！非常希望能得到你的宝贵意见以改善讲师培训效果和培训组织工作，请你根据客观情况填好下表，谢谢你的合作与支持！					

讲师满意度调查						
表达能力 （20分）	课件准备 （20分）	针对性 （10分）	教学方法 （20分）	达成目标 （30分）	其他	总分

课程满意度调查

1. 你认为本次培训内容如何？

□非常符合补充受益　□基本符合简单应用　□不符合需求无收获

2. 你认为培训形式如何？

□生动、精彩、交流互动　□比较生动，有一定吸引力　□呆板，不吸引人

3. 你认为讲师表达清晰准确吗？

□清晰完整　□一般　□模糊欠完整

4. 你认为培训时间安排如何？

□时间合理 / 长短适中　□较为合理　□给予调整

5. 你认为培训师准备如何？

□充分准备　□良好准备　□仓促且经常出错

6. 你认为培训氛围效果如何？

□活跃保证学习效果　□不是很好，需要改进　□氛围很差

7. 培训达到你设定的期望了吗？

□达到或超过预期　□基本达到预期　□没有达到预期

8. 本次培训的组织你满意吗？

□满意　□一般　□不满意

9. 你认为此次培训还应增加哪些方面的课程：

_____

10. 你认为培训师授课还需在哪些方面提高：

_____

11. 你从此次课程学到了哪些知识点：

_____

12. 你能够将哪些内容应用到实际工作中？如果应用可以提高你哪方面的工作品质？提升百分比估计是多少？

_____

_____

5.5
培训结束的后期评估量化分析

人力资源管理者在完成培训工作后，需要对培训实施情况、培训实施效果、培训成果转化以及培训投资回报进行量化分析，从而形成对未来组织培训有参考价值的信息。

期间会涉及各种数据的计算与图形化的表达，如果 HR 能够掌握基本的 Excel 操作，这些量化分析工作将变得非常简单。下面就通过对培训实施情况分析和培训实施效果分析为例，讲解相关的数据处理和分析操作。

5.5.1　培训实施情况的量化分析

培训实施情况的量化分析实际上是对培训计划和培训实际开展情况进行分析。对这类数据进行分析，一般是通过比率和占比数据结果来进行量化。可能涉及的计算公式如下。

培训到场率=实到人数/应到人数×100%

培训未到率=未到人数/应到人数×100%

对于统计结果，如果要更直观地展示，就需要使用饼图来进行图形化表达。下面通过一个具体的实例来介绍 Excel 操作在培训实施阶段中的量化分析方法与具体的操作。

| 范例解析 |　企业职工培训实施情况量化分析

某企业计划实施一次培训，培训对象设计为管理人员、办公室文员和生产人员，有关此次培训的内容、起始时间以及对应的应到人数与已经整理到了职工培训统计表中，如表5-9所示。

表 5-9 ××企业 8 月员工培训统计表

培训人员类别	培训内容	培训开始时间	培训结束时间	应到人数	实到人数	培训到场率	到场占比	未到人数	培训未到率	未到占比	备 注
管理人员	管理效率和经验交流	8 月 3 日	8 月 7 日	50	47						分批次培训
办公室文员	岗位职责和新政策学习	8 月 15 日	8 月 16 日	130	115						周末集中培训
生产人员	技能提高培训	8 月 10 日	8 月 23 日	335	280						分批次培训
汇　总				515	442						

下面要求统计各培训的到场率、到场占比、未到率和未到占比，并且直观对比各类培训人员未到人数的占比。首先计算各种比率和占比数据，完善数据表格。

选择G3:G6单元格区域，在编辑栏中直接输入公式"=F3/E3"，按【Ctrl+Enter】组合键即可完成各类培训对象的培训到场率数据，如图5-5所示。（由于这里已经对单元格的数据格式设置了保留两位小数的百分比格式，因此计算公式中没有"×100%"）。

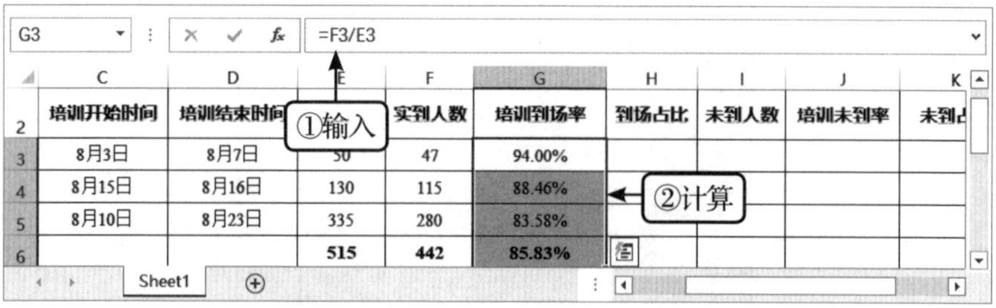

图5-5　计算培训到场率数据

选择H3:H6单元格区域，在编辑栏中直接输入公式"=F3/$F$6"，按【Ctrl+Enter】组合键即可完成各类培训对象的到场占比数据，如图5-6所示。（在这里用实到人数除以实到总人数计算到场占比数据时，由于实到总人数F6单元格是固定的，为了方便复制公式快速完成计算，这里将实到总人数单元格的引用采用绝对引用格式。如果这里的公式写成"=F3/F6"，只有第一个到场占比数据会正确计算，其他的到场数据将显示错误值）。

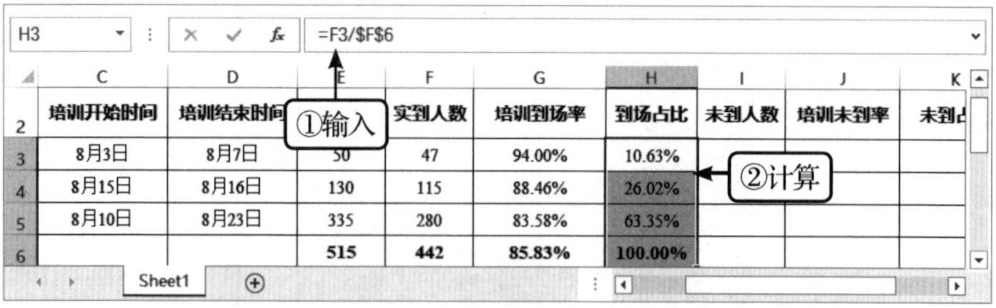

图5-6　计算到场占比数据

选择I3:I6单元格区域，在编辑栏中直接输入公式"=E3-F3"，按【Ctrl+Enter】组合键即可完成各类培训对象的未到人数，然后采用前面计

算到场率和到场占比的计算方法计算培训的未到场率和未到占比数据，如
图5-7所示。

图 5-7　计算其他数据

完成表格数据的计算后，就可以用饼图来展示未到培训人数的占比，其
操作可以参考第一章介绍人力资源的学历构成饼图的制作过程来制作。这里
就不再赘述具体的制作过程了，最终用饼图展示未到培训人数的占比效果如
图5-8所示。从图5-7中可以看到，通过不同的扇区，可以直观地对比各类培
训人员未到人数占未到总人数的比例大小。

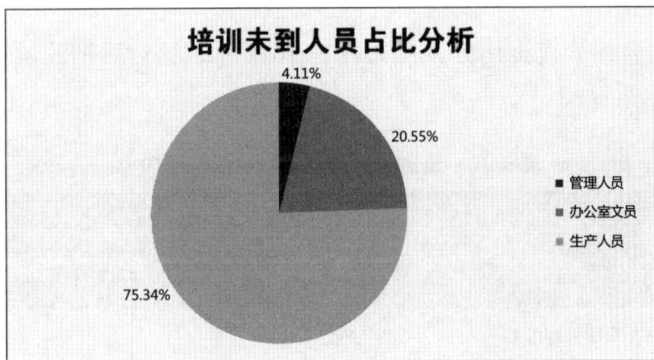

图 5-8　用饼图展示未到人员占比分析结果

5.5.2　培训实施效果的量化分析

培训实施效果分析是指受训人员对培训项目实施的整体看法。要获得培
训效果的结果数据，可以通过问卷调查、培训效果访谈以及组织培训人员进
行小组讨论来获得。下面以问卷调查法为例，具体介绍人力资源管理者应当

如何设计调查问卷。

◆ 设计的问题要有目的性

有的人力资源工作者在设计问卷时敷衍了事，直接套用别人的模板，进行简单修改，这样可能与实际的培训不贴切。

调查问卷的目的是了解员工对培训的看法和意见，方便后期进行改进，而不是走过场，制作漂亮的评估报告，因此问卷中设计的问题一定要有目的性。

◆ 分值段设置要合理

在问卷调查表中有一项非常重要的版块，即通过打分的形式来对培训的效果进行评价。人力资源工作者在设置分值段时，应当将每个问题的分值段设置合理，最好不超过 5 项，可以设置 3 项或 5 项，也可以设置两项。较多的分值项不仅不利于员工进行打分，其离散程度变小，也不利于进行分析。

有的问卷评分直接用分数，如表 5-10 所示，这对后期的量化统计分析来说相对简单一点。

表 5-10　培训效果问卷调查中的打分内容

问　　题	评　分				
	5 分	4 分	3 分	2 分	1 分
1. 您对课程内容的理解程度？					
2. 本次培训对您的工作的帮助程度？					
3. 您对本次培训时间安排是否认同？					
4. 您认为本次培训课程前后衔接的合理程度？					
5. 您对本次培训主题选择的满意程度？					

问　　题	评　　分				
	5分	4分	3分	2分	1分
6. 本次培训的内容与您的期望的符合程度？					
7. 您觉得语言表达能力变得如何？					
8. 您对本次培训中案例的满意程度？					
9. 您认为培训讲师的专业程度如何？					
10. 您认为讲师充分调动员工参与的程度？					

而有的问卷评分用的文字，如优、良、中、差，对于这种调查问卷在汇总评分结果之前，首先需要将文字打分转化为对应的数值，相对而言会多一些工作。

◆　问题设置越简单越好

问卷中设置的问题应当便于员工快速打分，避免问题过于复杂，影响效率。这样不仅不利于员工填写，也不利于信息收集与分析。人力资源工作者在编制问卷时需要注意。

| 范例解析 |　根据调查问卷结果评估培训效果

某公司对30名销售人员进行了销售技能提升的培训，HR制作了一份调查问卷让这30名培训人员以匿名的方式填写了调查问卷，在问卷调查的分值调查版块，分别从课程内容（课程目标是否明确？课程内容是否适用）、培训讲师（表达及感染力是否强？与学员之间的互动怎样）、培训组织（培训时间安排是否合理？培训设备的准备情况如何）这3个方面展开调查。

现在，HR已经收集了30份调查问卷，并将每份问卷对课程内容、培训讲师、培训组织的评分进行了单项汇总填列，如图5-9所示。

培训效果评估问卷调查统计

序号	课程内容	培训讲师	培训组织	总分	平均得分
1	95	96	80		
2	78	99	70		
3	81	87	95		
4	83	97	94		
5	79	77	93		
6	79	74	85		
7	74	84	100		
8	83	84	79		
9	75	71	98		
10	70	92	81		
11	84	96	80		
12	73	85	83		
13	72	84	87		
14	92	98	92		
15	80	79	79		
16	96	71	83		
17	88	100	92		
18	70	93	78		
19	83	86	82		
20	79	85	78		
21	79	83	95		
22	71	71	75		
23	81	94	96		
24	90	72	79		
25	81	93	90		
26	74	94	71		
27	78	99	91		
28	91	93	89		
29	72	80	74		
30	79	87	99		

图 5-9　30 份问卷调查评分内容整理

下面需要对每个学员的打分进行汇总，并求得平均分，然后统计总分的分布频率，具体的汇总权重系数和分数区间如图5-10所示。

权重系数		评分区间统计	
评估项目	权重系数	分数区间	统计
课程内容	0.35	80分以下	
培训讲师	0.35	80~90分	
培训组织	0.3	90分以上	

图 5-10　汇总权重系数和分数区间

下面具体介绍相关的核算方法。

选择E3:E32单元格区域，在编辑栏中输入公式"=B3*$I$3+C3*$I$4+D3*$I$5"，按【Ctrl+Enter】组合键计算30份调查问卷各自的评分总分，如图5-11所示。

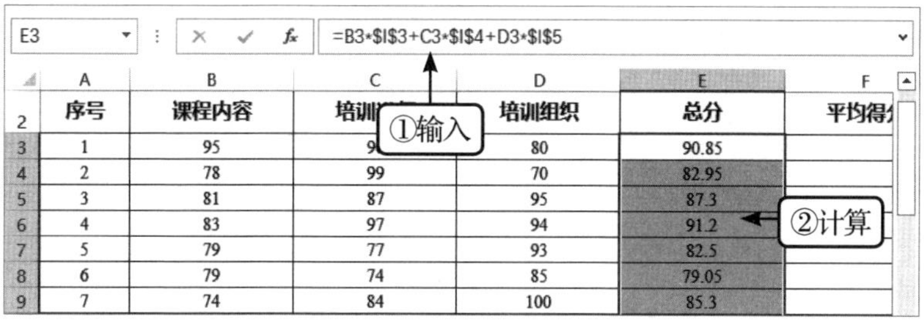

图 5-11 计算 30 份调查问卷各自的评分总分

选择F3:F32单元格区域，在编辑栏中输入公式"=ROUND(AVERAGE
(B3:D3),2)"，按【Ctrl+Enter】组合键计算30份调查问卷各自的评分平均
分，如图5-12所示。

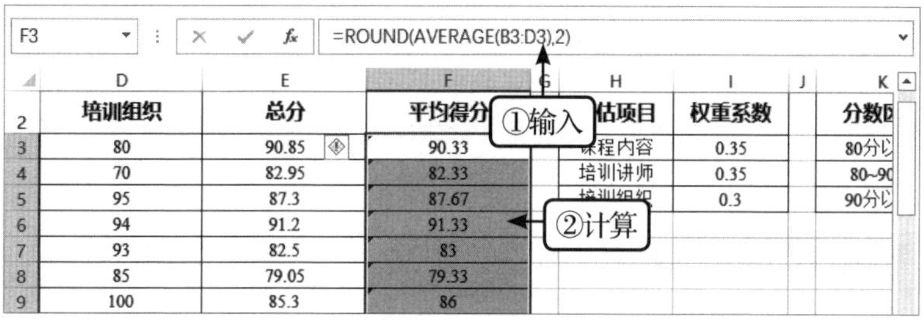

图 5-12 计算 30 份调查问卷各自的评分平均分

知识延伸 | AVERAGE()和ROUND()函数的使用说明

AVERAGE()函数主要用于对指定数据集合进行平均值计算，其语法结构为：
AVERAGE(number1,number2,…)。其中，number参数表示用于指定数据集合或者单元
格区域，其取值范围为1～255。

ROUND()函数主要用于对数据按位进行四舍五入运算，其语法结构为：
ROUND(number,num_digits)，各参数的具体含义如下。

◆ number：用于指定需要进行四舍五入的数据，它可以是具体数字数据，也
可以是包含数字数据的单元格引用。

◆ num_digits：用于指定四舍五入的位数，其值为整数。当 num_digits 参数
等于 0 时，表示在小数点右侧的第一位进行四舍五入运算；当 num_digits
参数大于 0 时，表示在小数点右侧的指定位进行四舍五入运算；当 num_
digits 参数小于 0 时，表示在小数点左侧的指定位进行四舍五入运算。

选择L3:L5单元格区域，在编辑栏中输入公式"=FREQUENCY
($E$3:$E$32, {80,89})"，按【Ctrl+Shift+Enter】组合键计算各分数区间的分数个数，如图5-13所示。从统计结果来看，80~90分的分数有19个，90分以上的分数有7个，整体而言，此次培训效果还是比较好的。

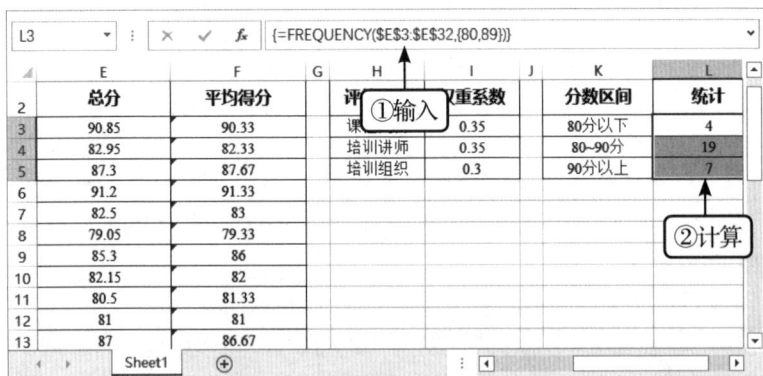

图 5-13　计算各分数段的分数个数

知识延伸 | FREQUENCY()函数的使用说明

FREQUENCY()函数主要用于计算数值在某个区域内的出现频率，其语法结构为：FREQUENCY(data_array,bins_array)，各参数的具体含义如下。

◆ data_array：表示一组数据或单元格区域的引用，要为它计算频率，通俗理解就是需要进行频率统计的数据源。

◆ bins_array：表示一个区间数组或对区间的引用，该区间用于对data_array中的数值进行分组。通俗理解就是区间分割点，如上例公式中，"{80,89}"部分即将数据划分为3个区间，分别是[0,80]、(80,89]、(89,100]。

需要特别说明的是，在计算多区间频率时，必须以多单元格数组的形式输入，而不能够在第1个单元格中输入公式后再填充公式。

第6章

实施绩效考核，
用量化促使企业目标实现

　　绩效考核是人力资源管理中的重要组成部分，量化绩效考核有助于考核的实施，让考核能够有据可依，从而有效促使企业目标的实现，且通过量化得到的考核结果也更容易让员工接受。

06

6.1

构建体系，做好企业的绩效考核

绩效考核是指对照工作目标和绩效标准，采用科学的考核方式，评定员工的工作任务完成情况、员工的工作职责履行程度和员工的发展情况，进行结果反馈。要做好企业绩效考核需要构建绩效考核体系。

> **知识延伸｜绩效考核有什么作用**
>
> 绩效考核的具体作用有5点。
>
> ◆ 绩效考核是一种过程管理，有效的绩效管理有助于企业达成目标。
> ◆ 绩效考核是一个不断制订计划、执行计划、检查以及处理的循环过程，也是一个不断发现问题和改进问题的过程。
> ◆ 绩效考核与员工的绩效工资息息相关，因此通过绩效考核可指导绩效工资的发放。
> ◆ 通过将绩效考核结果反馈到薪酬中，有助于促进企业与员工不断发展，共同成长。
> ◆ 通过绩效考核把员工聘用、培训、职务升降以及薪酬等结合起来，使得企业的激励机制得到充分运用。

6.1.1 制定绩效考核管理制度

对于企业而言，绩效考核管理必须量身定做。因为一个企业的绩效是不能复制和模仿的，只有结合实际的情况对绩效进行定标和定量，同时还要持续改进，才能使绩效管理更加完美。

如果企业要求人力资源部门制定绩效考核管理办法，应当如何操作呢？下面具体从绩效考核管理制度的内容角度出发，介绍绩效考核管理制度的制定方法。

明确绩效考核的目的。不同的企业制定绩效考核管理制度的原因是不同的，因此在制定绩效考核管理制度时，首先要根据企业的具体情况确定绩效考核目的。例如：为了评估企业员工工作绩效，发现优秀人才，提高企业工作效率，特制定本办法。

确定考核的基本信息。考核的基本信息是指绩效考核管理制度中应当具备的基础信息，主要包括考核时间、考核原则、考核范围以及考核形式等。

明确考核资料。考核资料是指进行考核时需要参考的资料，不同岗位的绩效考核参考资料会有所不同。

绩效考核程序。是指企业进行绩效考核的具体流程，此流程应当较为准确，有助于相关人员参考。

考核结果处理。完成绩效考核并不意味着结束，通常情况下还需要产生考核结果，并对不同的考核结果进行不同的处理。

由于企业的绩效考核侧重点不同，其绩效考核管理制度应当有所不同，因此绩效管理制度的内容可能并不局限于以上几点。

| 范例解析 |　某公司绩效考核管理制度

第一条 考核目的

为全面了解、评估员工工作绩效，对公司及个人工作的实施进展状况进行有效的跟进和调控，发现优秀人才……特制定本办法。

第二条 考核范围

本公司所有员工均需考核，并适用于本办法。

第三条 考核原则

1.以公平、公正、全面、客观的原则为主导。

……

第四条 考核时间

1.公司实行定期考核制度，分为月度考核和年度考核，月度考核在每月末至下月初进行，年度考核在次年初进行。

......

第五条 考核形式

各类考核形式有：上级评议、同级同事评议、自我鉴定......

第六条 考核办法

考核采取等级评估、目标考核、互相比较、重要事件或综合等办法，具体根据日常工作记录......

第七条 考核资料

1.主任级以上员工考核，包括所辖部门总体绩效状况和个人绩效表现两部分......

第八条 专项考核

1.试用期考核

对试用期届满的员工均需考核，以决定是否正式录用。

......

第九条 考核程序

1.月、年度考核开始前，由人事部根据工作计划，发出员工考核通知，说明考核目的、对象、方式以及考核进度安排，下发有关考核量表。

......

第十条 考核结果

1.根据考核的具体状况，结果一般分为优秀、良好、合格、较差、差5个档次。

从上述案例可以发现，该公司的绩效考核管理制度在内容上较为完善，主要包括考核目的、考核范围、考核原则、考核时间以及考核形式等内容，人力资源部门在制定绩效考核管理制度时可进行参考。

6.1.2　绩效管理工具和绩效考核阶段

人力资源工作者要进行绩效分析，需要了解企业绩效管理的常用工具和绩效考核阶段。

（1）常用的绩效管理工具

绩效管理工具的种类较多，这里主要介绍其中较为常用的 6 种，以及其优缺点，如表 6-1 所示。

表 6-1　6 种常用的绩效管理工具

工　具	介　　绍	优　点	缺　点
目标管理（MBO）	MBO（Management by Objective）主要是针对成果和行为难以量化的工作。在使用 MBO 的过程中非常强调员工的参与，管理者与员工通过协商达成共识，共同制定目标，共同承担责任	员工参与度很高，提高了员工的主动性和积极性；利于部门内部的沟通协作以及良好氛围的建立；易于操作，考核成本低	MBO 强调结果实现，但忽视了过程控制，容易出现只知道目标不知道如何实现的情况；设定的目标基本上都是短期目标，忽视了长期目标的达成
关键绩效指标（KPI）	KPI（Key Performance Indicator）理论基础源于二八原理，即一个公司的价值创造过程中，每个部门或每个员工 80% 的成果，是由 20% 的关键行为完成的。抓住这 20%，就抓住了主体	与公司战略和预算目标组合形成闭环，对于员工的关键结果有强大驱动压力，利于步调一致的管理	关注量化结果，影响员工的利益特点，与创新产品、服务，提高用户体验，增加用户黏性的理念相悖
360 度评估反馈	由员工自己、领导、直接部署、同事甚至顾客等从全方位、各个角度来评估人员的方法。评估内容可能包括沟通技巧、人际关系等	几乎能让所有的员工都参与，提供了上级和下属间沟通的公开平台	考核成本高、信息不真实、考核培训工作难度大、高管主观意志影响大等

续表

工　具	介　绍	优　点	缺　点
平衡计分卡（BSC）	BSC（Balanced Score Card）平衡计分卡从财务、客户、内部运营、学习与成长4个角度，将企业的战略落实为可操作的衡量指标和目标值的一种绩效管理工具	BSC反映企业综合经营状况，使业绩评价趋于平衡和完善，利于企业长期发展	不能单独使用，要和KPI或激励手段组合使用，设计要求较高
目标与关键成果（OKR）	OKR（Objectives and Key Results）目标自下而上的提出，指标保证公开承诺，并提出目标的关键结果是什么	对目标层层分解，形成行动计划，实时对过程进行管控和评估	重点是过程和行为，缺少有效的物质激励手段，员工动力系统不足
薪酬全绩效（KSF）	KSF（Key Success Factor）的理论基础是将KPI、BSC、OKR结合，组合了绩效和薪酬的方法，汲取了各个工具的优势。提取考核对象的核心价值点，设计3～6个关键指标，每个指标配置不同的权重和平衡点，当实际贡献成果超过平衡点，即获得奖励	代表岗位定薪或职级定薪，增加带宽，以价值定薪，注重结果，实现多劳多得。使用场景广泛，减少了计薪、加薪的难度	对于没有绩效基础的企业，需要梳理数据和建立适用的管控监督流程

除了表6-1介绍的6种绩效管理工具外，还有一些其他的绩效管理工具，例如经济增加值模型（EVA：Economic Value Added）以及作业成本分析法（ABC：Activity Based Costing）等，人力资源工作者也可以选择合适的绩效管理工具使用。

（2）绩效考核阶段

对企业来说，绩效考核的开展情况能够反映其管理水平，且绩效考核会在企业发展过程中产生变化。企业的绩效考核推行由无到有，往往会经历4个阶段，如图6-1所示。

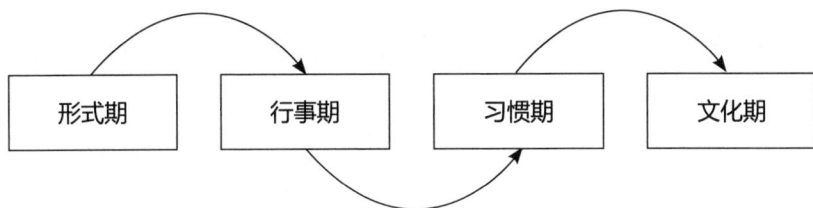

图 6-1　绩效考核推行的 4 个阶段

下面分别对各个阶段进行介绍。

◆ **形式期：** 这阶段主要是绩效考核工作刚开始推行，此阶段往往处于尝试阶段，考核结果可以不与绩效工资挂钩。此阶段的主要目的是培养各级考核人员的能力，让其掌握考核方法、流程等，为以后正式推行做准备。

◆ **行事期：** 此阶段绩效考核已逐步开展、渐入佳境，各级人员已经开始逐步适应绩效考核。此时考核开始与绩效工资、利益以及岗位升降等挂钩，真正进入实操阶段。

◆ **习惯期：** 经过前两个阶段后，绩效考核已形成习惯，具备了文字性东西、制度性语言。到这个阶段的企业，基本上一到考核周期，企业由上至下会自发地进行考核，统计考核数据，计算绩效工资。一旦涉及员工薪酬调整、晋升会首先以过往的绩效为依据。

◆ **文化期：** 经过不断的考核，加深员工的印象，使绩效考核深深与企业文化结合在一起。员工逐渐希望被考核，考核已成为企业必备的一种常态。企业呈现一种公平竞争、公开要求的平等氛围，有利于企业良性发展。

了解了绩效考核需要经历的各个阶段后，人力资源工作者在实施绩效考核的时候就应当做到循序渐进。不要期望一步到位，那样不仅难以获得企业员工的支持，也难以达到预期的效果。

要想绩效考核能够取得较好的效果，就需要顺应绩效考核的发展阶段，让员工逐渐适应，从而形成一种必然的常态工作。

知识延伸｜绩效考核体系设计步骤

绩效考核在发展过程中应当逐渐形成一种体系，这样有利于规范绩效考核过程。绩效考核体系的建立，有利于评价员工工作状况，是员工考核工作的基础，也是保证考核结果准确、合理的重要因素。要设计企业绩效考核体系，需要遵循8个步骤，如图6-2所示。

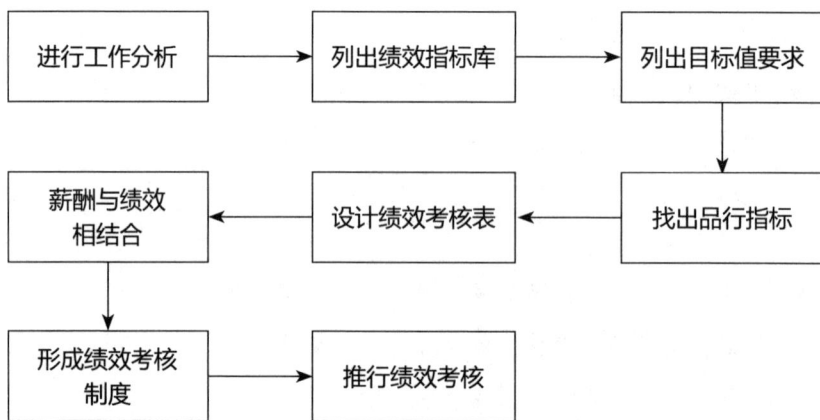

图 6-2　绩效考核体系设计步骤

6.2
全局把握，制订企业绩效考核计划

绩效计划主要是评估者和被评估者双方就绩效考核进行沟通，最终订立的书面协议，主要包括绩效计划和绩效评估表。绩效计划有助于企业建立科学合理的管理机制，促进企业目标的实现。

6.2.1　绩效计划的基本介绍

绩效计划是将企业目标层层分解，落实到各个部门、员工，是双方在明晰责、权、利的基础上签订的一个内部协议。

（1）绩效计划的内容

企业人力资源工作者要制订绩效计划，就需要了解绩效计划的内容。

- ◆ 本岗位在本次绩效周期内的工作要项。
- ◆ 衡量工作要项的关键业绩指标以及关键指标对应的权重。
- ◆ 工作结果的预期目标和测量方法。
- ◆ 关键业绩指标的计算公式和积分方法。
- ◆ 关键业绩指标统计的计分来源和考评周期。
- ◆ 在达成目标的过程中可能遇到的困难和障碍。
- ◆ 各岗位在完成工作的时候拥有的权力和可调配的资源。
- ◆ 组织能够为员工提供的支持和帮助以及沟通方式。

（2）绩效计划的分类

绩效计划根据不同的分类标准，可以分为不同的类别，下面具体介绍按责任主体分类和按时间分类。

- ◆ 按责任主体分类

企业的绩效计划按责任主体不同，可以分为公司绩效计划、部门绩效计划以及个人绩效计划 3 个层次。这 3 个层次之间并非毫无关系，而是具有一定的联系。

一般来讲，公司绩效计划会分解为部门绩效计划，部门绩效计划会分解为个人绩效计划。一个部门所有员工个人绩效计划的完成支持部门绩效计划的完成，所有部门绩效计划的协调完成支持公司整体绩效计划的完成。

- ◆ 按时间分类

企业的绩效计划按时间周期不同，可以分为年度绩效计划、季度绩效计划和月度绩效计划等，同样的，按时间分类的绩效计划在时间上也具有一定的关联。

年度绩效计划分解为季度绩效计划，季度绩效计划可以进一步分解为月度绩效计划。季度、月度绩效计划的制订分别以年度、季度绩效计划为基础，同时还要考虑外部环境变化以及内部条件的制约。

6.2.2 绩效计划的制订步骤和存在的误区

绩效计划的制订关系到员工的考核结果，因此在制订过程中要慎重，而且要遵循一定的流程，避免因绩效计划制订不合理影响员工的绩效成绩。绩效计划制订通常包含 10 个步骤，如图 6-3 所示。

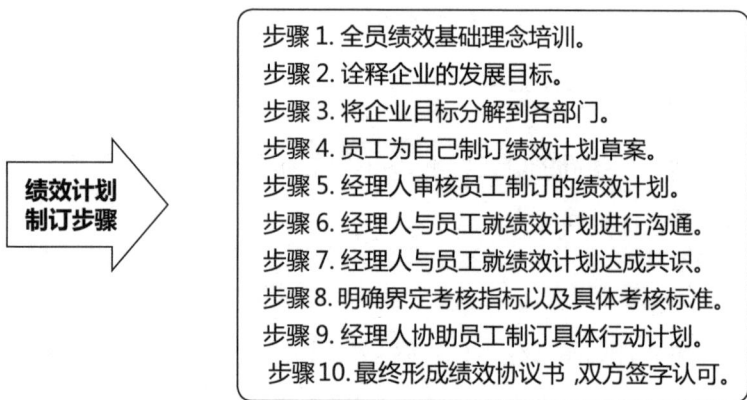

绩效计划制订步骤 →

步骤 1. 全员绩效基础理念培训。
步骤 2. 诠释企业的发展目标。
步骤 3. 将企业目标分解到各部门。
步骤 4. 员工为自己制订绩效计划草案。
步骤 5. 经理人审核员工制订的绩效计划。
步骤 6. 经理人与员工就绩效计划进行沟通。
步骤 7. 经理人与员工就绩效计划达成共识。
步骤 8. 明确界定考核指标以及具体考核标准。
步骤 9. 经理人协助员工制订具体行动计划。
步骤 10. 最终形成绩效协议书，双方签字认可。

图 6-3　绩效计划的制订步骤

将上述 10 步骤进行简化，可以得到 4 个关键步骤，即需要明确 4 个问题，如下所示。

◆ 明确目标是什么。

◆ 明确绩效指标是什么。

◆ 明确关键绩效指标是什么。

◆ 明确每个关键指标的实施步骤，管理者和员工应当做出哪些改变，最终双方达成共识。

然而许多企业在绩效计划制订过程中，会出现管理者和员工容易将绩效目标和岗位职责、工作计划混淆的情况，出现这种情况的原因往往是没有做好沟通工作。

有些任职者在"绩效目标"栏中填写的内容和岗位职责没什么差异，有些则将绩效目标写成了阶段性的工作计划。例如对于销售经理，"提高某产品的市场占有率"是绩效目标，而"制作某产品的销售计划"则是其工作职责。但实际工作中，容易将二者弄错，导致绩效目标与工作职责混淆。

6.3
用好方法，明确指标，做好绩效考核

明确了绩效考核的计划后，还需要对绩效考核计划进行分解，确定绩效考核指标。明确绩效考核指标后，即可采用相应的方法对员工的绩效情况进行考核。

6.3.1　确定绩效考核指标

绩效考核指标是进行绩效考核的关键，绩效考核要取得成功，就需要确定有效的绩效考核指标。因此绩效考核指标作为绩效考核体系的中间要素，也越来越受到关注。

（1）绩效考核指标确定的流程

要确定绩效考核指标，首先需要了解绩效考核指标的确定流程，具体介绍如下。

步骤一：工作分析

根据考核目的，对被考核对象的岗位工作内容、性质以及完成这些工作所具备的条件等进行研究和分析，从而了解被考核者在该岗位工作所应达到的目标、采取的工作方式等，初步确定绩效考核的各项要素。

步骤二：工作流程分析

绩效考核指标必须从流程中去把握。根据被考核对象在流程中扮演的角色、承担的责任以及同上游、下游之间的关系，来确定其衡量工作的绩效指标。

此外，如果流程存在问题，还应对流程进行优化或重组，使之最终达到标准。

步骤三：绩效特征分析

可以使用图示标出各指标要素的绩效特征，按需要考核程度分档，如可以按照非考核不可、非常需要考核、需要考核、需要考核程度低、几乎不需要考核5档对上述指标要素进行评估，然后根据少而精的原则，按照不同的权重进行选取。

步骤四：理论验证

依据绩效考核的基本原理与原则，对所设计的绩效考核要素指标进行验证，保证其能有效、可靠地反映被考核对象的绩效特征和考核目的要求。

步骤五：要素调查，确定指标

根据上述步骤初步确定要素后，还需要运用多种灵活的方法对要素进行调查，最后确定绩效考核指标体系。

在进行要素调查和指标体系的确定时，往往将几种方法结合起来使用，使指标体系更加准确、完善、可靠。

步骤六：修订

为了使确定好的指标更趋于合理，还应对其进行修订。修订分为两种，一种是考核前修订，通过专家调查法，将所确定的考核指标提交领导、专家会议及咨询顾问，征求意见，修改、补充、完善绩效考核指标体系。

另一种是考核后修订，根据考核结果进行修订，使考核指标体系更加理想和完善。

知识延伸 | 绩效指标分类

绩效指标是用来跟踪员工绩效的关键，绩效指标主要可以分为3类，分别是定量指标、定性指标和工作数量。

（2）认识员工创造绩效能力的 3 种形态

进行员工绩效考核主要是为了提升员工创造绩效的能力，促使员工进步。员工创造绩效能力主要有 3 种形态，每种形态是对员工进行绩效考核的一个方面，也是设置绩效指标的参考。表 6-2 所示为员工创造绩效能力的 3 种形态介绍。

表 6-2　员工绩效的 3 种形态介绍

形　　态	具体介绍
能力持有态	能力持有态主要指员工有创造哪方面绩效的能力，这种能力强到何种程度等，可以总结为员工具备的能力，对应的绩效考核指标统称为能力考核指标
能力发挥态	能力发挥态主要指员工在创造绩效的过程中，发挥自身能力时，所表现出来的热情、主动性，可以总结为员工的态度，对应的绩效考核指标统称为态度考核指标
能力转化态	能力转化态主要指员工在创造绩效的过程中，所表现出来的能力的实际效果，可以将其总结为员工的业绩，对应的绩效考核指标统称为业绩考核指标

绩效的 3 种形态之间也是存在关联的。

◆ 在工作之前，首先需要考察这个员工的"能力持有态"——能力水平。

◆ 在工作之中，可以看到这个员工的"能力发挥态"——态度如何。

◆ 在工作之后，可以追究这个员工的"能力转化态"——业绩怎样。

6.3.2　实施企业目标管理法

目标管理（Management by Objectives，MBO）源于美国管理专家彼得·德鲁克的著作《管理的实践》。目标管理是以目标的设置和分解、目标的实施及完成情况的检查、奖惩为手段，通过员工的自我管理来实现企业经营目的的一种管理方法。

（1）目标管理的特点

目标管理用于绩效考核主要存在以下特点。

◆ 目标管理运用系统论的思想，通过目标体系进行管理。上级与下级在一起制定目标，让目标的实现者同时成为目标的制定者。

◆ 目标管理是一种民主的、强调职工自我管理的管理制度，即"自我控制"。

◆ 目标管理强调成果，实行"能力至上"使领导权利下放。

（2）目标管理的实施

目标管理法进行绩效考核的实施过程主要包括 3 个阶段，分别是目标的设置、实现目标过程的管理以及测定与评价所取得的成果，具体介绍如表 6-3所示。

表6-3 目标管理实施的步骤

阶 段	具体介绍
目标的设置 （阶段一）	在目标设置过程中，组织的主管和员工亲自参与，把组织目标层层转化为组织和个人的目标，构成目标层级结构。各级成员根据上层目标和所在部门的目标设立自己的具体工作目标，员工会根据自己设定的目标，积极、努力工作，并且自觉地控制自己的行为，为完成自己的目标努力奋斗
实施过程管理 （阶段二）	目标管理虽重视结果，强调自主、自治和自觉，但是，领导在目标实施过程中的管理是不可缺少的。在此阶段，首先进行定期检查；其次要向下级通报进度；再次要帮助下级解决工作中出现的困难。当出现意外、不可预测的事件严重影响组织目标实现时，可通过一定的手续修改原定的目标
总结和评估 （阶段三）	在此阶段，对目标完成情况进行评价，考核人员的绩效，以决定业绩的奖惩和职务的升降。同时讨论下一阶段的目标，开始新循环。如果目标没有完成，则分析原因，总结教训。此阶段可以认为是绩效管理的一部分，其效果与目的相通，是绩效管理很好的补充

| 范例解析 | 某科技公司基于目标管理法的绩效管理

某科技公司是面向个人用户、大中小型企业和研究机构的全球技术解决方案提供商。该公司的绩效管理是基于目标管理法实施的，他们的绩效管理流程主要包括以下4个步骤。

第一，设定目标，具体做法是：目标要兼顾结果与过程，这是根据岗位职责和公司整体目标，由主管经理和当事者一起讨论确定的。

第二，当事者要自己动手，制订工作计划。其中最重要的内容，就是设计阶段性目标，提出达成阶段目标的策略和方法。在此过程中，主管者只是指导者和讨论对象，而不会越俎代庖。

第三，定期进行"进展总结"，由主管经理、当事者和业务团队一起，分析现状预期与目标的差距，找到弥补差距、完成目标的具体措施。

第四，在目标任务终止期，进行总体性的绩效评估。如果没有达成目标，要检讨原因；如果超出预期，或者达成了当初看上去难以完成的目标，则要分析成功的原因，并与团队分享经验。

该公司绩效管理流程主要包括4个步骤，分别是"设定目标→制订计划

→定期总结→总体评估"，是基于目标管理法进行改编而成的，更加强调过程管理。

6.3.3 实施 KPI 绩效考核法

关键绩效指标（KPI）是对公司及组织运作过程中关键成功要素的提炼和归纳。关键绩效指标把个人和部门的目标与公司整个的成败联系起来，与公司的整体效益直接挂钩，有利于企业长远发展。对于员工而言，关键绩效指标体系使得员工按照绩效的测量标准和奖励标准去做，真正发挥绩效考核指标的牵引和导向作用。

关键绩效指标的设置应当符合SMART原则，如图6-4所示。

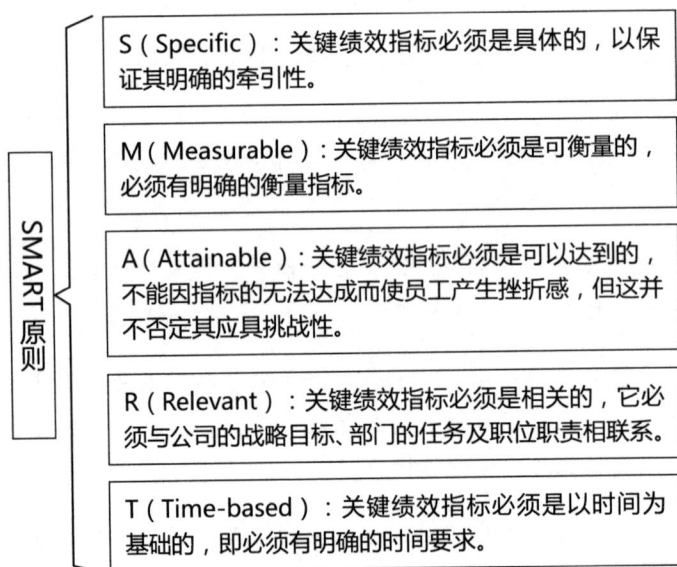

图 6-4　SMART 原则

确立和实施 KPI 指标的要点在于流程性、计划性和系统性，操作流程为建立评价指标体系、设定评价标准和审核关键绩效指标。下面具体对各实施流程阶段进行具体介绍。

第一步，建立评价指标体系

评价指标体系通常是以从宏观到微观的顺序依次建立各级的指标，即建立企业级 KPI →建立部门级 KPI →确定工作岗位 KPI。其具体过程是：①明确企业战略目标，根据企业的业务重点确定关键业务领域的关键业绩指标，以建立企业级的 KPI；②各部门主管以企业级 KPI 为依据建立部门级 KPI；③各部门管理者和员工对部门级 KPI 进行更细化的分解，确定各员工工作岗位 KPI。而这些业绩指标就是绩效考核的要素和依据。

在确定 KPI 指标时，首先明确企业的战略目标。在企业会议上利用头脑风暴法和鱼骨分析法找出企业的业务重点，也就是企业价值评估的重点。然后用头脑风暴法找出这些关键业务领域的关键业绩指标（KPI），即企业级 KPI。

各部门的主管需要依据企业级 KPI 建立部门级 KPI，并对相应部门的 KPI 进行分解，确定相关的要素目标，分析绩效驱动因数（技术、组织、人），确定实现目标的工作流程，分解出各部门级的 KPI，以便确定评价指标体系。

| 范例解析 | 使用鱼骨图分析客户服务绩效指标和关键指标

某公司需要对员工的客户服务情况进行考核，现在需要使用鱼骨图分析并确定绩效考核指标和绩效考核关键指标。

鱼骨图有三种，第一种是整理问题型；第二种是原因型（鱼头在右）；第三种是对策型（鱼头在左）。而提炼KPI用的就是原因型鱼骨图，利用鱼骨分析法制定企业关键绩效指标有两个步骤。

①分析绩效指标，选取关键因素。

a.综合分析战略、目标、市场环境、技术变化、人力资源特点和部门特点等。

b.按头脑风暴法提出尽可能多的绩效指标。

c.对各种绩效指标提案进行筛选、归类、整理，明确其从属关系。

d.选取关键绩效指标。

e.表述关键绩效指标，确保描述准确、清晰、简单明了。

②制作鱼骨图。

a.填写鱼头。鱼头一般为公司的战略和总体目标。

b.画出主骨。主骨一般为公司层关键绩效指标。

c.画出大骨。大骨一般为公司层关键绩效指标向各部门层次的分解，即部门关键绩效指标。

d.画出中骨、小骨。中骨和小骨一般为部门层次关键绩效指标向基层主管和员工的分解，即个人关键绩效指标。

e.在主骨、大骨、中骨和小骨上用特殊符号做出重要标记，标出完成关键绩效指标的关键要素。

图6-5所示为通过鱼骨图分析展示的某公司客户服务绩效指标和关键指标。

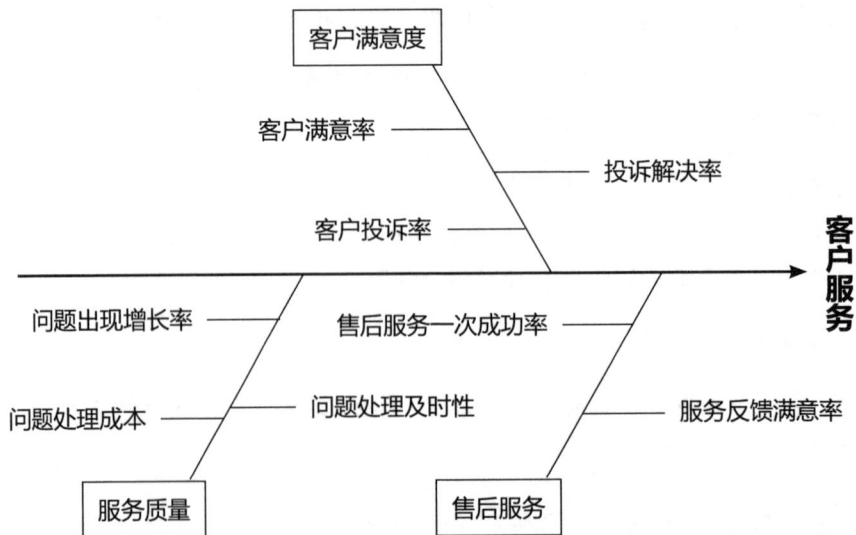

图 6-5　用鱼骨图展示客户服务绩效指标和关键指标

第二步，设定评价标准

所谓指标，通常是指从某些方面对工作进行衡量和评价，而标准则是指工作在各个指标上分别需要达到的水平。所以，在建立评价指标体系后，便要设定评价标准。

第三步，审核关键绩效指标

关键绩效指标设置完成后，还需要对其进行审核，以确定这些关键绩效指标是否适合于评价操作，以及是否可以客观而全面地反映被评价对象的工作绩效。

| 范例解析 |　某企业KPI绩效考核制度

五、KPI关键绩效指标法实施方法及目标的制定

（一）考核的类型、周期与标准

1.考核类型

绩效考核分为：季度KPI绩效考核、年度KPI绩效考核，其中每季度一次的KPI考核评估是基础。

2.考核周期

（1）未转正员工：每月1次，以每月1日～7日为1个周期。

（2）已转正员工：每季度1次；第一季度为1月1日～3月31日，第二季度为4月1日～6月30日，第三季度为7月1日～9月30日，第四季度为10月1日～12月31日。

......

（二）关键指标的制定

（1）各部门主管应根据部门岗位特征以及工作由被考核人根据上级目标填写KPI绩效考核表，一式三份，由考核人、直接上级和人事行政部各执一份。

......

（三）目标完成情况评估

1.评估步骤

（1）员工先作自我评估，在目标管理计划考核表"自评"栏如实填报工作目标完成情况……

该绩效考核制度中主要包含了关键绩效指标制定和目标完成情况评估两个重要内容，也是进行 KPI 绩效考核的重点。人力资源工作者在制定 KPI 绩效考核制度时可以参考该结构。

6.3.4　实施 360 度评估反馈考核法

360 度评估反馈考核法又称为全方位考核法，最早被英特尔公司提出并加以实施运用。其特点是评价维度多元化（通常是 4 或 4 个以上），适用于中层以上的人员考核，对组织而言可以建立正确的导向。

在绩效考核中使用 360 度评估反馈考核法主要包括 3 个流程，分别是准备阶段、评估阶段以及反馈和辅导阶段，下面分别进行介绍。

◆　准备阶段

准备工作相当重要，它影响着评估过程的顺利进行和评估结果的有效性。准备阶段的主要目的是使所有相关人员，包括所有评估者与受评者，以及所有可能接触或利用评估结果的管理人员，正确理解企业实施 360 度评估的目的和作用，进而建立起对该评估方法的信任。

◆　评估阶段

评估阶段是进行绩效考核的主要阶段，可以分为 4 个步骤，具体介绍如图 6-6 所示。

组建反馈队伍	必须注意评估要征得受评者的同意，这样才能保证受评者对最终结果的认同和接受。
组织培训	为避免评估结果受到评估者主观因素的影响，企业在执行360度评估反馈方法时需要对评估者进行培训，使他们熟悉并能正确使用该技术。
实施评估	分别由上级、同级、下级、相关客户和本人按各个维度标准，进行评估。评估过程中，除了上级对下级的评估无法实现保密之外，其他几种类型的评估最好是采取匿名的方式，必须严格维护填表人的匿名权以及对评估结果报告的保密性。
统计并报告	在提供360度评估报告时要注意对评估者匿名的保护，更要确保其科学性，例如评估者不能少于3人，否则必须归入其他类。

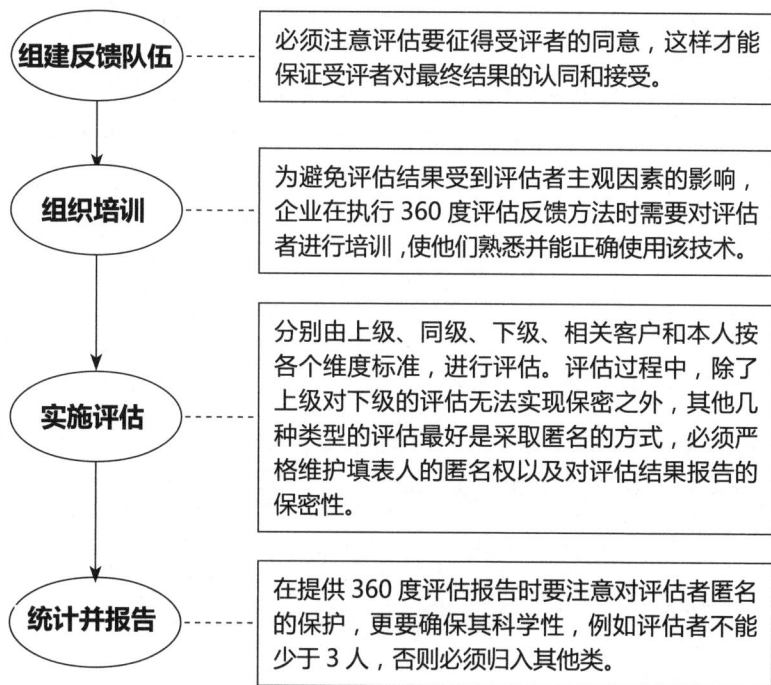

图6-6 绩效评估的步骤

◆ 反馈和辅导阶段

向受评者提供反馈和辅导是一个非常重要的环节，通过来自各方的反馈（包括上级、同事、下级、自己以及客户等），可以让受评者更加全面地了解自己的长处和短处，更清楚地认识到公司和上级对自己的期望及目前存在的差距。

| 范例解析 | 某企业360度评估反馈绩效考核制度

三、方案思路

将360度的思想和抽签等办法结合起来，建立评委团。每个人对应的评委团均由8人组成。评委来源于每个职位的上级、同级、下级和客户部门员工代表，每个来源拟定2名评委。在每个来源中，如何确定2名评委，由抽签决定。

方案主要内容简述如下：

（一）评估指标

评估项目为员工上半年的工作表现，从责任意识、团队意识、创新意识和学习意识4个维度综合评分，经公司经营班子讨论，确定4个维度的权重分别为：55%、20%、15%、10%。

（二）评估流程

略。

（三）评委团成员的确定原则

评委团成员的确定本着"谁了解谁考核"的原则，一般从上级、同级、下级、内部客户4个来源产生评委团8人。

（六）填写打分表格

由评委团成员填写工作表现考核表，进行评价打分。

（七）考核结果

考核总分=评委团评分平均分（需要除去最高分和最低分）

（八）考核结果应用

将公司年终奖的30%与此次考核结果挂钩，对此次考核结果进行排序，分为副总级、经理级。

以上为某企业的360度评估反馈绩效考核制度，其中重点介绍了评估指标、评估流程、评委团的组成、打分以及结果和应用，基本上按照360度评估反馈绩效考核的流程来进行制定的。

并且，对于评委来源的确定，也比较均衡，是从每个职位的上级、同级、下级和客户部门员工代表中选择，且每个来源通过抽签产生两名评委。

6.4
后期跟进，绩效考核的反馈与改进

绩效考核反馈与改进是整个绩效考核的最后工作，也是最关键的一环，能否达到绩效评估的预期目的，取决于绩效反馈的实施。

6.4.1 绩效考核结果反馈的技巧

绩效结果反馈的好坏，会直接影响到绩效考核的整体工作。掌握绩效考核结果反馈的技巧，能够让绩效反馈工作更加高效，让员工能够充分参与，提升绩效考核质量。具体介绍如表 6-4 所示。

表 6-4 绩效考核结果反馈相关技巧

技　巧	具体介绍
事前准备	如果能够在反馈之前做好准备，充分了解员工的基本情况，设计好大致流程，就能够很好地控制整个流程
与员工建立融洽的关系	在进行反馈的过程中不要让员工觉得有压力，比如可以谈谈与反馈内容无关的话题，拉近彼此的距离
以事实为依据	反馈工作要做到对事不对人，反馈尽量拿出事实依据来，就事论事，不要伤害员工的人格和尊严
肯定成绩	对员工表现好的地方一定要给予充分的肯定，这有利于增强员工的自信和消除员工的紧张心理
差别化对待	不同类型的员工反馈重点应该不同，对业绩和态度都很好的员工，应该肯定其成绩，给予奖励，并提出更高目标；对业绩好但态度不好的员工应该加强了解，找到态度不好的原因，并给予辅导；对业绩不好但态度很好的员工应该帮助其分析原因，制订绩效改善计划

6.4.2 高效的绩效反馈面谈

了解绩效反馈的技巧后，就可以准备与员工进行绩效面谈。绩效面谈是非常重要的环节，通过面谈可以实现上级主管和下属之间对工作情况的沟通和确认，下面具体介绍如何高效进行绩效面谈。

（1）绩效面谈的技巧

绩效面谈工作需要掌握一定技巧才能高效开展，下面进行具体介绍。

环境选择。环境会影响一个人的心情，因此环境选择很重要。应当选择噪音小、不受外界干扰的地方，最好不在办公室，避免第三者在场。

营造氛围。双方要想敞开心扉，首先要建立相互信任的氛围。面谈中双方尽量不要隔着桌子对坐，利用圆形会议桌更容易拉近与下属之间的关系。当下属发表意见时，要学会耐心倾听，不要中途打断。

明确面谈目的。在开始面谈时，主管人员应当用积极的语言，明确告知面谈目的。如"今天面谈主要是为了讨论如何更好地改善绩效，使我们共同提高"。

鼓励下属参与。在面谈过程中要实事求是，不能凭空想象，还要鼓励员工积极表达，了解其想法。

避免极端词语。极端词语容易让员工感到不满，从而影响面谈工作的开展。常见的极端词语包括"总是""从来""从不""完全"以及"极差"等。

以积极的方式结束面谈。以积极的方式结束面谈，有利于让员工树立信心。例如，与员工握手，并真诚地说："今天的沟通非常好，希望你在今后的工作中能够更加努力，如果需要什么帮助，可以找我。"

（2）绩效面谈用语禁忌

绩效面谈主要以语言交流为主，在面谈过程中主管人员要注意用语，避免给员工造成不必要的伤害，反而弄巧成拙。

一忌无证据无数据乱说。主管人员在没有收集到完善的考核数据时，不要轻易对员工的绩效表现进行评价。

二忌指手画脚教训人。面谈是一个相互的过程，在绩效面谈中要避免一味批评和教育，而忘记帮助员工改善绩效的初衷。

三忌做好好先生。主管在绩效面谈时不要只谈员工好的方面，而忽略员工的不足，如何改善员工的不足才是面谈的重点。

四忌不愿倾听。主管要注意倾听员工的想法，很有可能考核人员在某些环节忽视了，导致信息不对称。听听员工怎么说，会对绩效面谈起到帮助作用。

五忌说废话。绩效面谈要注意使用描述性语言，注意陈述事实而不是自己的主观判断。

六忌不知所云。在绩效面谈中使用的语言要具体、精确，不要笼统地说员工不好，笼统的说法对主管本身来说是一个减分项。

七忌牵扯与工作无关的评价。在绩效面谈中要注意集中于员工的绩效表现，而不是牵涉员工的个性或者私事。

八忌只"泼冷水"。一次考核结果不好，不代表员工永远不行，在绩效面谈中注意使用积极性语言，而不要一味地泼冷水。

九忌沟通无重点。在绩效面谈中谈话应以员工绩效表现的优点、缺点、改进措施为主，不要随意乱说，毫无章法。

6.4.3　改进绩效计划

绩效改进计划是根据员工有待发展提高的方面所制订的、在一定时期内完成有关工作绩效和工作能力改进与提高的系统计划。绩效改进计划应当包括目标项目、改进原因、期望水平、改进方式以及改进时间。

通常说来，制订员工绩效改进计划需要经历如图 6-7 所示的过程。

通过绩效沟通，在主管人员的帮助下，使员工认识到自己在工作中哪些方面做得好，哪些方面做得不够好。

⬇

员工与主管人员双方就员工绩效方面存在的差距分析原因，找出员工在工作能力、方法或工作习惯等有待改进的地方。

⬇

主管人员与员工根据未来的工作目标的要求，在工作能力、方法或工作习惯等有待改进的方面，选取员工目前最为迫切需要改进且易改进的方面作为个人未来一定时期内将要发展的项目。

⬇

双方共同制定改进这些工作能力、方法或工作习惯的具体行动方案，确定个人发展项目的期望水平、实现期限以及改进方式。

⬇

列出员工有待发展的项目达到期望水平所需要的资源，并指出哪些资源需要主管人员提供帮助和支持。

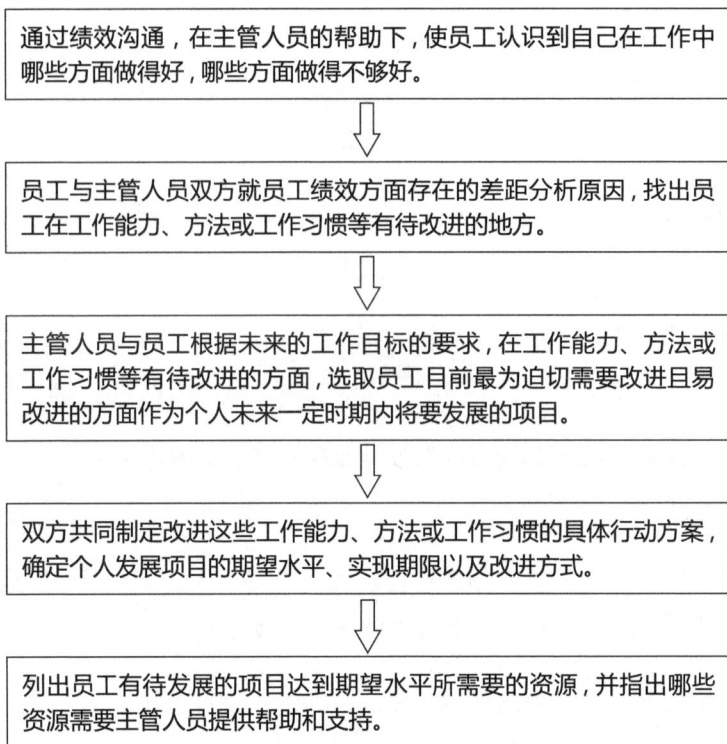

图 6-7 制订绩效改进计划的过程

需要注意的是，绩效改进计划一定要有实际操作性，要有"行动步骤"。如果停留在理论上，改进计划则没有意义，最好是能详细到具体的每一步骤。

6.5
业绩数据的量化与统计分析

在进行绩效考核的过程中，会涉及员工业绩数据的统计与计算。因此人力资源工作者需要掌握相关业绩数据的统计与计算方法。

6.5.1 统计未完成任务和超额完成任务的人数

在进行绩效考核的过程中，需要统计销售人员的业绩完成情况，主要分为两类，分别是未完成和超额完成。

对于有的岗位而言，任务完成情况直接与绩效考核挂钩。因此，统计员工的任务完成情况十分重要。

| 范例解析 | 统计销售人员业绩完成情况

在确定业绩目标时，公司通常会给出一个参考的销售业绩，如果销售人员的销售业绩在这个范围之内，属于正常情况；如果低于该范围的最小值，则记为未完成任务；如果高于该范围的最大值，则记为超额完成任务。

在本例中，该公司给出的员工销售业绩参考范围为10 000～50 000元，现在要统计该公司未完成任务和超额完成任务的人数。

在销售业绩统计表中的F19和F20单元格中分别输入1和3，选择G19:G20单元格区域，在编辑栏中输入"=LOOKUP(F19,{1,2,3},FREQUENCY($F$3:$F$17,{10000,50000}))&"人""，按【Ctrl+Enter】组合键即可计算，如图6-8所示。

图 6-8 统计销售人员业绩的完成情况

根据上述操作，本例中设置了序列{1,2,3}，标识业绩是否完成，其中主要用"1"代表未完成任务的人数；"2"代表正常业绩；"3"代表超额完成任务的人数。

在上述示例公式中，参数"F19"表示所求结果的第一种可能，即完成任务的情况；参数"$F$3:$F$17"表示员工的销售业绩；参数"{10 000,50 000}"表示销售业绩参考范围。使用FREQUENCY()函数让销售数据垂直返回以10 000和50 000为分段点的销售数据频率，再通过LOOKUP()函数返回数组中指定的值。

知识延伸｜LOOKUP()函数的使用说明

LOOKUP( )函数是一种运算函数，实质是返回向量或数组中的数值，要求数值必须按升序排序。

（1）向量形式：公式为LOOKUP(lookup_value,lookup_vector,result_vector)

lookup_value为LOOKUP( )函数在第一个向量中所要查找的数值，它可以为数字、文本、逻辑值或包含数值的名称或引用；lookup_vector为只包含一行或一列的区域，lookup_vector的数值可以为文本、数字或逻辑值；result_vector为只包含一行或一列的区域，其大小必须与 lookup_vector 相同。

（2）数组形式：公式为 LOOKUP(lookup_value,array)

array表示包含文本、数字或逻辑值的单元格区域或数组，它的值用于与lookup_value进行比较。

6.5.2　制作第一季度员工业绩排行榜

通过业绩排行榜，可以轻松了解员工的业绩是否达标，以及员工业绩在同类员工中的水平，能够为绩效考核提供数据支持。此外，主管人员在绩效面谈时，也可以参考业绩排行榜与员工进行沟通，这样更有针对性和说服力。

｜范例解析｜　根据员工第一季度的业绩制作业绩排行榜

在Excel中，制作排行榜都需要以某些数据作为排行依据。业绩排行榜，就是按照业绩的多少对员工排序。可以先用LARGE()函数按大小找出其中的数据，然后用MATCH()函数找出业绩对应的员工姓名的行号，最后用

INDEX()函数引用该员工的姓名，从而按员工业绩排列员工姓名。

在第一季度业绩统计表中首先需要汇总数据，即选择E3:E10单元格区域，在地址栏中输入“=SUM(B3:D3)”，按【Ctrl+Enter】组合键即可统计第一季度的各员工的销售总额数据。

接下来再对统计数据进行排序，首先选择G3:G10单元格区域，在编辑栏中输入公式“=INDEX($A$3:$A$10,MATCH(LARGE($E$3:$E$10,ROW($A1)),$E$3:$E$10,0))”，按【Ctrl+Enter】组合键即可完成业绩排行榜的制作，如图6–9所示。

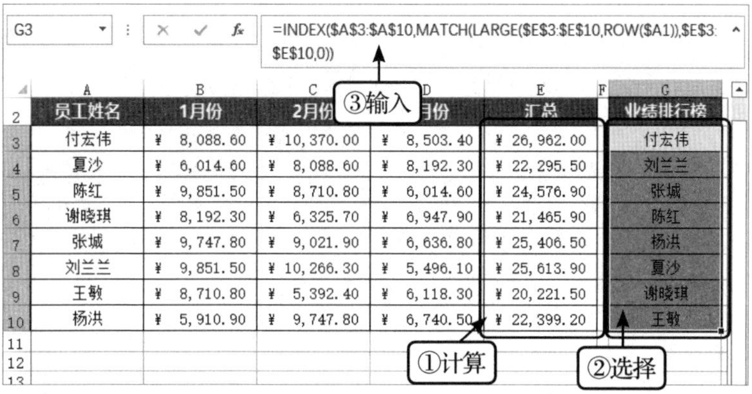

员工姓名	1月份	2月份	3月份	汇总		业绩排行榜
付宏伟	¥ 8,088.60	¥ 10,370.00	¥ 8,503.40	¥ 26,962.00		付宏伟
夏沙	¥ 6,014.60	¥ 8,088.60	¥ 8,192.30	¥ 22,295.50		刘兰兰
陈红	¥ 9,851.50	¥ 8,710.80	¥ 6,014.60	¥ 24,576.90		张城
谢晓琪	¥ 8,192.30	¥ 6,325.70	¥ 6,947.90	¥ 21,465.90		陈红
张城	¥ 9,747.80	¥ 9,021.90	¥ 6,636.80	¥ 25,406.50		杨洪
刘兰兰	¥ 9,851.50	¥ 10,266.30	¥ 5,496.10	¥ 25,613.90		夏沙
王敏	¥ 8,710.80	¥ 5,392.40	¥ 6,118.30	¥ 20,221.50		谢晓琪
杨洪	¥ 5,910.90	¥ 9,747.80	¥ 6,740.50	¥ 22,399.20		王敏

图 6–9　根据业绩制作业绩排行榜

在上述示例公式“=INDEX($A$3:$A$10,MATCH(LARGE($E$3:$E$10,ROW($A1)),$E$3:$E$10,0))”中，“ROW($A1)”函数用于返回引用的行号，它会随着数据的填充而发生改变，并作为LARGE()函数的第2个参数，再通过LARGE()函数返回$E$3:$E$10单元格区域中第*n*个最大值。然后使用MATCH()函数返回该最大值对应的行号，最后使用INDEX()函数返回该行号对应的员工姓名。

知识延伸 | SUM()、LARGE()、MATCH()、INDEX()、ROW()函数介绍

SUM()函数指的是返回某一单元格区域中数字、逻辑值及数字的文本表达式之和。语法：SUM(number1,[number2],...)，至少需要两个参数，可以是数字、单元格引用或单元格范围。

LARGE()函数用于返回数据集中的第k个最大值。语法：LARGE(array,k)，其中，array为需要确定第k个最大值的数组或数据区域；k为返回值在数组或数据单元格区域中的位置（从大到小排列）。

MATCH()函数返回指定数值在指定数组区域中的位置。语法：MATCH(lookup_value,lookup_array,[match_type])。其中，lookup_value为必需参数，需要在lookup_array中查找的值。lookup_value参数可以为值（数字、文本或逻辑值）或对数字、文本或逻辑值的单元格引用。match_type为可选参数，数字-1、0或1。match_type参数指定Excel如何在lookup_array中查找lookup_value的值，此参数的默认值为1。

INDEX()函数是返回表或区域中的值或值的引用。语法INDEX(array,row_num,[column_num])。其中，array为单元格区域或数组常量。row_num为必需参数，选择数组中的某行，函数从该行返回数值。如果省略row_num，则必须有column_num。column_num为可选参数，选择数组中的某列，函数从该列返回数值。如果省略column_num，则必须有row_num。

ROW()函数是用来确定光标的当前行位置的函数。语法：ROW(reference)。其中，Reference为需要得到其行号的单元格或单元格区域。省略reference，则假定是对函数ROW()所在单元格的引用。如果reference为一个单元格区域，并且函数ROW()作为垂直数组输入，则函数ROW()将reference的行号以垂直数组的形式返回。

6.5.3 查找业绩最高、最低的在职员工的姓名

人力资源部门在进行绩效管理的过程中，可能需要从某一岗位中查找业绩最好的员工或是业绩最差的员工，从而帮助进行分析。

| **范例解析** | 查找9月份业绩最高和最低的在职员工的姓名

某公司已统计出9月份在职员工和离职员工的签单业绩，公司决定对在职员工中签单业绩最高者进行奖励，同时对在职员工中签单业绩最低者进行惩罚，现需要提取在职员工业绩最高和最低者的姓名。

在业绩表中的F20单元格输入公式"=INDEX(B:B,MATCH(MAX(IF(E3:E17=LEFT(F19,2),F3:F17)),F:F,))"，按【Ctrl+Shift+Enter】组合键即可计算业绩最高的在职员工。在G20单元格中输入公式"=INDEX(B:B,MATCH(MIN(IF(E3:E17=LEFT(F19,2),F3:F17)),F:F,))"，按【Ctrl+Shift+Enter】组合键即可计算在职员工中业绩最低的员工，如图6-10所示。

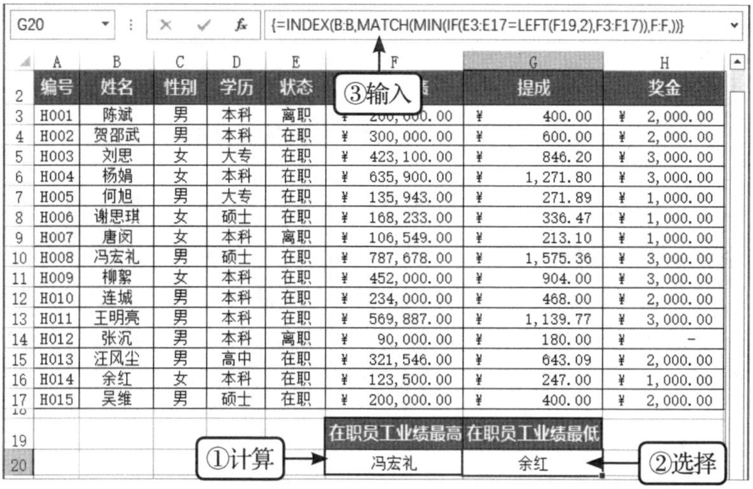

图 6-10　查询业绩最高和最低的在职员工姓名

上述公式中，"LEFT(F19,2)"函数用于返回F19单元格中数据的前两位文本"在职"，与E3:E17单元格区域中的文本比较，得到一组TRUE值和FALSE值数组，使用IF()函数返回F3:F17签单业绩单元格区域中的TRUE值对应的数据。

知识延伸｜LEFT()和MIN()函数的使用说明

LEFT()函数用于从一个文本字符串的第一个字符开始返回指定个数的字符。语法：LEFT(string,n)，其中：string表示字符串表达式其中最左边的那些字符将被返回，如果string包含Null，将返回Null。n为数值表达式，指出将返回多少个字符。

MIN()返回给定参数表中的最小值。语法：MIN(number1,number2,...)，其中，number1可选，后续数字是可选的。参数可以是数字或是包含数字的名称、数组或引用。

6.5.4 筛选符合条件的数据

在实施绩效考核的过程中会有大量的数据需要处理，其中较为重要的就是根据指定的条件筛选出数据，这主要针对筛选条件较多的情况。

| 范例解析 | 筛选业绩大于200 000元的在职本科员工的记录

例如某工作中需要筛选出公司中在职的本科员工，且签单业绩大于200 000元的数据。可以使用Excel自带的高级筛选功能将符合条件的数据筛选出来，帮助用户更加直观地分析数据。下面具体介绍操作方法。

首先在数据表中分别输入筛选条件，然后单击"数据"选项卡"排序和筛选"组中的"高级"按钮，在打开的对话框中选中"将筛选结果复制到其他位置"单选按钮，分别设置列表区域（数据与区域）、条件区域（筛选条件）和复制到（筛选结果保存位置），最后单击"确定"按钮即可，如图6-11所示。

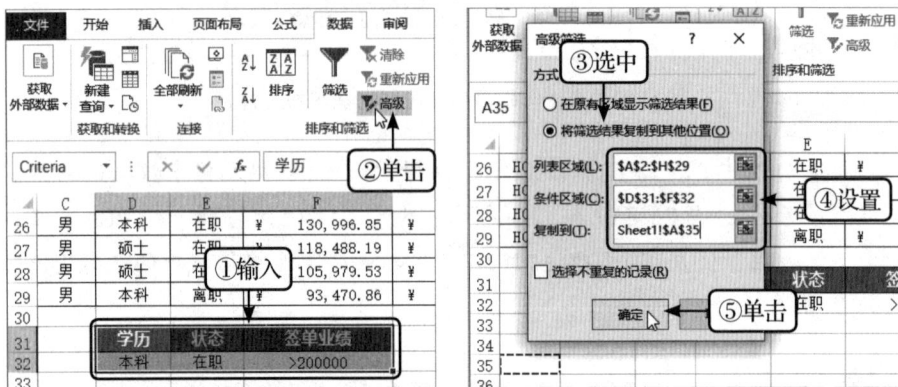

图 6-11 添加筛选条件并设置筛选

筛选结果如图6-12所示。

	编号	姓名	性别	学历	状态	签单业绩		提成		奖金	
35											
36	H002	贺邵武	男	本科	在职	¥	300,000.00	¥	600.00	¥	2,000.00
37	H004	杨娟	女	本科	在职	¥	635,900.00	¥	1,271.80	¥	3,000.00
38	H009	柳絮	女	本科	在职	¥	452,000.00	¥	904.00	¥	3,000.00
39	H010	连城	男	本科	在职	¥	234,000.00	¥	468.00	¥	2,000.00
40	H011	王明亮	男	本科	在职	¥	569,887.00	¥	1,139.77	¥	3,000.00
41	H017	赵臻	男	本科	在职	¥	218,557.50	¥	437.12	¥	2,000.00
42											

图 6-12 查看筛选结果

6.5.5　筛选指定日期范围的业绩数据

人力资源工作者在进行绩效考核过程中，有时需要对日期数据进行筛选，例如要进行一季度绩效考核，则只需要筛选出一季度的数据。因此，有必要掌握日期筛选方法。

| 范例解析 |　筛选2020年7月下旬的销售数据

在对员工的工作业绩进行统计时，很多时候都需要获取一段时间内的数据，此时就可以使用Excel筛选功能中的日期筛选方法。

本例中需要在员工7月份业绩表中筛选出后半个月（7月16日~7月31日）的业绩数据。首先选择任意数据单元格，按【Ctrl+Shift+L】组合键进入筛选状态，单击E2单元格右下角的筛选按钮，选择"日期筛选/之后"命令，在打开的对话框中第一行右侧的文本框中输入"2020/7/15"，单击"确定"按钮，返回工作表即可，如图6-13所示。

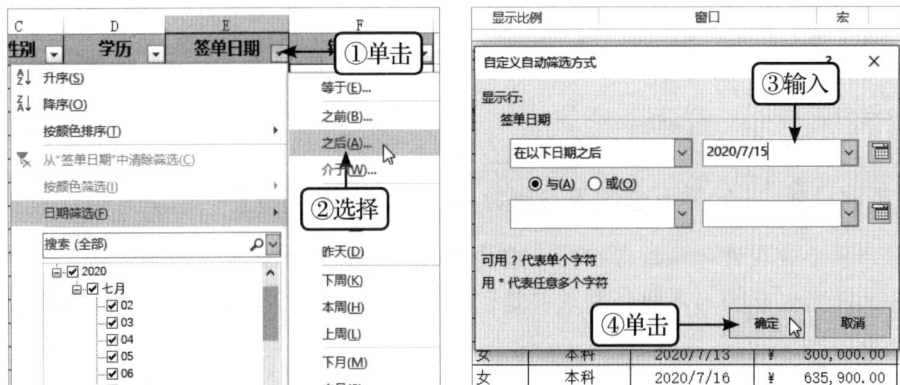

图 6-13　设置筛选条件

筛选结果如图6-14所示。

	A	B	C	D	E	F	G
2	工号	员工姓名	性别	学历	签单日期	销售业绩	
13	XD0004	郭明明	女	本科	2020/7/16	¥ 635,900.00	
14	XD0007	刘毅	男	本科	2020/7/17	¥ 106,549.00	
15	XD0009	王敏	女	本科	2020/7/18	¥ 452,000.00	
16	XD0010	徐佳	女	本科	2020/7/19	¥ 234,000.00	
17	XD0011	杨晓丽	女	本科	2020/7/20	¥ 569,887.00	
18	XD0012	余慧娟	男	本科	2020/7/23	¥ 90,000.00	
19	XD0014	曾红	男	本科	2020/7/23	¥ 123,500.00	
20	XD0016	赵臻	男	本科	2020/7/23	¥ 170,000.00	
21	XD0019	刘江	男	本科	2020/7/23	¥ 787,678.00	
22	XD0021	肖华	男	本科	2020/7/24	¥ 234,000.00	
23	XD0022	刘子琳	女	本科	2020/7/24	¥ 569,887.00	
24	XD0023	李娟	女	本科	2020/7/24	¥ 90,000.00	
25	XD0024	王强	女	本科	2020/7/24	¥ 321,546.00	
26	XD0026	周凯	女	本科	2020/7/24	¥ 200,000.00	
27	XD0027	陈宇	女	本科	2020/7/24	¥ 300,000.00	

图 6-14　查看筛选结果

6.5.6　业绩数据的分类汇总操作

在进行绩效考核时，有时需要对数据按照一定规则进行分类汇总，如果手动进行则会耗费大量时间，如果人力资源工作者能够掌握这一技能，就能够很好地解决这一问题。

| 范例解析 |　分类汇总员工销售数据

某企业在进行绩效考核时，需要用员工的业绩表对员工的销售数据按照员工姓名汇总其半年内的销售业绩，下面具体介绍使用分类汇总实现该要求的操作。

在企业统计的业绩表中选择"员工姓名"字段的任意数据单元格，单击"数据"选项卡"排序和筛选"组中的"升序"按钮。选择任意数据单元格，单击"数据"选项卡"分级显示"组中的"分类汇总"按钮，如图6-15所示。

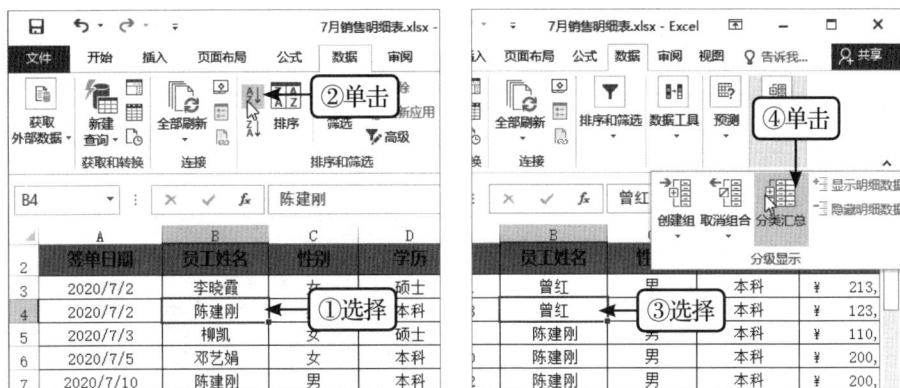

图 6-15　排序并汇总

　　在打开的对话框的"分类字段"下拉列表框中选择"员工姓名"选项，在"选定汇总项"列表框中选中"销售业绩"复选框。单击"确定"按钮后返回到工作表中即可查看最终分类汇总的效果，如图6-16所示。

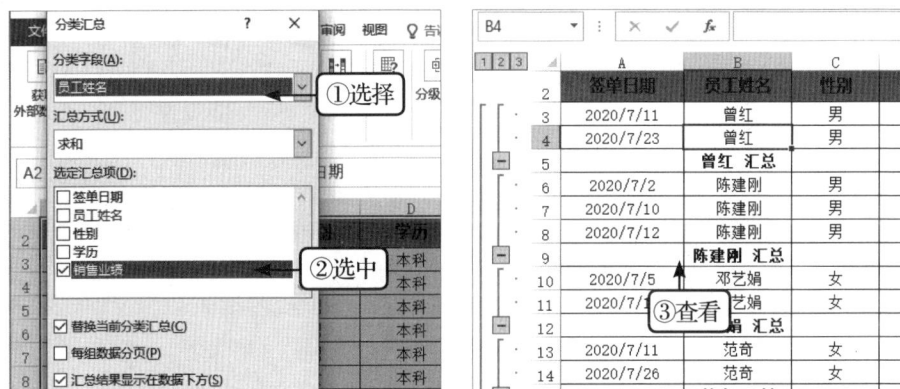

图 6-16　分类汇总效果

知识延伸｜修改和取消分类汇总

　　对工作表进行分类汇总后，如果需要对分类条件进行重新设置，或是取消分类汇总，也是可以轻松实现的。如果需要修改汇总方式或字段，只需要在打开的"分类汇总"对话框中进行修改，保存后即可。

　　如果需要取消分类汇总，同样要先打开"分类汇总"对话框，单击"全部删除"按钮即可，如图6-17所示，回到工作表中即可查看到效果。

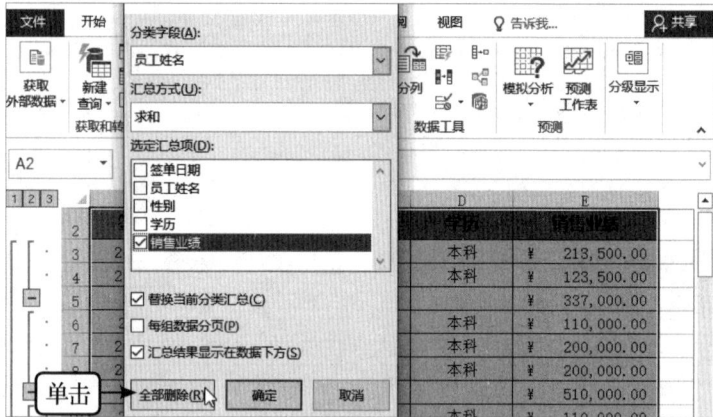

图 6-17　删除分类汇总

第7章

建立与量化薪酬福利体系，公平与合理要兼顾

薪酬福利是员工比较关心的，因此企业需要建立合理的薪酬福利体系，确保企业内部公平。人力资源工作者还需要掌握薪酬福利的计算方法，才能使工作更高效。

7.1 科学地建立薪酬体系

薪酬体系是人力资源体系的重要结构，合理的薪酬体系不仅能够引导员工努力工作，还能规范企业的薪酬管理。那么应当如何建立薪酬体系呢？本节将进行具体介绍。

7.1.1　薪酬体系设计的基本步骤

薪酬体系的设计是一项非常重要且需要细致分析和计算的工作。为保证薪酬体系设计方案的可靠性和可实施性，其设计需要按照科学的步骤进行。图7–1所示为薪酬体系设计的步骤。

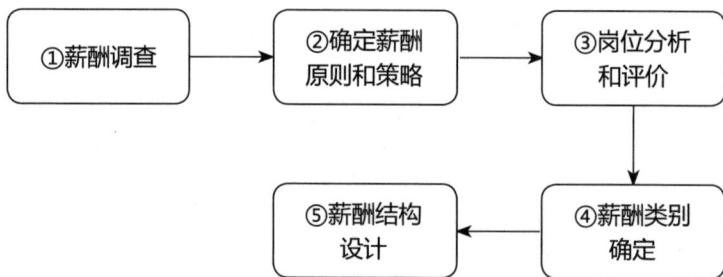

图 7-1　薪酬体系设计的步骤

由图7–1可以看出，企业的薪酬体系设计可分为5个步骤，下面分别对这5个步骤的具体事项进行介绍。

◆ 薪酬调查

薪酬调查应该是薪酬体系设计的首要步骤，只有了解和掌握了企业内外的相关情况和影响因素，才能确保薪酬体系设计的合理性。它解决的是薪酬的对外竞争力和对内公平问题，是整个薪酬设计的基础。只有实事求是进行薪酬调查，才能使薪酬设计做到有的放矢，解决企业薪酬激励的根本问题。

薪酬调查通常是从 3 个方面入手，如表 7-1 所示。

表 7-1　薪酬调查的内容

方　面	具体介绍
企业薪酬现状调查	通过设计科学的调查问卷，从薪酬水平的内部公平、外部公平和自我公平这 3 个角度了解造成现有薪酬体系中的主要问题以及造成问题的原因
薪酬水平调查	主要是对本行业和地区的薪资情况进行调查，如薪资增长状况、不同薪酬结构对比、不同职位和不同级别的薪酬数据、奖金和福利状况、长期激励措施以及未来薪酬走势分析等信息
薪酬影响因素调查	综合考虑薪酬的外部和内部影响因素。外部因素有国家的宏观经济、通货膨胀、行业特点和行业竞争、人才供应状况等。内部影响因素有盈利能力和支付能力、人员的素质要求、企业发展阶段、人才稀缺度和招聘难度等

◆　确定薪酬原则和策略

薪酬原则和策略的确定是薪酬设计后续环节的前提，这一步主要任务是在对企业薪酬管理现状有了充分了解的基础上，确定薪酬分配的依据和原则，进而确定企业有关的薪酬分配政策与策略。例如不同层次、不同系列人员收入差距的标准，薪酬的构成和各部分的比例等。

◆　岗位分析和评价

岗位分析和评价是薪酬设计的基础性工作，重点在于解决薪酬对企业内部的公平性问题。主要工作内容是结合企业的经营和发展战略，再根据企业各岗位的岗位说明书，通过比较各个职位的相对重要性，得出职位等级序列。岗位评价的方法有许多种，企业可以根据自身的具体情况和特点，采用不同的方法来进行。

◆　薪酬类别确定

此步骤要根据企业的实际情况和未来发展战略，对不同级别、不同岗位的员工采用不同的薪酬类别。例如，企业高层管理者可以采用与年度经营业绩相关的年薪制，管理人员和技术人员可以采用岗位技能工资制，营销人员可以采用提成工资制，企业急需的人员可以采用特聘工资制等。

◆ 薪酬结构设计

薪酬体系的结构取决于企业的策略与关注重点，企业采取不同的策略，关注不同的方面都会形成不同的薪酬结构。企业在进行薪酬结构设计时，应综合考虑 4 个方面的因素：一是职位在企业中的层级；二是岗位在企业中的职系；三是岗位员工的技能和资历；四是岗位的绩效，分别对应薪酬结构中的不同部分。

7.1.2　掌握通行的薪酬体系

对于企业而言，合理的薪酬体系应当能够体现公平性，能够对员工起到激励的效果，使员工充分发挥自身的能力。此外，企业选择何种薪酬体系，通常取决于其面对的多种内外部因素。

◆ 外部因素主要指国家的法规政策、社会经济发展状况劳动力供给状况、外部市场薪酬水平等。

◆ 内部因素主要包括企业的性质、发展规模、战略目标、组织文化、现行的薪酬政策等。

目前，国际通行的薪酬体系类型主要有 3 种，分别是职位薪酬体系、技能 / 能力薪酬体系和绩效薪酬体系。

◆ 职位薪酬体系

职位薪酬体系的特征是应用范围广泛，并且最为稳定。职位薪酬体系的内涵是，不同职位承担的职责不同，知识技能、能力要求、工作量以及工作环境也不同，因而其对企业的价值和贡献也有差异。

所谓职位薪酬体系，就是根据员工在组织中的不同职位、岗位特征来确定其薪酬等级与薪酬水平的制度。职位薪酬体系以职位为核心要素，建立在对职位的客观评价基础之上，对事不对人，能充分体现公平性，操作相对简单。

一家企业如果职位明晰、职责清楚，工作的程序性较强，那么就比较适宜采用职位薪酬体系。

◆ 技能 / 能力薪酬体系

随着企业越来越重视人力资源，人才市场的竞争日渐激烈，企业的生存和发展与员工的质量和能力息息相关。一些企业将员工技能、能力状况作为薪酬等级和薪酬水平确定的基本依据，新型的技能 / 能力薪酬制度便应运而生。

技能薪酬体系是指企业根据员工所掌握的与工作有关的技能或知识的广度和深度来确定员工薪酬等级和薪酬水平的薪酬制度。这种根据员工的技能状况来决定薪酬等级与薪酬水平的薪酬体系，往往能够吸引和留住高技能水平的员工，也有利于激发这些员工的工作积极性和潜力。

能力薪酬体系也是一种以员工个人的能力状况为依据来确定薪酬等级与薪酬水平的制度。这种制度适用于企业的中高层管理者和某些专家，他们所从事的工作往往难以用职位说明书进行清晰的描述，工作具有很强的创造性、不可预测性和非常规性，工作目标的实现更多地依靠个人的综合能力。

◆ 绩效薪酬体系

绩效薪酬体系是指根据员工或者团体的实际工作绩效来确定，绩效水平的高低与薪酬挂钩。员工绩效主要从完成工作量、质量以及所产生的效益等方面进行体现。

在绩效薪酬体系下，企业需要建立一套客观、公正的绩效考核体系。因此，这种薪酬体系主要适用于工作程序性、规则性较强且绩效容易量化的职位或团队，以便能够清楚地将绩效与薪酬挂钩。

目前，绩效薪酬体系多以个人绩效为基础，有利于促进个人工作积极性的提高。近年来，一些企业开始探索以团队为基础的绩效薪酬模式。这种做法一方面体现了企业发展的趋势和要求，另一方面也有利于强化企业内部的沟通与合作。

7.1.3　薪酬设计的模式

企业薪酬设计模式有多种，按照不同的划分方式，有不同的分类。这里主要按照构成和主体进行划分，具体薪酬设计模式介绍如表7-2所示。

表7-2　不同划分条件下的薪酬设计模式

划分方式	模式	特点	组合	优缺点
构成	高弹性	绩效薪酬占比大，基本薪酬为次	奖金、津贴比重大。工资、福利比重小	优点：激励作用较强。缺点：收入波动大
	高稳定	薪酬取决于企业经营状况和工龄，绩效薪酬占比低	工资、福利比重大。奖金、津贴比重小	优点：员工收入稳定。缺点：缺乏激励功能，员工易产生惰性
	折中模式	绩效薪酬和基本薪酬各占一定的合理比例	既关注工资、奖金，又关注福利	既能够激励员工，又能够给员工安全感，促进长远目标
主体	老板决定	由老板根据自己的经验确定企业薪酬体系	主要适合规模小，以私有产权为基础的企业	优点：薪酬设计直接，成本低。缺点：缺乏科学性，间接成本较高
	民主协商	通过员工协商确定员工薪酬，再确定企业薪酬体系	适合合作制集体产权为基础的企业	优点：考虑周全，有较好的激励作用。缺点：直接成本高，科学性较差
	专家咨询	委托专家依据理性原则确定员工薪酬，从而确定企业薪酬体系	适合规模较大的企业，不论是公有还是私有产权为基础	优点：较强的科学性，避免薪酬体系制定的矛盾，间接成本低。缺点：直接成本较高

续表

划分方式	模　式	特　点	组　合	优 缺 点
主体	个案谈判	由企业代表和特定员工就员工薪酬进行谈判，确定基本薪酬	适合较大规模企业中极个别、战略人力资源薪酬界定，或企业规模较小或极小	优点：充分考虑人力资源供求双方的需求，更为合理、高效。 缺点：可能会使薪酬管理无序，运作成本较高

知识延伸｜薪酬体系设计原则

　　在设计薪酬体系时，应当遵循一定的设计原则，使薪酬体系与企业更加匹配。薪酬体系设计原则包括：①内部公平性原则；②企业薪酬在外部具有竞争力；③薪酬与绩效相关；④薪酬应当能够激励员工；⑤要考虑企业的支付能力；⑥薪酬设计应当合法；⑦薪酬体系要具有可操作性；⑧薪酬体系要灵活；⑨薪酬体系应当能体现企业自身业务特点以及企业性质、所处区域、行业的特点，并能够满足这些因素的要求。

7.1.4　通过岗位分析设计合理的薪酬制度

　　薪酬体系设计是一个庞大的工程，是企业全体参与的过程，是与其他人力资源管理部分紧密结合的过程。

　　薪酬体系不是靠人力资源部闭门造车、不是靠参加几次培训就能完成的。首先要培育管理环境，保证良好的管理环境，如同培育好的土壤。与上层沟通好，获得支持；与中层沟通好，获得配合；与员工沟通好，获得认同。

　　在此基础上进行岗位分析，才能够设计合理的薪酬制度。岗位分析是保证企业里所有的工作都能合理地分配到合适的人身上，为随后的岗位评价奠定基础。

　　岗位分析活动需要由人力资源部、员工及其主管上级通过共同努力与合作来完成的。通常采用访谈法、问卷法、观察法和现场工作日记／日志法，最后形成职位说明书和工作规范，相关内容的详细介绍参见第二章。

通过岗位分析能够确定各岗位的工作职责、任职标准以及工作内容，通过岗位分析的结果即可进行岗位评价，确定各岗位的价值，然后在薪酬调查的基础上即可确定薪酬体系和薪酬制度。

| 范例解析 |　某公司薪酬制度

第一章　总则

第一条　薪酬管理是企业管理的重要内容，建立合理的薪酬管理体系，是企业经营与发展的需要，是应对外部竞争和内部激励的有效手段。

……

第二章　薪酬结构

第一条　薪酬构成、薪酬分类及适用范围

1.薪酬构成

企业薪酬设计按人力资源的不同类别，实行分类管理，着重体现岗位（或职位）价值和个人贡献。

……

第三章　薪酬定薪、兑现

第一条　薪酬定级

1.薪酬定级基本原则

（1）每个职位的薪资等级应根据公司职务/岗位说明书，综合考虑相关工作经历、学历、职称、劳动技能、责任轻重及潜在发展因素而最终确定。

……

第四章　薪资调整

第一条　个人薪资调整

个人薪资调整主要指员工薪酬级别和所得的调整，在下列情况下进行调整：

（1）岗位调换。岗级不同的岗位调动，薪随岗变。

……

第五章 薪酬发放

第一条 薪酬发放

1.薪资计算

（1）薪资计算项目。

月薪酬＝（基础工资＋岗位职级工资＋绩效工资＋工龄工资＋学历工资＋津贴）－（各项个人应缴保险费＋个人所得税＋其他扣除项目）。

……

以上是某企业的薪酬制度，主要包括总则、薪酬结构、薪酬定薪和兑现、薪资调整以及薪酬发放。其中薪酬结构是最为主要的内容。该薪酬制度的结构可供读者参考。

7.2
通过薪酬调查设定薪酬标准

薪酬调查就是通过一系列标准、规范和专业的方法，对市场上各职位进行分类、汇总和统计分析，最终形成调查报告，为企业薪酬提供相应的决策依据。

7.2.1 薪酬调查的作用与注意事项

薪酬调查是进行薪酬体系设计的重要工作，对于人力资源工作者而言，需要了解薪酬调查的作用和相关注意事项。

薪酬调查工作的主要作用有以下 5 点。

◆ 帮助制定新参加工作人员的起点薪酬标准。

◆ 帮助查找企业内部工资不合理的岗位。

◆ 帮助了解同行业企业调薪时间、水平、范围等。

◆ 了解当地工资水平并与本企业比较。

◆ 了解工资动态与发展潮流。

薪酬调查工作虽然较为简单，但对于薪酬设计工作的意义重大。在进行薪酬调查时，人力资源工作者需要注意 3 个方面的问题。

（1）注意薪酬外部与内部均衡

企业在进行薪酬管理时，要注意企业薪酬的外部均衡和内部均衡问题。外部均衡是指企业员工的薪酬水平与同地域同行业的薪酬水平保持一致，或略高于平均水平；内部均衡主要是指企业内部员工之间的薪酬水平应该与他们的工作成比例。

对于外部均衡而言，一旦出现均衡失调的情况，则会出现两种情况，分别是高于外部平均水平和低于外部平均水平，如图 7-2 所示。

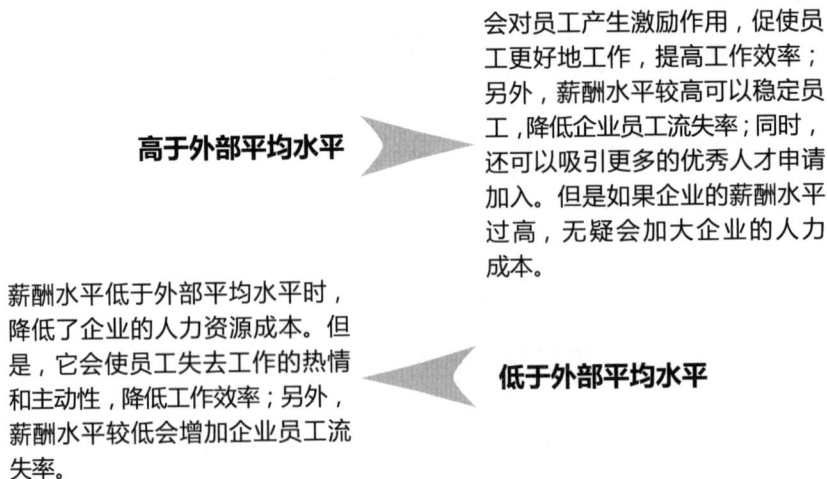

高于外部平均水平 ▶ 会对员工产生激励作用，促使员工更好地工作，提高工作效率；另外，薪酬水平较高可以稳定员工，降低企业员工流失率；同时，还可以吸引更多的优秀人才申请加入。但是如果企业的薪酬水平过高，无疑会加大企业的人力成本。

薪酬水平低于外部平均水平时，降低了企业的人力资源成本。但是，它会使员工失去工作的热情和主动性，降低工作效率；另外，薪酬水平较低会增加企业员工流失率。 ◀ **低于外部平均水平**

图 7-2 外部薪酬失衡的两种情况

人力资源工作者需要对内外薪酬均衡情况非常敏感，利用外部均衡数据对企业薪酬进行实时调节，达到管理的目的。例如当企业需要招聘人才时，可以适当提高企业薪酬水平，起到吸引人才的目的。

（2）薪酬调查原则

在进行薪酬调查的过程中，需要注意，调查方法和途径应当适宜，应当遵循如图 7-3 所示的实操原则。

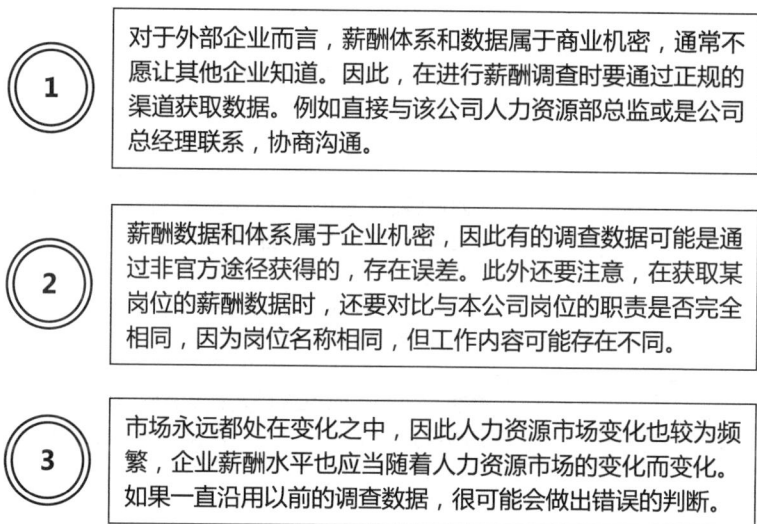

> **1** 对于外部企业而言，薪酬体系和数据属于商业机密，通常不愿让其他企业知道。因此，在进行薪酬调查时要通过正规的渠道获取数据。例如直接与该公司人力资源部总监或是公司总经理联系，协商沟通。

> **2** 薪酬数据和体系属于企业机密，因此有的调查数据可能是通过非官方途径获得的，存在误差。此外还要注意，在获取某岗位的薪酬数据时，还要对比与本公司岗位的职责是否完全相同，因为岗位名称相同，但工作内容可能存在不同。

> **3** 市场永远都处在变化之中，因此人力资源市场变化也较为频繁，企业薪酬水平也应当随着人力资源市场的变化而变化。如果一直沿用以前的调查数据，很可能会做出错误的判断。

图 7-3　薪酬调查原则

（3）薪酬调查渠道运用

薪酬调查的渠道非常广阔，但是各种渠道收集的信息的质量却存在差异，人力资源工作者需要注意。

◆ **企业间相互调查**：相关企业的人力资源管理部门可以采取联合调查的形式，相互之间共享薪酬信息，这种相互调查使双方都受益。

◆ **委托专业机构调查**：通过专业机构调查省去了企业之间的协调费用，但需要向委托的专业机构支付一定的费用。

◆ **从公开信息中了解**：同类企业招聘时的薪金待遇，或是人才交流部门定期发布的一些岗位的薪酬数据。

◆ **从流动人员中了解**：通过来本企业应聘的人员面谈或个人资料中可以了解其他企业的薪酬状况。

7.2.2 薪酬调查的基本程序

薪酬调查工作是一项系统性的工作，在薪酬调查之前，也需要明确薪酬调查的具体流程。实施薪酬调查一般来讲应该分为 4 个步骤，分别是确定调查目的、确定调查范围、选择调查方式以及整理和分析调查数据，如图 7-4 所示。

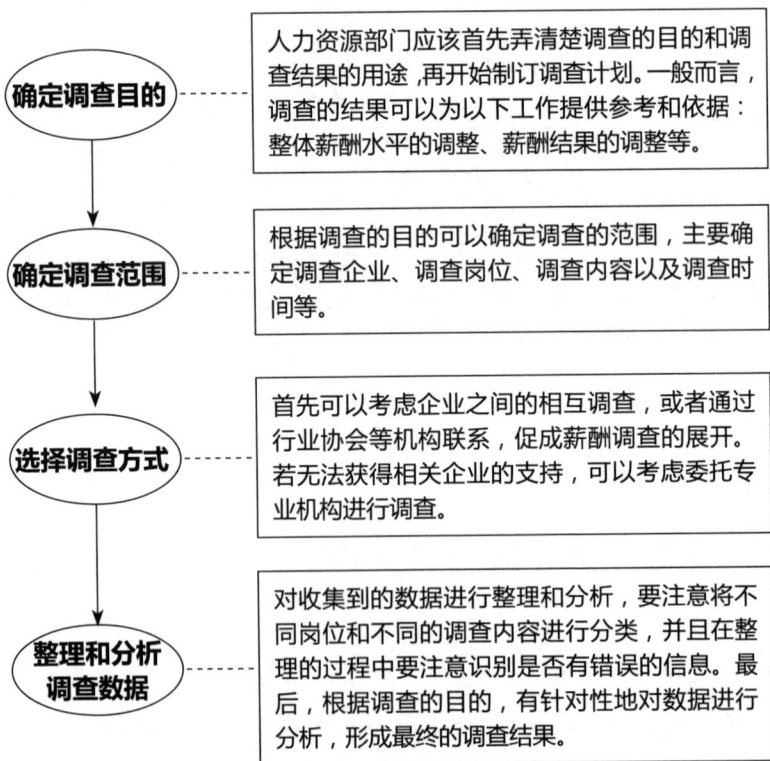

图 7-4 薪酬调查的实施步骤

7.2.3 员工薪酬满意度调查

所谓薪酬满意度是指员工对获得企业的经济性报酬和非经济性报酬与他们的期望值相比较后形成的心理状态。

实施员工薪酬满意度调查有以下 6 个步骤。

①明确薪酬满意度调查目的，例如，诊断企业在薪酬管理方面存在的问题并找出问题的根源。

②成功的薪酬满意度调查需要制订一个完成既定目标的工作计划或方案。计划内容应该包括调查任务、调查提纲、调查时间等。

③薪酬调查的方式有问卷调查法、访谈法和两者结合运用。调查方式确定后，下一步就是调查问卷的设计和取样，或者访谈计划和访谈表的制作。

④调查实施包括 3 个步骤，一是召开会议，进行宣传；二是发放和回收调查问卷，或实施访谈和纪要；三是调查资料的整理和检验。

⑤对收集的资料进行数据处理和记录分析，最后形成一份完整的调查报告。

⑥薪酬满意度调查要紧紧围绕调查目的，采取相应的调整行动。

| 范例解析 | 某企业的薪酬满意度调查问卷

尊敬的同仁：

您好！为构建公司薪酬管理体系，人力资源行政部准备了一份调查问卷，以了解您对公司薪酬管理的看法。本次调查采取匿名的形式，答案无对错之分，请您根据自身的实际情况如实填写。非常感谢您的支持与配合！

1.您的工作岗位是：

A.经理　B.主管　C.工程师　D.技术员　E.机械员

2.您的年龄是：

A.20～25岁　B.26～30岁　C.31～35岁　D.36～40岁　E.40～50岁　F.50～29岁

3.您的最高学历为：

A.高中　B.中专　C.大专　D.本科　E.硕士

4.您的工作年限为：

A.1～3年　B.3～5年　C.5～10年　D.10～15年　E.15～20年　F.20年以上

5.您目前的薪资级别：

A.初级机械员　B.机械员　C.中级机械员　D.高级机械员　E.助理技术员
F.技术员　G.中级技术员　H.高级技术员　I.助理工程师　J.工程师　K.中级工程师

6.您目前的税前工资为＿＿＿＿＿＿＿＿＿

7.您对自己目前的薪酬水平：

A.非常满意　B.比较满意　C.一般　D.不满意　E.很不满意

8.您期望的工资（税前）为＿＿＿＿＿＿＿＿＿

9.您认为您的薪酬与您对公司的贡献：

A.非常相称　B.相称　C.基本相称　D.不相称　E.不确定

10.和同行业类似岗位相比，您认为自己的薪酬水平如何：

A.非常高　B.较高　C.持平　D.较低　E.非常低

11.据您了解，同行业同级别其他公司的人员工资为＿＿＿＿＿＿＿

12.您对目前薪酬的合理性评价是：

A.非常科学合理　B.科学合理　C.较科学合理　D.不够科学合理　E.不确定

13.您对目前薪酬制度对人才吸引性的评价是：

A.非常吸引　B.吸引　C.较吸引　D.不够吸引　E.几乎没有吸引力

14.与公司内部同级别的其他员工相比，您对自己的工资评价是：

A.非常公正与公平　B.较公正与公平　C.不确定　D.不够公正与公平　E.完全不公正与公平

15.您对公司的人员结构合理性的评价是：

A.非常科学合理　B.科学合理　C.较科学合理　D.不够科学合理　E.不确定

16.您认为目前薪酬制度对员工的激励性如何：

A.激励性很强　B.有较强的激励性　C.不确定　D.激励性不够　E.非常差

17.您认为公司薪酬分配体现了以下哪种原则：

A.按能力付薪　B.按岗位付薪　C.按业绩付薪　D.平均主义　E.按个人偏好付薪

18.当您工作绩效明显改善时，您的薪酬会增加吗：

A.一般都会增加　B.有时会增加　C.很少增加　D.不确定　E.不会增加

19.您认为浮动收入（如奖金等）在薪酬中占比多少比较合适：

A.0　B.20%　C.30%　D.40%　E.50%

20.您觉得员工离职的主要原因是：

A.薪酬是首要原因　B.和薪酬有一定关系，但非主要原因　C.和薪酬关系很小　D.不确定　E.与薪酬没有关系

再次感谢您完成了这份调查问卷！不知您是否有一些我们未在调查问卷中列出的观点需要表达？如果有，请把它们写出来。

以上是某公司的一份薪酬满意度调查问卷，该问卷以封闭式问题为主，包含少量的开放式问题。人力资源工作者在制订调查问卷时，应当注意封闭式问题与开放式问题相结合。

7.3
福利体系的设计

对于企业而言，通常同时包含薪酬和福利。福利作为一种间接报酬，是必不可少的，本节将具体介绍福利体系设计的相关内容。

7.3.1 常见的福利项目

福利主要指企业给员工提供的用以改善员工本人及其家庭生活质量的，以非货币工资或延期支付形式为主的各种补充性报酬和服务。

一般来说，企业福利由法定福利和企业自主福利两部分组成。下面具体介绍常见的企业福利，如表 7-3 所示。

表 7-3　常见的十大类福利

类　别	具体介绍
法定类	属于经济和社会制度，包括社会保险及带薪假期
保险类	有的保险是由企业承担，有的是由企业和个人共同承担，包括医疗保险、补充医疗保险、工伤保险、养老保险、住房公积金、年金和退休计划等
补助类	即日常的补助，这也是很多求职者看重的部分，包括交通补助、通信补助、住房补助、结婚补助和生育补助等
活动类	为了加强员工关系的活动，比如员工活动、员工聚餐和员工旅游等
实物类	在日常工作中或者特殊节日发放的物品类，比如购物卡、代金券、图书、水果、电影票、健身卡、美容卡和日用品等
公司层面类	这类是和公司息息相关的一种福利，能够把企业和个人紧密地联系起来。如奖金、津贴、员工持股、员工股票期权、节假日 / 生日礼金和本公司产品优惠等
生活保障类	最基本的生活保障和社会保障，包括购房贷款、购车贷款和员工互助基金等

续表

类　　别	具体介绍
俱乐部类	包括游泳、健身俱乐部、篮球俱乐部、乒乓球俱乐部和象棋俱乐部等
身心健康类	越来越多的公司注重员工的身体和心理健康，包括年度体检、健康顾问和EAP（Employee Assistance Program，员工帮助计划）等
个人发展类	这是公司提供给员工全面发展和不断成长的福利，如员工职业生涯规划、进修教育和图书阅览室等

7.3.2 员工福利计划的制订

员工福利计划一般是指企业为员工提供的非工资收入福利的综合计划，福利计划所包含的项目内容可由各企业根据其自身实际情况加以选择和实施。福利计划的制订方法如图7-5所示。

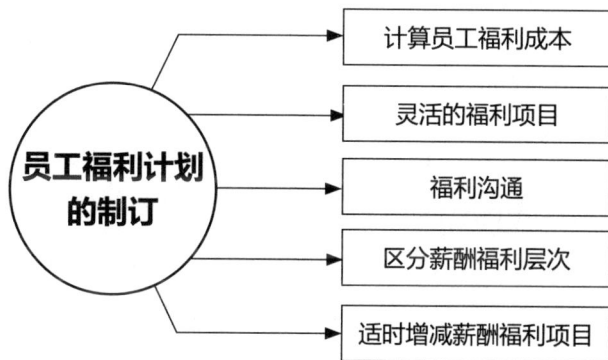

图 7-5　福利计划的制订方法

下面分别进行具体介绍。

（1）计算员工福利成本

人力资源工作者在制订企业福利计划时，应当根据企业的自身能力和市场竞争环境的实际情况制订符合公司可持续发展的福利计划，深入分析员工的福利成本。

明确企业福利成本的常用方法有 4 种，如图 7-6 所示。

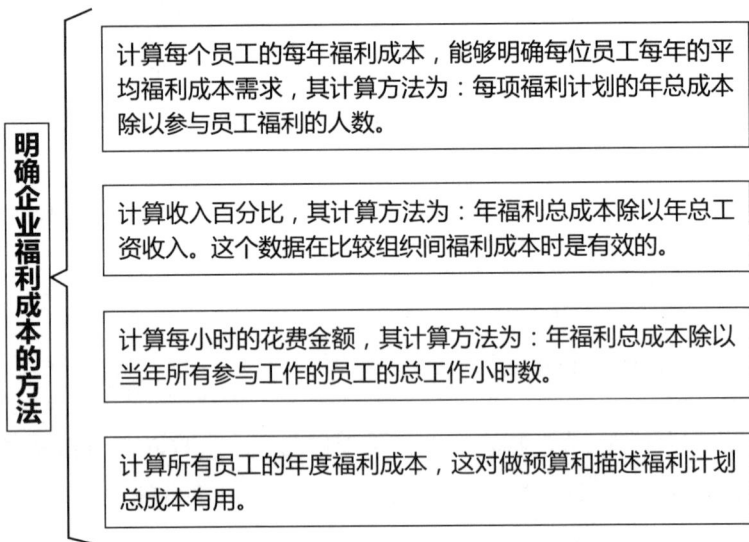

图 7-6 明确企业福利成本的方法

（2）灵活的福利项目

灵活的福利项目不是让所有员工享受同样的福利政策，而是让每个员工都有权利在备选方案中选择同等价值的福利。即"自助餐方式"，因为不同年龄阶段、不同价值观的人所需求的是不一样的，按需求发放员工福利能够在最大程度上实现员工满足感和自豪感，促进员工的工作积极性，提高企业的经济效益。

通常情况下，福利计划中企业都会为员工提供复合型的福利项目，主要可以分为两类，分别是基本福利项目和选择福利项目。

基本福利项目。基本福利项目包括适度的医疗保险、与年薪相当的人寿保险、基于服务期限的假期以及一些退休金支付等。

选择福利项目。选择福利项目包括完全的医疗保险、更长的假期、额外的伤残收入以及公司对退休基金的更高支付等，这种运行模式在很大程度上符合社会发展的需要。

（3）福利沟通

福利计划制订好后还需要进行福利沟通，让员工充分了解企业的福利，以及员工能够享受到的待遇，使之更加愿意接受福利计划。有效的福利沟通可达到如表 7-4 所示的目的。

表 7-4　有效的福利沟通的目的

目　　的	具体描述
让员工注意到福利	要让员工认可福利计划，首先要让员工注意到福利，可通过定期提醒员工注意自己的某项福利以及在需要的时候帮助员工实现福利
帮助员工理解福利项目	帮助员工理解他们所获得的福利信息，以便能从福利计划中得到更多的好处
获得员工信任	在实行福利计划的过程中，要逐步赢得员工的信任，让员工相信其获得的福利信息是真实可靠的
让员工相信福利的价值	福利计划为员工提供的福利是各不相同的，通过福利沟通要让现在和将来的员工相信福利的价值，避免福利弱化

（4）区分薪酬福利层次

企业应当按照员工对企业的贡献程度，将薪酬福利设定为不同的等级层次。既要规定哪些福利属于保障性福利，是全体员工都应享有的；也要规定哪些福利属于绩效性福利，只有工作绩效达到时才能享有的，而且达到不同的绩效，享受不同的绩效福利。

（5）适时增减薪酬福利项目

企业业绩会随着市场环境的变化而有起有落，企业的薪酬福利一定要及时地反映企业业绩的变化。如果企业业绩转好，应当适时地增加一些新的薪酬福利项目；如果企业业绩下降了，也要相应地暂时性裁减部分薪酬福利项目。

通过薪酬福利变化让员工感知企业生存发展的变化，取得员工对企业的认同感，以此可以培养员工和企业息息相关的潜意识。

7.3.3　制订福利计划要考虑的因素

员工福利计划并不是只依靠人力资源部门进行制订就能成功的，而是需要综合考虑各个方面的因素，才能制订出合理的福利计划。

因此，企业在制订员工福利计划时，需要综合考虑企业内、外部的各种因素以及员工因素，具体介绍如表 7-5 所示。

表 7-5　制订福利计划需要考虑的因素

分　类	因　素	具体介绍
外部因素	国家法律法规	即法定福利和非法定福利，由于国家的法律法规对于企业的行为具有强制约束力，所以企业在制订福利计划时，要在法律规定的范围内进行
	社会物价水平	物价水平主要影响员工的福利水平和企业的福利支出。当整个社会的物价水平上涨时，为了保证员工的福利水平不变，支付给他们的货币福利也要相应增加
	劳动力市场的状况	如果企业的劳动力需求一定，劳动力市场的紧张造成劳动力供给减少时，企业的薪酬福利水平要相应提高；反之，企业就可以维持，甚至降低其薪酬福利水平
	竞争对手福利状况	当其他竞争对手的福利水平、福利内容、福利形式等发生变化时，为了保证外部的公平性，企业也要相应地调整福利计划，否则就有可能造成在职员工流失
内部因素	企业的发展阶段	企业在制订福利计划时也要考虑到自己所处的发展阶段，从而保证福利计划符合企业的实际情况
	企业的经济效益	企业的经济效益直接制约着员工福利水平的确定，它是福利计划各项决策得以实现的物质基础
	企业的管理理念	员工福利计划的定位，很大程度取决于企业的管理理念和企业的人力资源战略，切实为员工考虑才更容易被员工接受

续表

分　类	因　素	具体介绍
内部因素	员工的薪酬水平	员工的薪酬水平在很大程度上决定了他们对福利的认可程度和对福利内容的接受程度，企业设计福利计划，必须注意不同收入水平的员工的需要
员工因素	员工需求	为了更好地激发员工的工作积极性，企业就要根据员工的需求来提供福利，这样才能提高福利的针对性和有效性
	员工绩效	为了提高员工福利的效果，福利应当在一定程度上与绩效挂钩，起到一定的激励作用
	工作年限	工龄越长的员工，企业提供的福利往往也会越多，这样可以在一定程度上减少员工的流失率
	年龄和文化程度	员工在年龄和文化程度上的差异，会导致他们对福利项目有不同的偏好。因此，企业的福利内容应根据自身情况制定
	工作压力和工作紧张程度	员工福利有释放工作压力、缓解紧张情绪的功能。工作压力越大，紧张程度越高，员工就更需要相关福利

可以看出，企业在制订员工福利时，需要考虑的因素较多，只有将所有需要注意的点都考虑到了，最终制订出的福利计划才是与企业相匹配的，否则将难以达到福利的效果。

7.3.4　社保与住房公积金福利的办理

社保和住房公积金都属于企业为员工提供的福利，人力资源工作者应当掌握社保和住房公积金的办理流程。

（1）社保的办理流程

为员工缴纳社保是企业的责任与义务，更是一种对员工负责任的表现。作为人力资源管理工作人员，为员工办理和缴纳社保是必须要掌握的工作。图 7-7 所示为社保办理的流程。

企业与新员工签订了劳动合同并办理完入职手续后，由人力资源部的同事按规定为新员工办理社保保险开户登记。

新员工首次参保

新员工在当地已参加过社保

公司 HR 先登录当地的社会保险网上经办系统，进入本单位添加新员工的信息，然后申办社保账户，此时系统会自动为新员工生成一个社保保障号和社保编码。

公司 HR 先登录当地的社会保险网上经办系统，进入本单位添加新员工的信息。

完善新员工的个人基础信息和就职信息，保存录入的数据，然后执行打印操作，即可下载社会保障卡申办登记表。

信息填写完毕后，系统会自动识别该员工在本单位办理了社保登记，公司就可在规定的时间内为新员工办理缴纳社保费的事宜。

将新员工提供的身份证复印件进行裁剪，并将正反面粘贴到社会保障卡申办登记表的相应栏次内，完善表格信息的填写。

注意，此时新员工已经有社会保障卡，企业无须再打印下载社会保障卡申办登记表。

将填写好的社会保障卡申办登记表提交到当地的社保局，由社保局工作人员审核，通过后即可为员工领取社会保障卡。

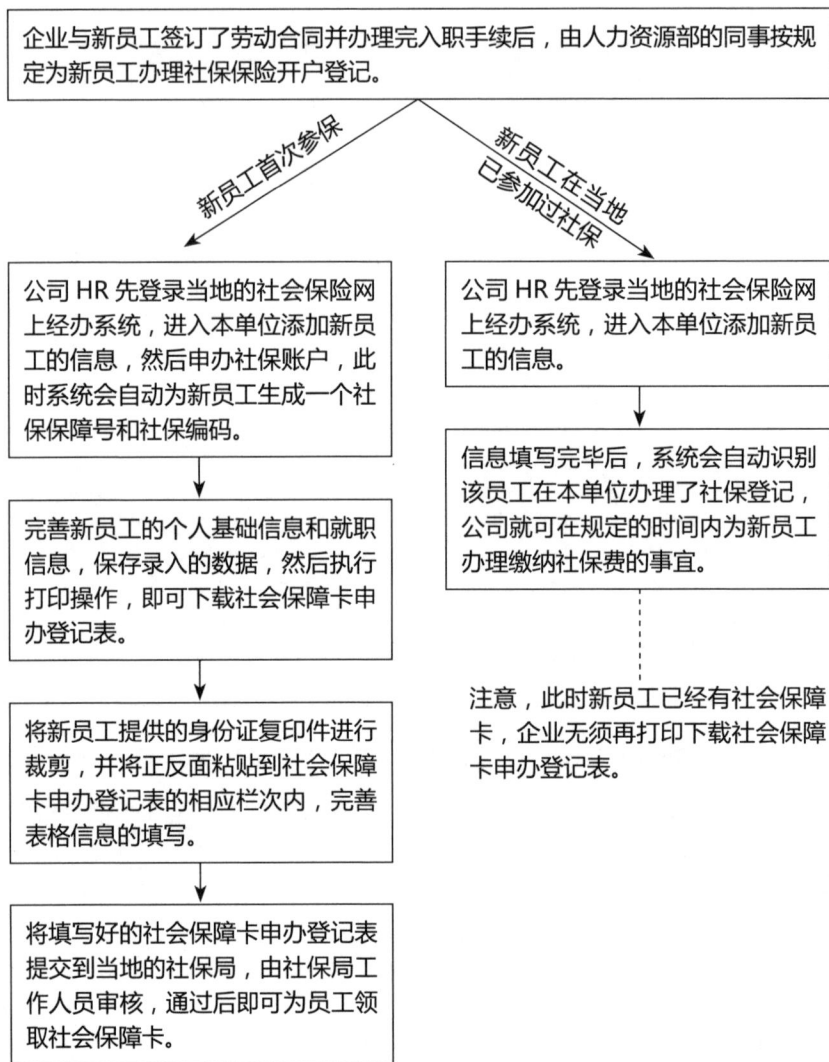

图 7-7　社保办理流程

（2）住房公积金的办理流程

单位初次办理住房公积金，首先需要开户，其大致流程如图 7-8 所示。

首先，公司 HR 登录当地住房公积金管理中心的官网，进入单位业务办理模块，通过填写单位登记信息表录入本企业的基本信息。

⇩

然后，填写单位开户信息表，完成企业住房公积金缴存登记。如果选择委托银行收款缴纳公积金，则需填写委托收款信息表。

⇩

接着，系统会自动生成单位网上办理住房公积金登记开户申请表，下载并打印该表格。

⇩

最后，HR 将表格中的内容填写完毕后，携带该表和营业执照原件及复印件等，到当地住房公积金管理中心申请办理住房公积金开户。

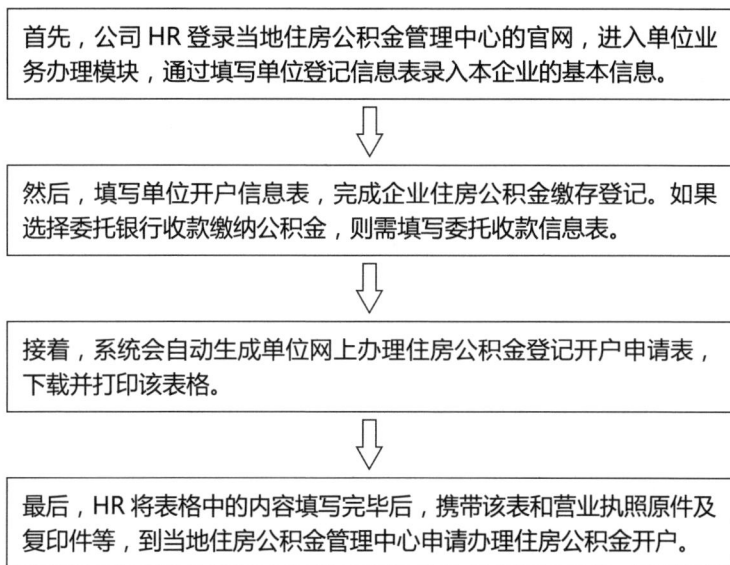

图 7-8　公积金账户开立步骤

当有新员工入职时，HR 要带齐相关材料，包括新入职员工的身份证明和入职证明等，到当地住房公积金管理中心为员工办理住房公积金开户手续；或者直接持新入职员工的身份证在当地住房公积金管理中心官网上办理新增即可。

如果新入职的员工是从其他单位转入的，公司也需要先办理好新增，然后等待原单位的公积金停办之后，公司再为新员工办理住房公积金转入手续。办好之后，新员工之前交的公积金金额就可以转到公司为其新开的账户上，其中可能涉及的资料包括公积金变更清册、公积金汇缴书以及公积金转移通知书等。

注意，根据《住房公积金管理条例》的规定，企业在办理了住房公积金缴存登记后 20 日内，要为本企业的职工办理住房公积金账户设立手续。

7.4
掌握方法，高效核算薪酬数据

薪酬体系建立后，在实施过程中还需要对薪酬数据进行核算，因此人力资源工作者有必要掌握薪酬数据核算的相关方法。

7.4.1 出勤工资的计算

出勤工资主要是根据企业员工的出勤情况计算其应得工资，通常情况下出勤工资的占比较低。考勤工资可以监督员工的出勤状况，还能为薪酬表提供相应的考勤扣额数据。

| 范例解析 | 某企业的出勤情况和出勤工资计算

某公司是一家销售企业，该公司对员工出勤有如下规定。

（1）迟到半小时内扣50元，迟到1小时内扣100元，迟到1小时以上扣200元。

（2）病假扣50元，事假扣200元，旷工扣300元。

（3）满勤奖为200元。

根据出勤情况，计算出勤工资。

已知考勤数据，选择H6:H15单元格区域，在编辑栏中输入公式"=E6*50+F6*200+G6*300"，计算请假应扣额；同样的，选择L6:L15单元格区域，在编辑栏中输入公式"=I6*50+J6*100+K6*200"，计算迟到应扣额；选择M6:M15单元格区域，在编辑栏中输入公式"=SUM(H6+L6)"，计算应扣总额；最后选择N6:N15单元格区域，在编辑栏输入公式"=IF(M6=0,200,"")"，计算员工的满勤奖，如图7-9所示。

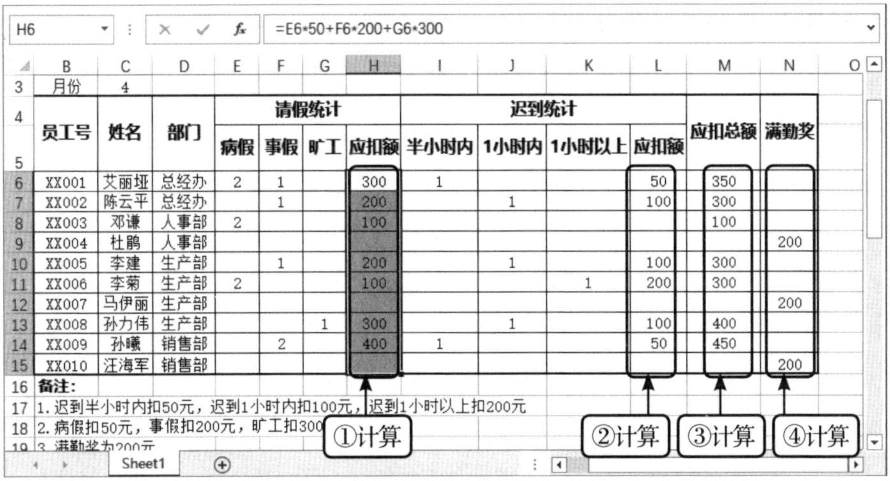

	B	C	D	E	F	G	H	I	J	K	L	M	N
3	月份	4											
4	员工号	姓名	部门	请假统计				迟到统计				应扣总额	满勤奖
5				病假	事假	旷工	应扣额	半小时内	1小时内	1小时以上	应扣额		
6	XX001	艾丽垭	总经办	2	1		300	1			50	350	
7	XX002	陈云平	总经办		1		200		1		100	300	
8	XX003	邓谦	人事部	2			100					100	
9	XX004	杜鹃	人事部										200
10	XX005	李建	生产部		1		200		1		100	300	
11	XX006	李菊	生产部	2			100			1	200	300	
12	XX007	马伊丽	生产部										200
13	XX008	孙力伟	生产部			1	300		1		100	400	
14	XX009	孙曦	销售部		2		400	1			50	450	
15	XX010	汪海军	销售部										200
16	备注:												
17	1. 迟到半小时内扣50元，迟到1小时内扣100元，迟到1小时以上扣200元												
18	2. 病假扣50元，事假扣200元，旷工扣300												
19	3. 满勤奖为200元												

图 7-9　计算出勤工资

7.4.2　加班工资的计算

对于员工而言，加班可能在所难免，当企业遇到紧急工作时，需要安排员工加班，当然企业需支付员工加班费用。关于加班，国家法律明确规定，“用人单位由于生产的需要，经与工会和劳动者协商后可以延长工作时间，一般每日不得超过一小时；因特别情况需要延长工作时间的，在保障劳动者自身健康的条件下延长工作时间每日不得超过三小时，且每月不得超过三十六小时。”

关于加班工资的规定如下。

- 安排劳动者延长工作时间的，支付不低于工资的 150% 的工资报酬。
- 休息日安排劳动者工作又不能安排补休的，支付不低于工资的 200% 的工资报酬。
- 法定休假日安排劳动者工作的，支付不低于工资的 300% 的工资报酬。

| 范例解析 |　某企业6月份的加班工资计算

　　某企业因为工作需要，需要员工经常工作超过8个小时，但基本上休息日不加班，因此需要计算6月份的加班工资，加班工资为普通工资的150%。

　　打开数据表，选择E3:E16单元格区域，在编辑栏中输入公式"=C3/(21.75*8)*D3*150%"，按【Ctrl+Enter】组合键进行计算，然后单击"开始"选项卡中的"数字格式"下拉按钮，在下拉菜单中选择"货币"选项，如图7-10所示。

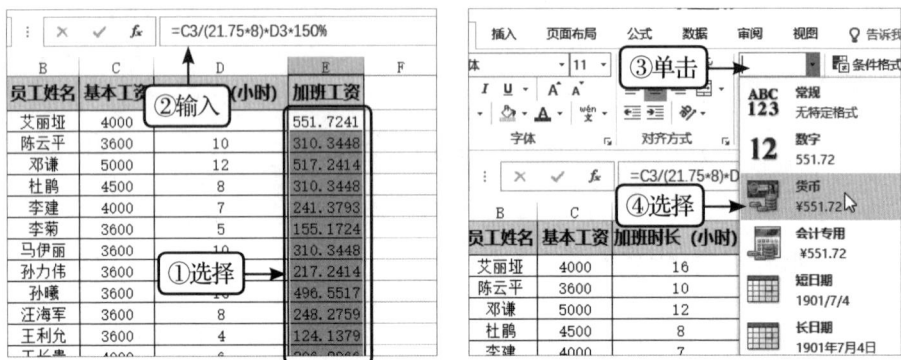

图7-10　计算加班工资并设置单元格格式

　　根据国家相关法律规定：每月平均工作时间为20.83天=（365-104-11）÷12；月计薪天数为21.75天=（365-104）÷12；全年制度工作时间为250天=365-104-11；全年节假日及公休日为115天=104+11；小时工资=月工资收入÷（21.75×8）。

　　因此，前面的Excel公式中，"C3/(21.75*8)"计算的是员工当月每小时的工资。而加班工资为普通工资的1.5倍，即可得到计算公式"=C3/(21.75*8)*D3*150%"。

7.4.3　绩效工资的计算

　　上一章介绍了绩效考核的相关内容，绩效考核是为了发现企业员工的工作状况，并且需要在薪酬上有所体现。因此，人力资源工作者就需要了解绩效工资的计算方法。

绩效奖金是根据员工的绩效考核结果给予的一次性奖励。企业具体需拿出多少作为考核，还需根据工资金额、考核力度以及被考核员工的可接受程度等因素进行综合考量。

| 范例解析 |　某企业员工绩效奖金的计算

某企业对员工实行了绩效考核，现在需要对员工的绩效工资进行计算，需要使用以下公式。

◆　绩效奖金＝绩效基数 × 绩效评价汇总系数（假设该值为1.2）。

◆　绩效基数＝岗位工资 × 该岗位系列拆分比例。

◆　个人当月奖金基数＝以考评的绩效分数作为系数 × 绩效基数。

◆　个人绩效系数＝个人当月奖金基数 / 当月总的奖金基数。

现在已知绩效基数和员工的绩效总分，规定98分以下的员工没有绩效工资，98分（含98分）以上人员享受奖金，分配当月部门所得全部奖金金额，需要计算员工实得金额。

在工作表中选择E3:E15单元格区域，在编辑栏输入公式“=IF(D3>=98,C3*D3%,0)”，计算98分以上的奖金基数。然后在C16单元格中输入公式“=SUM(C3:C15)*1.2”计算绩效基数总额，在E16单元格中通过SUM()函数计算98分以上的奖金基数的总和，如图7-11所示。

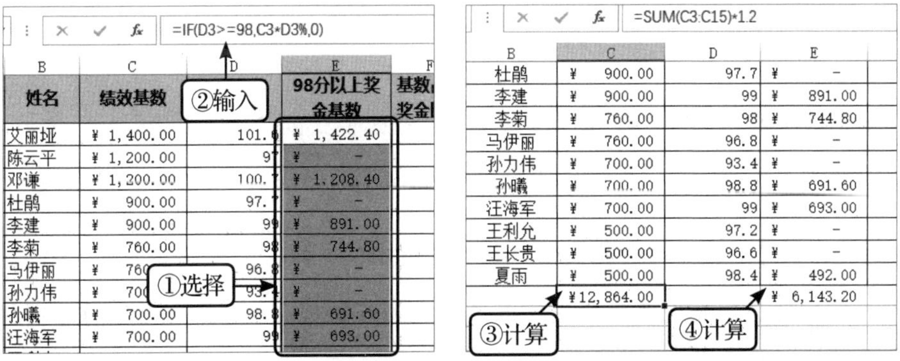

图 7-11　计算奖金基数并汇总基数总额

选择F3：F15和G3：G15单元格区域，分别在编辑栏中输入公式"=ROUND(E3/$E$16,2)"和"=F3*$C$16"，计算基数占总奖金的比重和实得奖金，如图7-12所示。

	A	B	C	D	E	F	G	H
G3				fx	=F3*$C$16			
2	个人编号	姓名	绩效基数	②输入 分	98分以上奖金基数	基数占总奖金比重	实得奖金	
3	XX001	艾丽娅	¥ 1,400.00	101.6	¥ 1,422.40	0.23	¥ 2,958.72	
4	XX002	陈云平	¥ 1,200.00	97	¥ –		¥	
5	XX003	邓谦	¥ 1,200.00	100.7	¥ 1,208.40	0.2	¥ 2,572.80	
6	XX004	杜鹃	¥ 900.00	97.7	¥ –		¥	
7	XX005	李建	¥ 900.00	99	¥ 891.00	0.15	¥ 1,929.60	
8	XX006	李菊	¥ 760.00	98	¥ 744.80	0.12	¥ 1,543.68	
9	XX007	马伊丽	¥ 760.00	96.8		①选择	¥	
10	XX008	孙力伟	¥ 700.00	93.4	¥ –		¥	
11	XX009	孙曦	¥ 700.00	98.8	¥ 691.60	0.11	¥ 1,415.04	
12	XX010	汪海军	¥ 700.00	99	¥ 693.00	0.11	¥ 1,415.04	
13	XX011	王利允	¥ 500.00	97.2	¥ –		¥ –	
14	XX012	王长贵	¥ 500.00	96.6	¥ –		¥ –	

图 7-12　计算实得奖金

由于ROUND()函数返回一个数值，该数值是按照指定的小数位数进行四舍五入运算的结果。因此"=ROUND(E3/$E$16,2)"的含义是计算"E3/$E$16"，计算结果保留两位小数。

7.4.4　提成工资的计算

提成工资是在将职工的标准工资进行适当折扣作为其固定工资的基础上，再根据劳动者完成的利润额或营业额进行分成，从而取得劳动报酬的一种工资形式。

提成工资在销售型企业中特别常见，普通企业也会存在提成工资。因此，人力资源工作者需要掌握提成工资的计算方法。

| 范例解析 |　某销售企业员工的提成奖金计算

某销售企业提成奖金的计算与其销售金额相对应，并且采用不同的销售金额来计提奖金的比例。

该企业规定：销售额小于 10 万元，奖金提成比例为 1%；销售金额小于 15 万元，大于等于 10 万元，奖金提成比例为 2%；销售金额小于 20 万元，大于等于 15 万元，奖金提成比例为 3%；销售金额小于 25 万元，大于等于 20 万元，奖金提成比例为 4%；销售金额大于等于 25 万元，奖金提成比例为 5%，但不超过 15 000 元。

根据以上条件，首先需要判断奖金比例，选择 G5:G11 单元格区域，在编辑栏中输入公式"=IF(F5>=250 000,5%,IF(F5>=200 000,4%,IF(F5>=15 0000, 3%,IF(F5>=100 000,2%,IF(F5<100 000,1%)))))"，计算奖金比例。然后选择 H 列需要计算提成奖金的单元格，在编辑栏中输入公式"=IF(F5<300 000, ROUND(F5*G5,0),150 000)"进行计算，如图 7-13 所示。

图 7-13　计算提成奖金

7.4.5　个税的计算

根据国家规定，个人月收入超出规定的金额后，应依法缴纳一定数量的个人所得税。但不同的城市根据人均收入水平的不同，个人缴纳的所得税也不相同。

目前我国个人所得税的起征点为 5 000 元，超过 5 000 元的则根据超出额的多少按相应个税税率进行计算。表 7-6 所示为按月计算的 7 级超额累进税率表。

表7-6　7级超额累进税率表

级　数	全月应纳所得税税额	税　率	速算扣除数（元）
1	全月应纳税额不超过3 000元部分	3%	0
2	全月应纳税额超过3 000～12 000元部分	10%	210
3	全月应纳税额超过12 000～25 000元部分	20%	1 410
4	全月应纳税额超过25 000～35 000元部分	25%	2 660
5	全月应纳税额超过35 000～55 000元部分	30%	4 410
6	全月应纳税额超过55 000～80 000元部分	35%	7 160
7	全月应纳税额超过80 000元	45%	15 160

个人所得税计算的基本公式如下。

应纳税所得额=（月收入-五险一金-起征点-依法确定的其他扣除-专项附加扣除）×适用税率-速算扣除数

| 范例解析 | 计算员工的代扣个税

某企业的工资表中已经根据各项工资数据计算出了应发工资（即应纳税所得额），现需要根据其计算员工的应交税费，即代扣个税。

首先在员工工资表中选择O4:O23单元格区域，在编辑栏中输入公式"=ROUND(MAX((N4-5 000)*{0.03,0.1,0.2,0.25,0.3,0.35,0.45}-{0,210,1 410,2 660,4 410,7 160,15 160},0),2)"，按【Ctrl+Enter】组合键即可计算代扣个税，如图7-14所示。

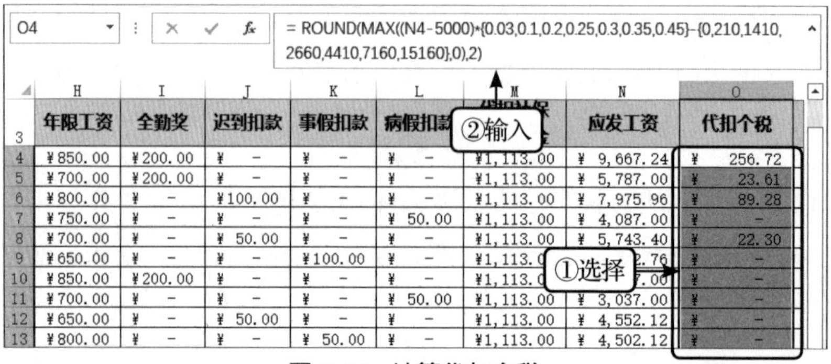

图7-14　计算代扣个税

上述公式中，{0.03,0.1,0.2,0.25,0.3,0.35,0.45}是个税的税率，{0,210,1 410,2 660,4 410,7 160,15 160}是各级别的个税扣除额。税率对应的级别小于纳税额时，税率越大，税额越大，符合所缴税款和所得相匹配的原理。如果税率对应的级别大于纳税额时，税率越大，税额越小，因为扣减了超额的扣除数，这样保证了缴税数组里最大的值一定是最符合相应税率的。因此使用MAX()函数求解最大值，最后使用ROUND()函数进行四舍五入。

知识延伸｜个税计算的其他公式

上面介绍的公式如果难以理解，下面这个公式则有利于理解，但较为复杂。
"=ROUND(IF((N4-5 000)>80 000,(N4-5 000)*0.45-15 160,IF((N4-5 000)>55 000,(N4-5 000)*0.35-7 160,IF((N4-5 000)>35 000,(N4-5 000)*0.3-4 410,IF((N4-5 000)>25 000,(N4-5 000)*0.25-2 660,IF((N4-5 000)>12 000,(N4-5 000)*0.2-1 410,IF((N4-5 000)>3 000,(N4-5 000)*0.1-210,IF((N4-5 000)>0,(N4-5 000)*0.03,0)))))),2)"。

7.5 工资数据的统计分析与打印

完成个税计算后，即可计算出员工的实发工资，员工的工资数据中包含的信息较多，可以对其进行分析，了解企业薪酬福利的具体情况，最后还需要制作工资条并打印工资表与工资条。

7.5.1 员工工资收入对比

公司经营活动中，因各部门员工为公司带来的效益、所在岗位、员工学历层次和工作经验等不同，会造成员工收入之间的差距。对员工工资收入情况进行统计分析时，可以将同一岗位层级的员工进行对比，通过对比分析，保证工资收入差距的合理分布。

| 范例解析 |　分析公司一般员工的工资数据

　　某企业在对员工工资数据进行分析时，需要对比分析一般员工的工资数据，并统计最小应付工资、实付工资平均值和实付工资最大值。

　　首先根据员工工资表创建数据透视表，将"部门"字段拖到"行"区域，分别拖动"应付工资、实付工资、实付工资2"字段到"值"区域。拖动"层级"字段到"筛选器"区域，分别设置三个字段的值，汇总依据为"最小值""平均值"和"最大值"，如图7-15所示。

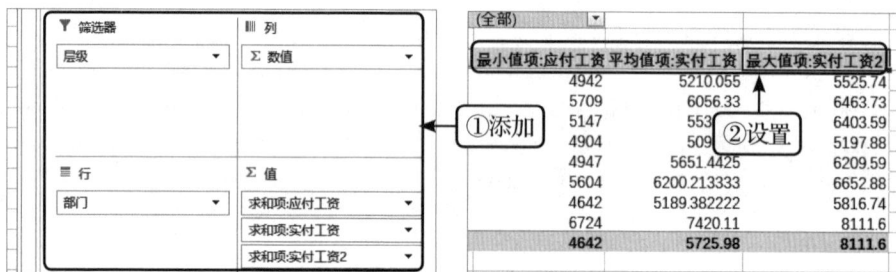

图 7-15　创建数据透视表

　　单击"全部"单元格右侧的下拉按钮，选择"一般员工"选项，然后选择不包含"总计"行的单元格区域，插入堆积条形图，输入图表标题，然后为图表进行布局，如图7-16所示。

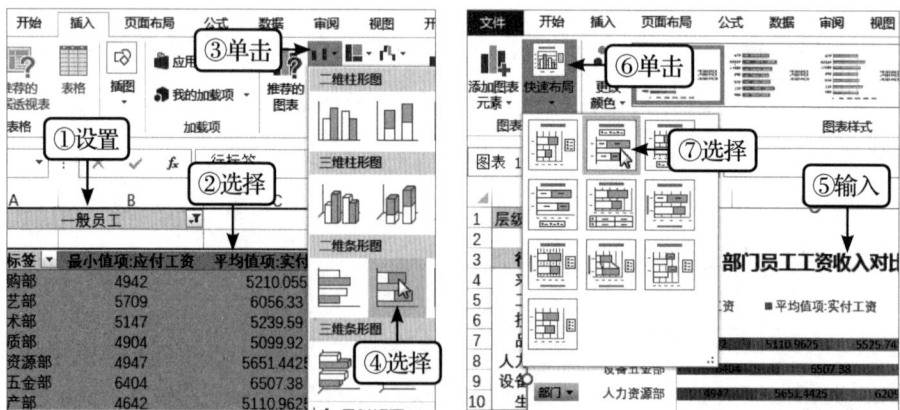

图 7-16　创建数据透视图

7.5.2　工资总额构成分析

工资支出包含哪些项目，每个项目总额是多少，这也是在总结中需要分析的一个方面。了解工资总和有利于明确企业的人力资源成本以及各部分成本的情况，帮助公司及时进行调整。

| 范例解析 |　分析企业工资总额的构成情况

某企业在现有工资表的基础上，想要分析企业各项工资的占比情况。首先打开工资表，创建数据透视表，将项目中的各个资金字段拖动到"值"区域进行布局，然后复制透视表中的数据，新建工作表。单击"开始"选项卡"粘贴"下拉按钮，在弹出的下拉菜单中选择"转置"选项，如图7-17所示。

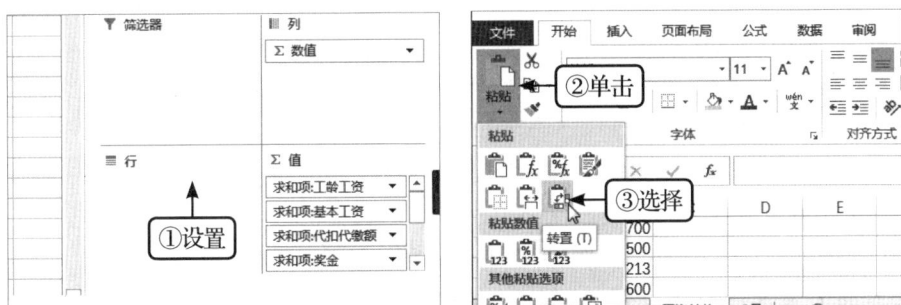

图 7-17　创建数据透视表并将其转置为普通数据

完善表格内容和格式设置，选择C2:C9单元格区域，在编辑栏输入"=B2/$B$6"，按【Ctrl+Enter】组合键计算。选择A1:C9单元格区域，插入堆积柱形图，如图7-18所示。

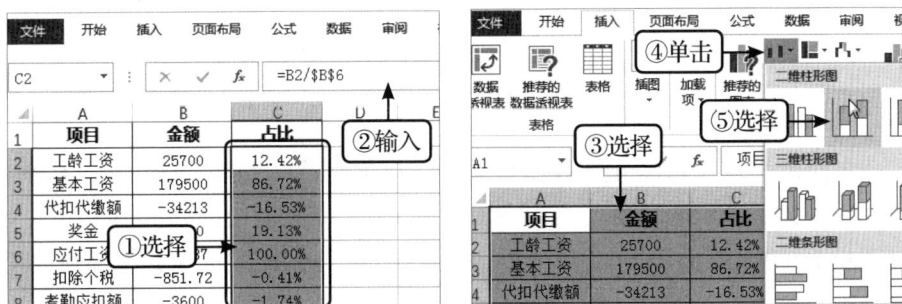

图 7-18　计算占比并创建图表

选择插入的图表，为图表设置样式，将图表移动到合适的位置，更改数据标签的颜色为黑色，调整水平坐标轴的位置，最终效果如图7-19所示。

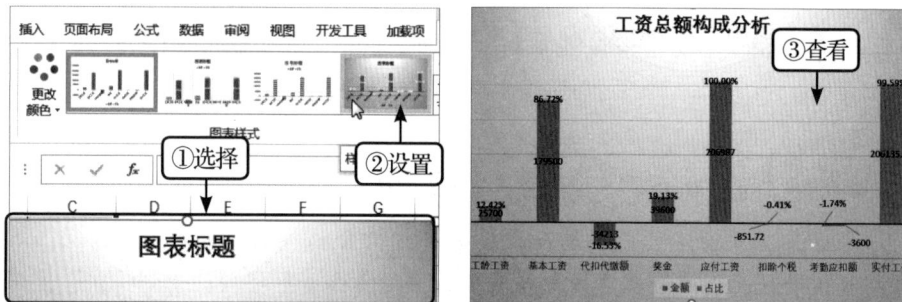

图 7-19　编辑并美化图表

7.5.3　制作工资条

工资条就是员工对应的收入数据，工资表制作完成后，往往需要制作工资条，下发给员工。因此，人力资源工作者需要掌握工资条的制作方法。

| 范例解析 |　根据员工工资表制作工资条

某企业已经制作好了员工的工资表，现在需要根据工资表制作工资条，工资表如图7-20所示。

	A	B	C	D	E	F	G	H	I	J
1	员工号	姓名	部门	基本工资	工龄工资	考勤应扣额	代扣代缴额	奖金	应付工资	扣除个税
2	GT00017	林天浩	总经办	¥6,700.00	¥400.00	¥100.00	¥1,276.00	¥1,000.00	¥6,724.00	¥51.72
3	GT00018	李宗林	总经办	¥6,700.00	¥1,500.00	¥100.00	¥1,276.00	¥1,400.00	¥8,224.00	¥112.40
4	GT00019	王红梅	总经办	¥6,700.00	¥1,200.00	¥100.00	¥1,276.00	¥1,400.00	¥7,924.00	¥87.72
5	GT00036	胡军	总经办	¥6,700.00	¥1,000.00	¥100.00	¥1,276.00	¥800.00	¥7,124.00	¥63.72
6	GT00001	张齐	生产部	¥4,500.00	¥1,200.00	¥200.00	¥858.00	¥1,200.00	¥5,842.00	¥25.26
7	GT00002	薛敏	生产部	¥4,500.00	¥500.00	¥100.00	¥858.00	¥1,200.00	¥5,242.00	¥7.26
8	GT00003	杨晓莲	生产部	¥4,500.00	¥700.00		¥858.00	¥1,200.00	¥5,542.00	¥16.26
9	GT00004	康新如	生产部	¥4,500.00	¥600.00		¥858.00	¥1,200.00	¥5,442.00	¥13.26
10	GT00005	钟莹	生产部	¥4,500.00	¥400.00	¥300.00	¥858.00	¥1,000.00	¥4,742.00	¥0.00

图 7-20　工资表效果

打开工资表，在工资表右侧的空白区域选择第一行单元格，如选择M1单元格，在编辑栏输入公式"=IF(MOD(ROW(),3)=0,"",IF(MOD(ROW(),3)=1,A\$1,INDEX(A:A,INT(ROW()/3+2),)))"，按【Ctrl+Enter】组合键即可。然后拖动该单元格右下角的控制柄，分别向右、向下填充数据即可制作工资条，如图7-21所示。

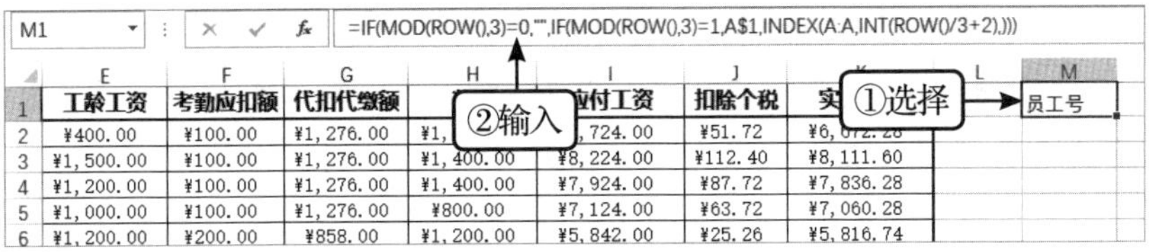

图7-21　利用公式制作工资条

最终效果如图7-22所示。

图7-22　查看工资条效果

知识延伸｜MOD()和INT()函数使用介绍

　　MOD( )函数是一个求余函数，语法：MOD(number,divisor)。其中，number为被除数。divisor为除数，如果divisor为零，函数MOD( )返回错误值#DIV/0!。

　　INT( )将数字向下舍入到最接近的整数，语法：INT(number)。其中，参数number为必需，需要进行向下舍入取整的实数。

　　除了上面介绍的这种通过公式获取数据外，还可以添加辅助列进行排序来制作工资条。

　　首先复制工资条的表头，如果工资条有20条工资数据，则复制19条表头添加到表格最后一行后面。然后在表格右侧单元格中从1开始填充等差数列，步长为2，填充到工资数据的最后一行，如图7-23所示。

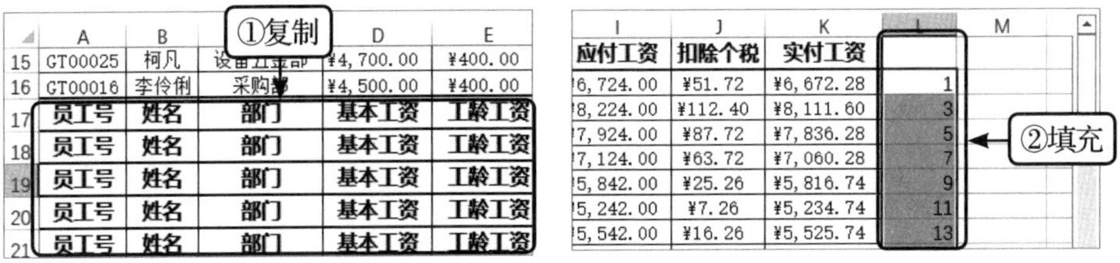

图7-23　复制多行表头并添加辅助列

用同样的方法在复制的表头右侧单元格中从2开始填充等差数列，步长为2，填充到表头的最后一行，然后选择该列任意单元格，单击"数据"选项卡中的"升序"按钮即可，如图7-24所示。

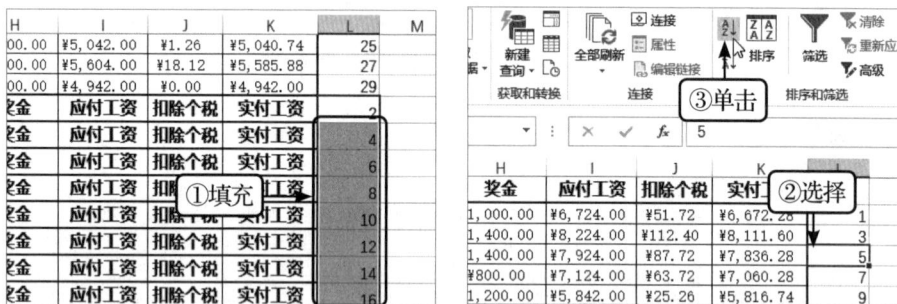

图 7-24　排序辅助列制作工资条

完成排序后，删除掉该辅助列即可完成工资条的制作，如图7-25所示。

	A	B	C	D	E	F	G	H	I	J
1	员工号	姓名	部门	基本工资	工龄工资	考勤应扣额	代扣代缴额	奖金	应付工资	扣除个税
2	GT00017	林天浩	总经办	¥6,700.00	¥400.00	¥100.00	¥1,276.00	¥1,000.00	¥6,724.00	¥51.72
3	员工号	姓名	部门	基本工资	工龄工资	考勤应扣额	代扣代缴额	奖金	应付工资	扣除个税
4	GT00018	李宗林	总经办	¥6,700.00	¥1,500.00	¥100.00	¥1,276.00	¥1,400.00	¥8,224.00	¥112.40
5	员工号	姓名	部门	基本工资	工龄工资	考勤应扣额	代扣代缴额	奖金	应付工资	扣除个税
6	GT00019	王红梅	总经办	¥6,700.00	¥1,200.00	¥100.00	¥1,276.00	¥1,400.00	¥7,924.00	¥87.72
7	员工号	姓名	部门	基本工资	工龄工资	考勤应扣额	代扣代缴额	奖金	应付工资	扣除个税
8	GT00036	胡军	总经办	¥6,700.00	¥1,000.00	¥100.00	¥1,276.00	¥800.00	¥7,124.00	¥63.72
9	员工号	姓名	部门	基本工资	工龄工资	考勤应扣额	代扣代缴额	奖金	应付工资	扣除个税
10	GT00001	张齐	生产部	¥4,500.00	¥1,200.00	¥200.00	¥858.00	¥1,200.00	¥5,842.00	¥25.26
11	员工号	姓名	部门	基本工资	工龄工资	考勤应扣额	代扣代缴额	奖金	应付工资	扣除个税
12	GT00002	薛敫	生产部	¥4,500.00	¥500.00	¥100.00	¥858.00	¥1,200.00	¥5,242.00	¥7.26
13	员工号	姓名	部门	基本工资	工龄工资	考勤应扣额	代扣代缴额	奖金	应付工资	扣除个税

图 7-25　删除辅助列查看效果

7.5.4　打印工资表

工资表和工资条制作完成后，通常都需要将其打印出来，下发给各个员工。

| 范例解析 | 将制作好的工资表打印出来

　　要将制作好的工作表打印出来，首先需要对打印页面进行设置。打开工资表，单击"页面布局"选项卡"页面设置"组中的"页边距"下拉按钮，选择"窄"选项。单击"页面布局"选项卡"页面设置"组中的"打印标题"按钮，在打开的"页面设置"对话框的"顶端标题行"文本框中输入"$1:$2"，如图7-26所示。

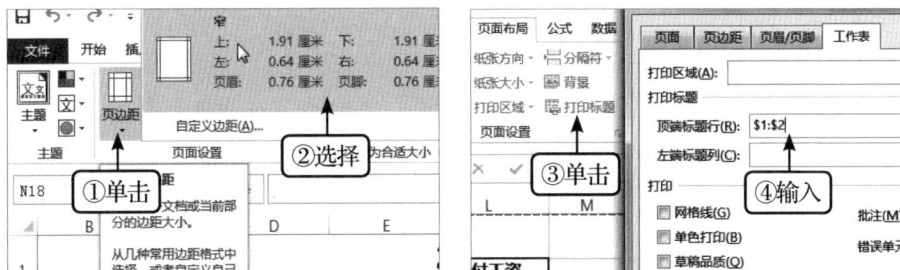

图 7-26　调整页边距并设置打印标题

　　在该对话框中单击"页面"选项卡，选中"方向"栏中的"横向"单选按钮，单击"确定"按钮。选择"部门"字段中任意单元格，单击"数据"选项卡"排序和筛选"组中的"降序"按钮，如图7-27所示。

图 7-27　设置页面方向并按部门排序表格

　　选择任意数据单元格，单击"数据"选项卡"分级显示"组中的"分类汇总"按钮。在"分类字段"下拉列表框中选择"部门"选项，在"选定汇总项"列表框中选中所有金额复选框，选中"每组数据分页"复选框，单击"确定"按钮，如图7-28所示。

图 7-28　设置按分类汇总打印表格

单击"页面布局"选项卡"页面设置"组中的"对话框启动器"按钮，在打开的对话框中单击"打印预览"按钮，在打开的界面中即可查看表格页面效果。确认无误后进行打印即可，如图7-29所示。

图 7-29　预览并打印表格

第 8 章

员工关系管理，
为劳资双方的权益护航

员工关系管理是一项重要的人力资源工作，员工关系管理有助于企业规范员工流动，是企业发展的重要前提。要做好员工关系管理，需要从企业文化建设、合同管理以及劳动争议处理等多个方面考虑。

8.1
企业文化建设，提升员工归属感

企业文化对于一个企业来说十分重要，优秀的企业文化能够促使员工不断进步，认同企业，让员工能够在企业中找到归属感，更愿意为企业发展提供力量。

8.1.1 明确企业的核心价值观

要明确企业的核心价值观，首先需要知道什么是核心价值观。核心价值观简单来说就是某一社会群体判断社会事务时依据的是非标准，遵循的行为准则。

企业的"核心价值观"是"一个企业本质的和持久的一整套"原则。它既不能被混淆于特定企业文化或经营实务，也不可以向企业的财务收益和短期目标妥协。

价值观深深根植于企业内部，它们是没有时限地引领企业进行一切经营活动的指导性原则。在某种程度上，它的重要性甚至要超越企业的战略目标。

核心价值观通常包含以下 4 个方面的内容。

◆ 核心价值观是判断善恶的标准。

◆ 核心价值观是这个群体对事业和目标的认同，尤其是认同企业的追求和愿景。

◆ 在认同的基础上形成对目标的追求。

◆ 形成一种共同的境界。

对于企业而言，应该如何明确和提升企业的核心价值观呢？

◆ 确保价值理念确实反映了公司的长远目标。

◆ 价值理念应该激励人心。

◆ 注重价值观的关键驱动因素。

◆ 找出那些会引起企业价值观朝理想方向转变的行为和惯例。

◆ 在企业价值观中采用能为管理运用的概念和术语。

◆ 确保使用简单易懂的语言。

◆ 确保企业价值观的各要素能准确无误地转换成行为。

下面来看一些知名企业的核心价值观。

Intel——以客户为导向、良好的工作环境、纪律严明、质量至上、鼓励尝试冒险和以结果为导向。

索尼——尊重个人、追求卓越、服务顾客。

阿里巴巴——客户第一、团队合作、拥抱变化、诚信、激情、敬业。

波音公司——永为先驱，尽善尽美。

宝洁公司——领导才能、主人翁精神。

杜邦公司——安全、健康和环保、商业道德、尊重他人和人人平等。

麦当劳——以人为本，优质、服务、清洁、价值。

联合利华——以最高企业行为标准对员工、消费者、社会和我们所生活的世界。

企业在进行价值观描述时，需要注意以下一些要点。

◆ 价值观要能成为指导全体员工每一天、每件事的最高精神指导原则。

◆ 参考总裁、创办人的经营哲学与人生观、并能代表团队的共识。

◆ 品质、员工、顾客、社会责任、诚信道德以及市场是价值观最常用的 6 个维度。

◆ 与时俱进，符合时代精神。

◆ 言简意赅，表现形式为词或短语。

◆ 条数不要过多，5 条以内就好。

| 范例解析 | **联想集团核心价值观分析**

联想集团是中国的一家在信息产业内多元化发展的大型企业集团，和富有创新性的国际化的科技公司。联想从事开发、制造并销售可靠的、安全易用的技术产品及优质专业的服务，帮助全球客户和合作伙伴取得成功。

其核心价值观如下所示。

◆ 成就客户——致力于客户的满意与成功。

◆ 创业创新——追求速度和效率，专注于对客户和公司有影响的创新。

◆ 精准求实——基于事实的决策与业务管理。

◆ 诚信正直——建立信任与负责任的人际关系。

从联想集团的核心价值观可知，"成就客户"主要是从客户的维度进行描述的；"创业创新"主要是从与时俱进的维度进行描述的；"精准求实"则是对全体员工进行指导；"诚信正直"则是从员工的维度进行描述的。

此外，从结构上来看，整个核心价值观只有4点，且都为短语，言简意赅，条数适宜，是比较良好的。

8.1.2 企业文化建设的原则

企业文化很大程度上决定了企业的发展，优秀的企业文化，其建设过程不仅要以企业核心价值观为依据，还必须要遵循文化建设的原则，下面分别对这些原则进行介绍。

◆ 强化以人为中心

文化的生成与承载都离不开人这一要素，文化需要以人为载体。因此，企业文化应该体现在企业的全体成员上，而不仅仅是领导层。企业文化建设要强调关心人、尊重人、理解人和信任人。

企业团体意识的形成，首先是企业的全体成员有共同的价值观念，有一致的奋斗目标，才能形成向心力，才能成为一个具有战斗力的整体。

◆ 表里一致，避免形式化

企业文化属于意识形态的范畴，但它又要通过企业或员工的行为和外部形态表现出来，容易形成表里不一的现象。

建设企业文化必须首先从员工的思想观念入手，树立正确的价值观念和哲学思想，在此基础上形成企业精神和企业形象，防止搞形式主义，对企业文化概念进行歪曲。

◆ 注重个异性

个异性是企业文化的一个重要特征。企业文化是在企业发展的历史过程中逐渐形成的，每个企业都有自己的历史传统和经营特点，企业文化的建设应有自己的特色。企业只有具备了特色，而且被大众所公认，才能在市场中不断发展，才有竞争的优势。

◆ 不能忽视经济性

企业文化的最终目的是为企业的经济发展活动服务，因此企业文化应当具备经济性，有利于企业生产力和经济效益的提高，以及企业的生成和发展。

企业文化的建设始终以企业经济目标的实现和谋求企业的生存和发展为目的。所以，企业文化建设实际是一个企业战略问题，也称为文化战略。

◆ 继承传统文化的精华

企业文化应该是在传统文化的基础上进行增值开发，增值开发是对传统文化进行借鉴，弃其糟粕，取其精华。如果有悖于传统文化或偏离传统文化，就会使企业文化失去存在的基础。

我国传统文化中的民本思想、平等思想和务实思想等都是值得增值开发的内容。如能将这些精神发扬光大，对于形成艰苦创业、勇于创新的企业精神非常有利。

8.1.3　企业文化建设流程

企业文化属于人力资源管理的一部分，在企业经营过程中需要随着企业的变化而进行调整，使其具有相对稳定性，形成良性循环。图 8-1 所示为企业文化建设的基本流程。

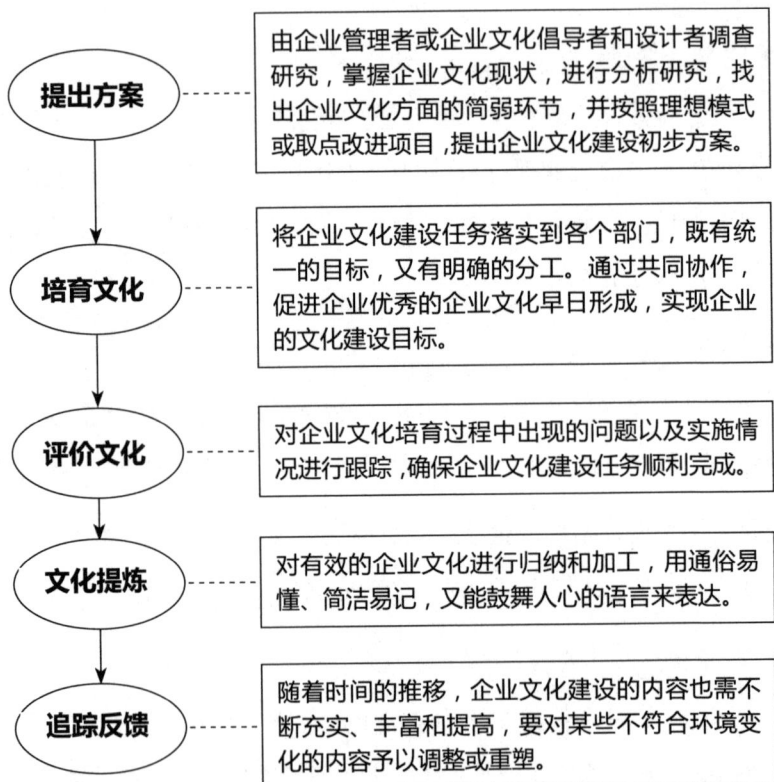

提出方案	由企业管理者或企业文化倡导者和设计者调查研究，掌握企业文化现状，进行分析研究，找出企业文化方面的简弱环节，并按照理想模式或取点改进项目，提出企业文化建设初步方案。
培育文化	将企业文化建设任务落实到各个部门，既有统一的目标，又有明确的分工。通过共同协作，促进企业优秀的企业文化早日形成，实现企业的文化建设目标。
评价文化	对企业文化培育过程中出现的问题以及实施情况进行跟踪，确保企业文化建设任务顺利完成。
文化提炼	对有效的企业文化进行归纳和加工，用通俗易懂、简洁易记，又能鼓舞人心的语言来表达。
追踪反馈	随着时间的推移，企业文化建设的内容也需不断充实、丰富和提高，要对某些不符合环境变化的内容予以调整或重塑。

图 8-1　企业文化建设的基本流程

8.1.4 提炼企业文化六步走

对于企业而言，如果没有一套逻辑严密的理念提炼体系，那么企业文化就无法进行大规模传播，让员工熟知。下面具体介绍企业文化提炼的 6 个步骤，如图 8-2 所示。

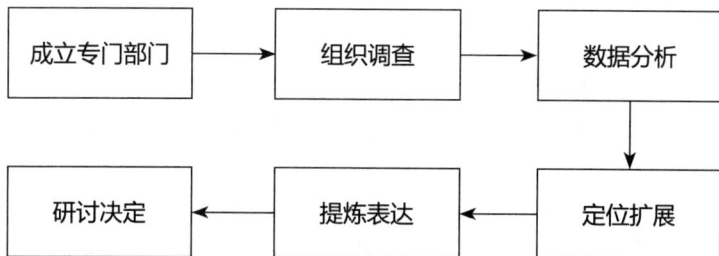

图 8-2　企业文化提炼的步骤

下面具体针对各阶段进行详细阐述。

◆ 成立专门部门

提炼企业文化理念之前，企业内部最好先组建企业文化战略委员会等相关部门，由企业最高领导出面负责，并与专业咨询机构合作组建企业文化执行小组。

◆ 组织调查

企业文化理念要与行业特性和企业自身的经营特点相一致，因此，在提炼之前需要对影响企业文化理念的内、外部因素进行调查和资料收集。

常用的调查方式有问卷、访谈以及座谈会等，在调查过程中广泛收集信息，为后续阶段工作做准备。

◆ 数据分析

这一阶段主要是针对前期收集的大量调查资料进行系统地归类整理、数据统计和深入分析，经过统计分析后筛选出有用的信息。

◆ 定位扩展

这一阶段的主要工作是根据企业特点和各个层面的管理思想及方法确立理念体系的结构和核心理念的提炼方向，梳理每一项理念的真实内涵，以备使用。

◆ 提炼表达

此阶段主要的关注点就是在完整梳理每一项理念真实内涵的基础上，如何完成务实而精辟的语言表达。这个过程需要在对理念意思把握准确的基础上同时精炼文字，提炼出的理念文字要简练、优美、上口。

文化理念要感性中含有理性，理性中融入感性，感性容易吸收，理性经得起推敲，用感性进入，理性强化。

◆ 研讨确定

企业文化理念提炼的过程，不能只是高层或老板的个人理念，需要企业高、中、基层各级员工的充分参与，发挥每个人的聪明才智。

在这一阶段中，最困难的莫过于如何组织这个过程，做到既有民主又有集中，这样才能使更多的人参与，制定的企业文化更容易被员工接受。

企业核心理念提炼的好坏会直接影响到企业文化，重视企业文化，就应当重视文化理念的提炼，使之符合行业的发展，这是十分重要的。

8.2
劳动关系管理，劳动合同的签订与续签

劳动关系管理是人事工作中的一项重要工作，它能规范员工关系，促进员工与企业之间的良性发展。

8.2.1 员工劳动合同的制订

企业与员工之间签订劳动合同，是为了更加明确员工与用人单位双方履行的义务以及应当享有的权利。

一旦签订劳动合同，员工与用人单位的劳动关系就被认定，双方的权利和义务就受到法律的约束和保护。下面具体来看员工劳动合同制订需要注意哪些内容。

（1）劳动合同制订的原则

根据《劳动合同法》的第三条规定，任何企业在订立劳动合同时应遵循的原则是："订立劳动合同，应当遵循合法、公平、平等自愿、协商一致、诚实信用的原则"。

订立劳动合同原则的具体介绍如表 8-1 所示。

表 8-1 订立劳动合同应当遵循的原则

原　　则	具体介绍
合法原则	合法原则要求劳动合同的形式合法和内容合法。按照劳动合同法的规定，除非全日制用工外，都应当以书面形式订立劳动合同。劳动合同内容必须具备必备的条款，且内容不得违反法律规定
公平原则	劳动合同约定的内容、双方的权利与义务等应当公平、合情合理。用人单位不能利用本身强势的地位，约定免除自己的法定责任，排除劳动者的权利。用人单位不能单方面制定一些霸王条款或格式合同强加于劳动者，约定双方的权利与义务不能显失公平
平等自愿原则	平等自愿原则是指劳动者和用人单位在订立劳动合同时法律地位平等，订立劳动合同完全是劳动者和用人单位双方真实意思的表示、出于自愿而签订
协商一致原则	合同是双方当事人意思表示一致的结果，用人单位不能趁机利用劳动者的弱势地位或急于找到工作的迫切心理，强迫或利诱劳动者签字。用人单位一方提供的格式合同或协议，在其单方格式合同或协议中不能约定免除或者减轻用人单位法定责任，排除或限制劳动者相关合法权利。如果违背了协商一致原则，合同可能被认定无效或者部分无效

续表

原　则	具体介绍
诚实信用原则	诚实信用原则是指双方当事人订立劳动合同的行为必须诚实，并且双方必须为订立劳动合同提供真实有效的信息，对于签订后的劳动合同，必须忠实地履行相关的协议内容

（2）劳动合同应当包含的内容

根据《劳动合同法》第十七条规定，劳动合同应当具备以下条款。

◆ 用人单位的名称、住所和法定代表人或者主要负责人。

◆ 劳动者的姓名、住址和居民身份证或者其他有效身份证件号码。

◆ 劳动合同期限。

◆ 工作内容和工作地点。

◆ 工作时间和休息休假。

◆ 劳动报酬。

◆ 社会保险。

◆ 劳动保护、劳动条件和职业危害防护。

◆ 法律、法规规定应当纳入劳动合同的其他事项。

劳动合同除前款规定的必备条款外，用人单位与劳动者可以约定试用期、培训、保守秘密、补充保险和福利待遇等其他事项。

8.2.2　劳动合同的签订、履行与变更

除了劳动合同的订立外，人力资源工作者还需要注意劳动合同的签订、履行和变更，这也是员工关系管理的重要内容。

（1）劳动合同的签订

签订劳动合同，首先需要注意时间问题，自用工之日起一个月内订立书

面劳动合同即可，否则用人单位须向劳动者支付双倍工资。自用工之日起超过一年未与劳动者签订书面劳动合同的，视为双方已经形成无固定期限劳动合同。

此外关于劳动合同的期限，可以分为 3 种，有固定期限的劳动合同、无固定期限的劳动合同和以完成一定的工作为期限的劳动合同。

> **知识延伸｜试用期是否属于劳动合同期限**
>
> 在确定劳动期限时，如果有约定试用期，试用期是包含在劳动合同期限内的。若劳动合同仅约定试用期的，试用期不成立，该期限为劳动合同期限。并且以完成一定的工作为期限的劳动合同或者劳动合同期限不满3个月的，依照劳动合同法规定该情形不得约定试用期。

此外，企业如果涉及非全日制用工，需要注意以下问题。

◆ 非全日制劳动者在同一用人单位一般平均每日工作时间不超过 4 小时。每周工作时间累计不超过 24 小时。

◆ 非全日制用工不得约定试用期。

◆ 非全日制用工小时计酬标准不得低于最低小时工资标准。

◆ 非全日制用工劳动报酬结算支付周期最长不得超过 15 日。

◆ 用人单位必须为劳动者缴纳工伤保险，否则发生工伤事故则要承担相关责任。

（2）劳动合同的履行

企业与劳动者在签订劳动合同后，就需要按照合同规定履行合同内容，需要遵循以下 4 项原则。

亲自履行原则。合同是当事人之间设立、变更、终止民事权利义务的协议。一般情况下必须坚持当事人亲自履行原则。

全面履行原则。当事人应当按照约定全面履行自己的义务，这就是通常所称的合同全面履行原则。

实际履行原则。实际履行是指合同生效后，一方当事人违反合同义务时，另一方当事人有权请求法院或仲裁机关强制违约方继续履行合同义务。

诚实信用原则。当事人应当遵循诚实信用原则，根据合同的性质、目的和交易习惯履行通知、协助、保密等义务。用人单位变更名称、法定代表人、主要负责人或者投资人等事项，不影响劳动合同的履行。

（3）合同变更

合同的变更是指在合同成立以后，尚未履行或未完全履行以前，当事人就合同的内容达成的修改和补充。在用人单位与劳动者协商一致后，可以变更劳动合同约定的内容。

变更劳动合同，应当采用书面形式，其特征如下。

◆ 合同变更必须经当事人协商一致，是在原合同基础上达成变更协议。
◆ 合同内容变更是指合同内容的局部变化，不是合同内容的全部变更。
◆ 合同变更后，原合同依变更后的内容履行，原合同没有变更的部分依然有效，即合同的变更并没有消灭原合同关系，只是对原合同的内容进行了部分修改。

8.2.3 合同到期员工拒签

劳动合同到期后，因为各种原因可能出现员工拒绝续签的情况，人力资源工作者要做好相关工作，做到合理合法，才能有效避免劳动争议。具体操作如下。

①人力资源工作者在员工合同到期的前一个月应当给员工发送续签劳动合同的意向书，了解员工的意向。

②员工到期离职时不用写辞职书，企业发给员工终止合同证明书即可。

员工拒绝与企业续签合同，企业仍有可能会需要向其支付补偿金。

◆ 劳动合同期满，用人单位同意续签合同，但是降低了劳动合同约定条件，此时劳动者不同意续签的，劳动合同终止，用人单位需支付经济补偿金。

◆ 劳动合同期满，用人单位不同意续签合同，无论劳动者是否同意续签，劳动合同终止，用人单位需支付经济补偿金。

劳动补偿金是国家出于对劳动者劳动能力的一种保护，引导企业尽量长期使用劳动者。此外，有的劳动者在同一企业工作较长时间，到了劳动合同终止时得不到补偿显得不合情理。

8.2.4　合同到期公司拒签

合同到期后，公司出于多方面的考虑，可能出现拒签的情况。需要注意的是，企业拒绝续签劳动合同可能会触犯法律。

用人单位提出不续签的，应该支付劳动者经济补偿金，工作 1 年支付 1 个月工资；如果劳动者存在《劳动合同法》十四条的情况下要求续签无固定期限劳动合同的话，用人单位拒绝续签属于违法，应该支付劳动者赔偿金，工作 1 年支付 2 个月工资。

《劳动合同法》十四条规定，有下列情形之一，劳动者提出或者同意续订、订立劳动合同的，除劳动者提出订立固定期限劳动合同外，应当订立无固定期限劳动合同。

◆ 劳动者在该用人单位连续工作满十年的。

◆ 用人单位初次实行劳动合同制度或者国有企业改制重新订立劳动合同时，劳动者在该用人单位连续工作满十年且距法定退休年龄不足十年的。

◆ 连续订立二次固定期限劳动合同，且劳动者没有本法第三十九条和第四十条第一项、第二项规定的情形，续订劳动合同的。

◆ 用人单位自用工之日起满一年不与劳动者订立书面劳动合同的，视为用人单位与劳动者已订立无固定期限劳动合同。

因此，企业在决定终止劳动合同时需要注意，避免出现劳动争议。

| 范例解析 | 某企业不按法律规定续签合同

周先生2016年4月进入某公司工作，通过一段时间的实习，双方签订了为期一年的正式劳动合同书，期限自2016年5月1日至2017年4月30日。2017年5月1日，双方又续签了一次为期3年的劳动合同，合同期限到2020年4月30日。

2020年4月20日时，公司向周先生单方面出具了一份《劳动关系到期不再续约通知书》，然后要求周先生办理离职手续。

周先生向公司提出想要续订无固定期限劳动合同的想法，但公司不同意续订。周先生觉得公司的举动剥夺了自己应有的续订劳动合同的权利，所以向人民法院提起诉讼。

法院经过审理后认为，公司不续签劳动合同存在违法，周先生代理律师的当庭陈述及提交的证据，有事实和法律依据，法院予以采纳。根据《劳动合同法》第十四条的规定，公司应当与周先生订立无固定期限劳动合同，不续签劳动合同即违反了法律的规定，应当支付赔偿金。

最终法院依照《劳动合同法》第三条、第十四条、第四十七条、第八十七条以及《中华人民共和国民事诉讼法》第六十四条的规定，判决公司于本判决生效之日起十日内一次性支付原告周先生违法解除劳动合同经济赔偿金200 000元。

劳动合同到期之后，公司无故拒绝与员工续签劳动合同，严重损害了劳动者的合法权益，应当向员工支付赔偿金。因此，作为企业方要避免任何的违法事项发生，以免给公司带来不利。

8.2.5　劳动合同终止的条件

《中华人民共和国劳动法》（以下简称《劳动法》）第二十三条规定，劳动合同期满或者当事人约定的劳动合同终止条件出现，劳动合同即行终止。劳动合同的终止是指劳动合同期满或当事人双方约定的劳动合同终止条件出现，劳动合同即行终止。

根据《劳动合同法》的规定，满足下列条件的，劳动合同终止。

◆ 劳动合同期满的。

◆ 劳动者开始依法享受基本养老保险待遇的。

◆ 劳动者死亡，或者被人民法院宣告死亡或者宣告失踪的。

◆ 用人单位被依法宣告破产的。

◆ 用人单位被吊销营业执照、责令关闭、撤销或者用人单位决定提前解散的。

除了以上规定的条件以外，当劳动者达到法定的退休年龄的，劳动合同终止。

8.3
员工沟通管理，多倾听员工的声音

员工沟通工作有助于员工解决当前工作、生活中存在的问题，使员工能够感受到企业的关怀，更加努力地投身工作中。

8.3.1　明确在什么情况下需要进行沟通

在管理工作中，需要经常和员工进行沟通。而在实际的沟通中，要想与员工的沟通真正有效，除了有针对性地沟通方式外，还需要把握与员工沟通的时机。

在与员工进行沟通时，一定是要在有沟通内容的情况下进行，否则沟通就失去了意义。下面具体来看如何把握沟通的时机。

◆ 汇报阶段性的工作重点

在企业或者所在部门的重要阶段，公司或者部门主管需要与员工进行沟通，向员工通报当前阶段或者下一阶段的工作重点和方向，让员工明白自己将要如何配合工作。

通过双方的充分研讨，从而确定在工作中可能会遇到的困难，并提出可行的解决方案，以扫清员工在工作中的"拦路虎"，确保员工可以更好地完成交给的工作。

◆ 定期进行工作总结

对于企业而言，无论哪个部门，作为部门主管，一定要定期（可按日、周、月）与员工开展工作总结会，因为员工在工作岗位进行实际工作，往往能将最真实的问题反映出来。

通过不断地与员工进行沟通交流，就可以及时发现工作中需要改善的地方，并和员工一起探讨可行的改进方案，从而整体提升员工的工作能力和工作质量，确保企业能够健康、持久地运营。

◆ 要认可员工，并提出期望

对于员工在工作中作出的成绩，作为管理者一定要发现，并明确提出表扬，即使是一个很小的细节，也要进行充分认可。

此外，要经常和员工进行交流，表达你对他工作的期望，通过这种沟通，可以让员工从心理上得到满足和认可，这种被认可的感觉会影响员工在今后的工作中从内心自主努力做好工作，进而激发员工更多的潜力。

◆ 关注员工工作状态，帮助他提升工作能力

对于员工的日常工作状态，尤其对于新员工，作为主管要多关注员工的

工作状态。当发现员工工作状态不佳时，要及时沟通了解情况，并给予员工一定的帮助，只有帮助员工解决了问题，他才能更好地工作。

以上只是从几个比较常见的方面列举了管理者与员工进行沟通的情形与具体的沟通内容。除此之外，需要沟通的情形还很多，作为管理者，要善于根据实际情况进行判断，确保每一次的沟通是有意义的。

8.3.2　企业如何做到有效沟通

管理离不开沟通，管理的过程，从本质上说就是通过发挥各种管理功能，充分调动人的积极性，提高机构的效能，实现企业共同目标的过程。那么，作为一名管理者或是人力资源工作者，应当如何进行有效沟通呢？

第一、要让员工对沟通行为及时做出反馈

在企业管理中，企业管理者主动与员工进行沟通，二者之间难免有沟通能力及表达接受信息之间的障碍。为了克服这种障碍，就要求管理者在向员工宣布一项任务后，要求员工把所布置的任务再复述一遍，通过直接或间接的询问"测试"下属，以确认他们是否完全了解。

如果员工复述的内容与管理者意见一致，就说明沟通是有效的；如果员工对管理者的意见领会出现差错，可以及时地进行纠正，调整陈述方式，以免带来不可估量的损失。

第二、对不同的员工使用不同的语言

组织中的员工往往有不同的年龄、教育背景、学历以及文化背景等，他们可能对相同的话产生不同理解。

此外，由于专业化不同、行业内容不同，人力资源工作者需要意识到，沟通时必须根据接收者具体情况选择语言，语言应尽量通俗易懂，尽量少用专业术语，以便接收者能确切理解。

第三、积极倾听员工的发言

一位擅长倾听的领导者通过倾听可以从下属那里获得信息并对其进行思考。此外，擅长倾听有助于员工敞开心扉，将真实的意思表达出来，提升员工的自信心。

员工的想法、观点有时候能够给领导或人力资源工作者提供一些启发，有利于企业发展。

第四、恰当地使用肢体语言

肢体语言在进行交流的过程中的作用较大，人力资源工作者必须注意自己的肢体语言与自己所说的话的一致性，这样会在很大程度上跨越言语沟通本身固有的一些障碍，提高沟通效率。

人力资源工作者在沟通时，要时刻注意与员工交谈的细节问题，注意员工的肢体语言，了解员工的心理。

第五、注意保持理性，避免情绪化行为

在接收信息的时候，接收者的情绪会影响到他们对信息的理解。情绪能使我们无法进行客观理性的思维活动，而代之以情绪化的判断。

人力资源工作者在与员工进行沟通时，应该尽量保持理性和克制，如果情绪出现失控，则应当暂停进一步沟通，直至恢复平静。

第六、减少沟通的层级

对企业而言，沟通层级越多，越容易导致沟通过程中的信息失真。可以精简机构，建立一支精练的团队。此外，也可以通过召开例会、座谈会等形式传递和收集信息。

人力资源工作者在与员工进行沟通时应尽量减少沟通的层级，越是高级的领导者越应该注意与员工直接沟通。

第七、变单向沟通为双向沟通

很多企业沟通只是单向的，即只是领导者向下传达命令，下属只是象征性的反馈意见，这样的沟通不仅无助于决策层的监督和管理，只会让沟通沦为形式。

组织者和管理者也应该掌握沟通技巧，认真听取员工的意见，发掘和利用员工的聪明才智，充分调动员工积极性和创造性，这样企业最终会得到丰厚利益的。

8.3.3 提供有效的信息反馈渠道

除了一些正式的工作安排传达会、表彰大会或者直接找员工进行交流的沟通方式以外，为了更好地鼓励员工从工作的角度出发，积极地向企业反馈有效的信息，促进企业发展，更好地增进管理者与员工之间的交流，公司有必要为员工提供有效的信息反馈渠道。

常见的可行、有效的信息反馈渠道如表 8-2 所示。

表 8-2 常见的信息反馈渠道

渠 道	具体介绍
通过意见箱收集信息	企业可以在公共区域设置一个意见箱，有些员工不太愿意直接与领导反馈意见，就可以通过将意见以书面文字的方式写出来，然后投递到意见箱中，但要注意及时处理意见
通过网络渠道收集意见	为了避免员工由于畏惧上级而不敢反馈意见，企业可以开通网络渠道，借助网络让员工通过匿名的方式干预向公司反馈意见，例如企业微信号、邮箱
通过问卷调查收集意见	前两种方法都需要员工主动，人力资源部门也可以通过制作问卷调查，向特定人群发放，让其以无记名的方式进行问卷调查作答，从而主动收集到想要了解的信息

建立信息反馈渠道，其目的就是创造良好的企业环境，让每位员工都能

在遇到问题时有可以及时找到寻求帮助的途径。如果收集到的信息没有及时处理，有可能让员工感到失望。

8.4

离职与辞退管理，好聚好散少麻烦

员工离职和辞退是企业中十分常见的事，原因也是各不相同，有的因为工作内容，有的因为工作环境等。对于人力资源工作者来说，当员工表达想要辞职和即将被辞退时，就要做好相关工作，做到好聚好散。

8.4.1　离职前的面谈

离职面谈就是在员工即将离职时与其进行面谈，了解员工离职的具体原因以及对企业的看法和建议，方便企业进行改善，促进日后发展。

进行离职面谈需要遵循一定的原则，才能让员工敞开心扉，减少排斥感，有助于了解员工的真实想法，具体如表 8-3 所示。

表 8-3　离职面谈需要遵循的原则

原　　则	具体介绍
时效性原则	把握面谈的时效性是当员工提出离职想法时，就应当开始着手准备面谈，收集员工的相关信息和资料，做好面谈准备。时效性原则是离职面谈的首要原则，也是基础性原则
开放性原则	面谈的开放性原则是指要给离职员工提供一个开放的空间和轻松的环境，以便让员工能够放下戒备进行交流
真诚性原则	在与员工进行面谈的过程中要遵循真诚性原则，要用真诚的态度与员工进行交流，切忌敷衍和做表面文章。只有以真诚的态度，才能获得员工真实的回答，离职面谈才有意义

续表

原　　则	具体介绍
实事求是原则	实事求是指谈判中要注意以事实为准，切忌过度包装美化公司，对员工的情况也要遵循实际，不能故意贬低

离职面谈除了可以帮助企业了解员工的看法外，还有一些重要的作用，具体介绍如下。

挽留重要员工。有的员工离职，可能是一时气愤，因为企业内部存在一些矛盾或不公平现象。此时，就可以通过离职面谈对这类员工进行疏导，化解冲动，为公司留下重要的人才。

预防员工的不利行为。有的员工离职，可能是因为其对公司存在不满的情绪，那么员工离职后就可能对公司的形象和发展产生不利的影响。为了避免这类情况，就需要进行面谈，对员工的情绪进行疏导，化解不满情绪。

提升公司形象。人力资源工作者进行离职面谈，实际上是代表了公司的形象和态度。因此，在面谈过程中要表达出公司对人才的重视和珍惜，从而提升公司在员工心中的形象。

表达合作意愿。虽然员工提出离职，但是人力资源工作者在面谈过程中仍然要表达出公司的善意，以及仍然愿意与离职员工保持良好关系。以后如果有再次合作的机会，公司方面也会积极促进。

离职面谈实际上就是人力资源工作者和离职员工进行相互交流，并且在过程中掌握需要的信息。因此，面谈的重点是如何引出话题，如何与员工进行沟通，即人力资源工作者应当如何提出问题。

在设置问题时，应注意范围要广泛。除了员工离职原因外，还要包括员工对公司制度、运营和管理等方面的看法。常见的问题如表8-4所示。

表 8-4　离职面谈的常见问题

类　　别	具体问题
离职原因	1. 您产生离职想法的主要原因是什么？ 2. 您决定离职还有其他哪些方面的原因？ 3. 您觉得促使您离职的哪些原因是公司可以改进的？ 4. 您介意告知您未来的去向吗？
工作情况	1. 您喜欢您目前所从事的这份工作吗？工作开心吗？为什么？ 2. 您认为您现在所在的职位与您的能力相当吗？ 3. 您的工作是否让您个人性格得到了成长？ 4. 您在工作中的表现是否得到了领导的及时反馈？
工作氛围	1. 您觉得您和同事之间的合作怎么样？ 2. 您觉得您的工作表现得到公正、客观的评价了吗？ 3. 您对上级有什么不满？
企业文化	1. 您对公司的企业文化有何感想？ 2. 您觉得公司该如何改进工作条件、工时、换班制度、使用设施等？ 3. 您觉得公司各部门之间的沟通和关系如何？应该如何改进？
其他方面	1. 您对公司的薪资福利满意吗？您期望的标准是？ 2. 您对您的领导反映了您的问题和不满了吗？他是否解决了这些问题？ 3. 您愿意在今后条件成熟的时候返回公司，继续为公司效力吗？为什么？

8.4.2　员工主动辞职的防范对策

对企业而言，员工离职是十分正常的事，但是人力资源工作者也要注意员工主动离职的情况，提前制定相应的对策，避免因为一些员工离职导致企业经营和发展出现问题。

风险一：关键技术或商业秘密泄露

企业中掌握关键技术的人才跳槽，可能导致企业的关键技术流失；或者离职员工知道企业的商业秘密，可能会对企业的业务造成冲击。

要解决这个问题，需要建立研发与技术团队，在可能的情况下不要过分依赖某一个或少数几个技术人员或工程师。此外，对关键人才签订"竞业禁止"

协定，利用法律手段尽量降低商业机密泄露的风险。

风险二：客户流失

这主要针对销售人员离职，对于高级销售人员，通常手里掌握了大量的客户资源，离职则会导致自身损失，而使竞争对手获利。

要解决这个问题，可以建立企业客户数据库，使客户成为公司所有；企业营业收入应靠品牌战略吸引客户，而不过度依靠销售人员；适当对销售人员进行调区升职，避免出现离职情况。

风险三：岗位空缺

员工主动离职会导致岗位空缺，如果关键员工离职，还有可能导致企业难以正常运转。

面对这种情况就需要做好人力资源规划，避免员工离职后没有候补人员，导致公司出现损失。

风险四：集体离职

企业关键人才通常具有一定影响力，一旦离职，可能导致员工追随，出现集体离职现象。

要避免这种问题，前期选拔人才时要注意选择具有不同背景的员工；实施干部轮换制，定期在部门或地区之间进行轮换。

风险五：人心动摇

企业关键人员离职，或是出现扎堆离职，可能会使员工产生恐慌，导致人心动摇，从而使企业向心力减弱。

可以与员工进行交流，说明离职员工的情况，鼓励现有员工努力工作；做好员工的职业规划及员工培训，营造良好的内部环境。

8.4.3　辞退员工做到有据可依

辞退员工通常分为两种情况，分别是违纪辞退和正常辞退。违纪辞退即员工严重违反公司制度，因此被辞退；正常辞退是指由于企业自身经营出现问题，按照国家法律规定与员工解除劳动关系。

辞退员工如果处理不当容易造成劳动纠纷，影响企业运营。为保护劳动者的权益，相关法律明确规定，只有满足这些条件企业才能合理辞退员工。

◆ 用人单位提出，经与员工协商一致，可以解除劳动合同。

◆ 员工有下列情形之一的，用人单位可以随时解除劳动合同：①在试用期内被证明不符合录用条件；②严重违反劳动纪律或者用人单位规章制度；③严重失职，营私舞弊，对用人单位利益造成重大损害；④被依法追究刑事责任。

◆ 有下列情形之一的，用人单位可以解除劳动合同，但是应当提前30日以书面形式通知员工本人：①员工患病或者非因工负伤，医疗期满后，不能从事原工作也不能从事由用人单位另行安排的工作；②员工不能胜任工作，经过培训或者调整工作岗位，仍不能胜任工作；③劳动合同订立时所依据的客观情况发生重大变化，致使原劳动合同无法履行，经当事人协商不能就变更劳动合同达成协议。但用人单位未提前30日通知员工的，应当支付该员工当年一个月月平均工资的补偿金。

◆ 用人单位濒临破产进行法定整顿期间或者生产经营状况发生严重困难，应当提前30日向工会或者全体员工说明情况并听取意见，经向劳动部门报告后，可以裁减人员。

8.4.4　辞退员工的经济性补偿

我国《劳动合同法》规定了在某些情形下，企业辞退员工需要支付经济补偿金。关于赔偿金，具体规定如下。

◆ 辞退补偿按劳动者在本单位工作的年限，每满一年支付一个月工资的标准向劳动者支付。六个月以上不满一年的，按一年计算；不满六个月的，向劳动者支付半个月工资的经济补偿。

◆ 劳动者月工资高于用人单位所在直辖市、设区的市级人民政府公布的本地区上年度职工月平均工资三倍的，向其支付经济补偿的标准按职工月平均工资三倍的数额支付，向其支付经济补偿的年限最高不超过十二年。

◆ 月工资是指劳动者在劳动合同解除或者终止前十二个月的平均工资。

具体的辞退员工补偿金的计算公式如下。

协商解除经济补偿金=工作年限×月工资（超过12年的，按12年算）

因病或非因工伤解除经济补偿金=工作年限×月工资+医疗补助费（不低于6个月工资，重病加50%，绝症加100%）

不能胜任解除经济补偿金=工作年限×月工资（超过12年的，按12年算）

客观变化经济补偿金=工作年限×月工资

经济裁员经济补偿金=工作年限×月工资

逾期给付经济补偿金=原经济补偿金+额外经济补偿金（原经济补偿金的50%）

需要注意的是，对于上一节中介绍的能够合法辞退的员工，则可以不用向其支付补偿金。

8.4.5　人员流动情况统计分析

企业的人力资源工作者除了要做好员工入职、离职管理工作，还要能够对企业人员流动数据进行分析，从而了解企业人员流动情况。

| 范例解析 | 某公司人员流动动态分析

　　某公司根据去年一年的人员流动情况编制了人员流动情况统计表，对2019年全年流动数据进行了统计，现需要动态分析每个月的人员流动情况。

　　打开人员流动统计表，在AC2:AC14单元格区域中分别输入1～12月和"合计"文本，插入并绘制组合框控件，如图8-3所示。

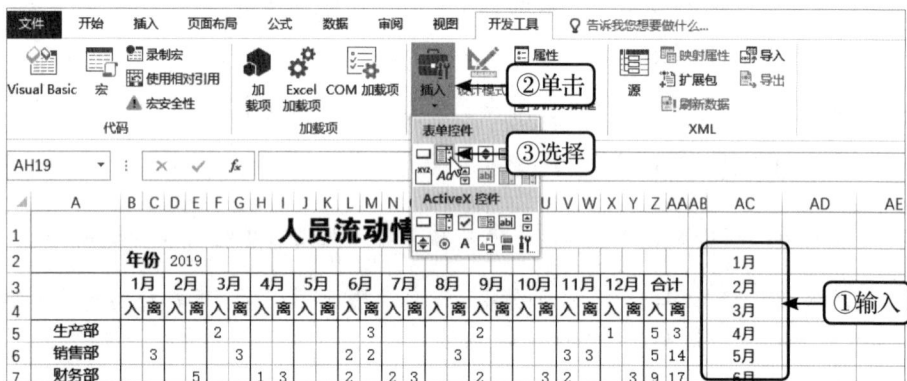

图 8-3　添加控件

　　右击插入的控件，选择"设置控件格式"命令，在打开的对话框中设置数据源区域为\$AC\$2:\$AC\$14，设置单元格链接为\$AD\$1，关闭对话框。在返回的工作表中单击"公式"选项卡的"定义名称"按钮，在打开的对话框的"名称"文本框中输入"入职数据"，在"引用位置"文本框中输入"=OFFSET(人员流动统计表!\$B\$5:\$B\$14,,(\$AD\$1-1)*2)"，单击"确定"按钮，保存并退出，如图8-4所示。

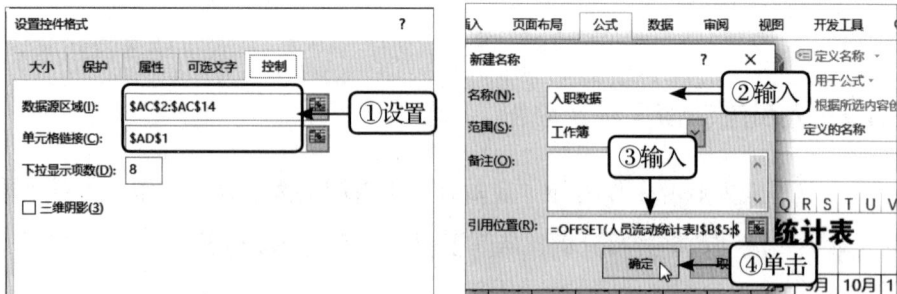

图 8-4　设置控件属性并创建名称

用同样的方法，引用"＝OFFSET(人员流动统计表!$C$5:$C$14,($AD$1-1)*2)"定义离职数据。

选择部门信息和1月份的数据（A3:C14）创建簇状柱形图，右击图表，选择"选择数据"命令，在打开的对话框中修改"入"和"离"选项的系列值为"人员流动统计表!入职数据"和"人员流动统计表!离职数据"，确定并保存，如图8-5所示。（如果设置不成功，先使用控件选择任意数据）

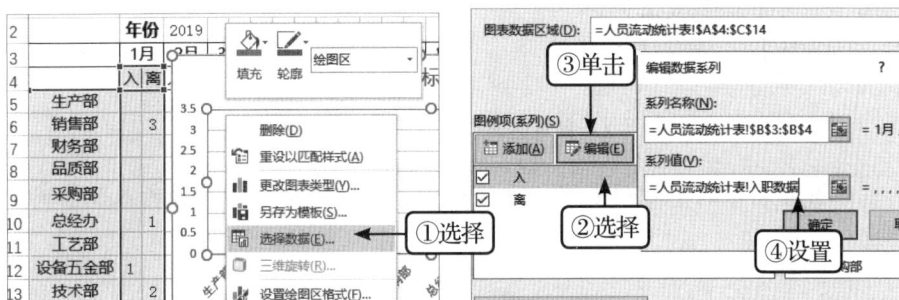

图 8-5　创建图表并编辑数据源

双击图表纵坐标轴，在打开的窗格中分别设置最大值和最小值为8和-8。双击图表中的离职数据系列，在打开的窗格的"系列选项"选项卡中选中"次坐标轴"单选按钮，如图8-6所示。

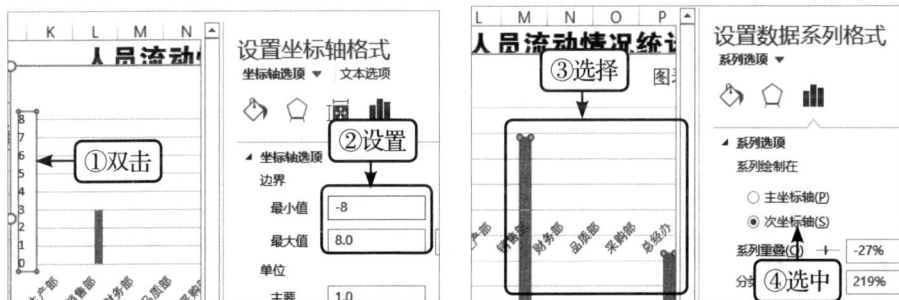

图 8-6　设置坐标轴刻度并添加次坐标轴

双击右侧坐标轴，在打开的窗格中单击"坐标轴选项"选项卡，分别设置边界的最大值和最小值，选中"逆序刻度值"复选框。将之前创建的控件移动到图表上，更改图表标题，并为每个数据系列设置数据标签，其最终效果如图8-7所示。

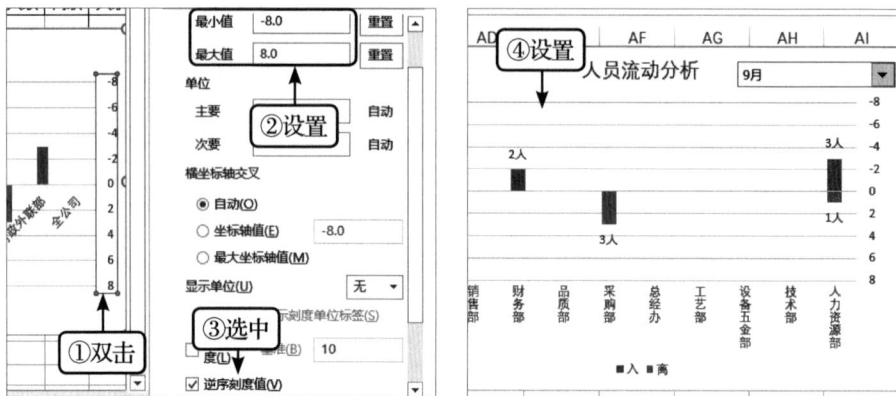

图 8-7　设置次坐标轴并格式化图表效果

单击图表中的下拉列表框，选择月份，即可查看对应月份的入职和离职数据。

8.5
劳动争议处理，确保双方的权利与义务

任何企业都可能出现员工冲突和劳动争议，人力资源工作者要做好冲突和争议的处理工作，避免给企业造成较大的损失和负面影响，使企业与员工关系恶化。

8.5.1　妥善化解员工冲突

冲突是在所难免的，人力资源工作者面对冲突不要害怕，要懂得正确对待冲突，并妥善处理，可以从以下几个方面入手。

（1）事前控制

对于人力资源管理者而言，事前控制比事后处理更好。要做到事前控制需要制定相应的防范措施，具体如表 8-5 所示。

表 8-5 防范措施分类

类　　别	具体介绍
制度防范	①建立畅通的意见表达通道；②修订、更改公司制度须经公司领导审批；③定期培训，防范冲突；④建立清晰的员工晋升通道
主动沟通	①积极与员工沟通，了解员工的想法；②及时开导员工的不满情绪；③针对员工的情绪低落，提出合理化的建议
定期组织活动	①定期组织活动，让员工得到放松，消除烦恼；②通过集体性活动促进员工交流，增强凝聚力

（2）先调查再判断

人力资源工作者在遇到冲突时，应先做好调查再判断，避免冲突加剧。通过调查了解冲突细节，更有利于说服冲突员工，事前调查主要包括 3 方面。

冲突的真实情景。要了解冲突产生的原因、经过以及结果，冲突双方的观点，以及是否涉及原则性问题。

冲突双方的关系。主要需了解两方面，一是双方是属于同级还是上下级，是否具有竞争关系；二是双方之前有没有出现过冲突。

当事人个性。个性通常是影响冲突的关键，也是解决冲突的重要因素。了解当事人的个性特点能够辅助进行沟通，提高冲突解决的效率。

（3）调节双方关系

员工冲突发生后，首先应当让双方进行冷静，避免再次冲突，让双方能够恢复理智。需要注意，冷处理时间不能过长，过长反而会失去解决冲突的好时机。

冷处理后，可以就冲突事件本身对当事人进行劝解，根据不同的性格选择不同的劝解方式，例如迂回劝解、直接劝解等。

冲突处理完后，还要进行后续跟踪，了解双方的态度，即冲突是否已经真的解决了。如果难以解决，可以通过调岗、调换职务的方式迂回解决。

8.5.2　劳动争议处理的方式

发生劳动争议后，劳动者与用人单位应当选择有利于维护自身合法权益，有利于快速解决问题的方式，妥善处理争议。下面具体介绍劳动争议处理的4种方法。

◆　协商程序

协商是指劳动者与用人单位在问题发生后，通过私下沟通的方式解决争议问题。

劳动者与用人单位通过协商解决争议，有利于促进问题的快速解决。但是，协商程序不是处理劳动争议的必经程序。双方可以协商，也可以不协商，完全出于自愿，任何人都不能强迫。

◆　调解程序

调解程序是指劳动纠纷的一方当事人就已经发生的劳动纠纷向劳动争议调解委员会申请调解的程序。

根据《劳动法》规定，在用人单位内，可以设立劳动争议调解委员会负责调解本单位的劳动争议。调解委员会委员由单位代表、职工代表和工会代表组成。

◆　仲裁程序

仲裁程序是劳动纠纷的一方当事人将纠纷提交劳动争议仲裁委员会由仲裁委依法开庭审理，并作出仲裁裁决。

仲裁劳动争议的法定前置程序是：当争议发生后必须经过仲裁，不得直接起诉到法院。经仲裁依法作出的裁决书是具有法律强制力的，公司方如不履行，劳动者可申请法院强制执行。

◆　诉讼程序

根据《劳动法》规定，劳动争议当事人对仲裁裁决不服的，可以自收到仲裁裁决书之日起 15 日内向人民法院提起诉讼。一方当事人在法定期限内不起诉，又不履行仲裁裁决的，另一方当事人可以申请人民法院强制执行。

诉讼程序具有较强的法律性、程序性，作出的判决也具有强制执行力。

8.5.3　劳动争议得提前预防

企业出现劳动争议的原因是多方面的，因此在制定预防劳动争议措施时，也要进行多方面的考虑，为企业减少不必要的麻烦。

预防劳动争议可以从以下 4 个方面入手，如表 8-6 所示。

表 8-6　预防劳动争议的 4 个方面

方　　面	具体介绍
正确树立合同意识	通过合同将双方的权利和义务以契约的方式事先固定下来，是解决纠纷的最佳工具。企业要严格按照《劳动合同法》的规定与劳动者订立劳动合同，内容要全面。要制定统一的合同文本，并聘请法律顾问加以审核，避免因合同违规引发劳动争议
依法保障员工权益	在签订劳动合同时，必须如实告知劳动者工作内容、工作地点、职业危害和劳动报酬等事项，明确加班调休和付酬标准、办法等。企业要切实做好合同规定的各项义务，保障员工的权益
建立健全企业管理规章制度	企业为了生产经营制定的各种规章制度和劳动纪律，对涉及职工利益的制度，一定要提交职工代表大会审议通过，并应保留好讨论、协商的书面证据，同时要注意加强公示和宣传
构建防范劳动争议的内部机制	建立一套有效的劳动争议内部防范机制，一旦发生劳动纠纷，企业既可以从容应对，也可以最大限度地维护自身利益。建立职工参与或影响决策的管理机制，畅通员工诉求及沟通渠道，促进相互交流。建立健全劳动争议调解委员会，通过内部调解机制，尽量将劳动争议苗头扼杀在萌芽状态

除了表 8-6 中介绍的预防劳动争议的方法外，关于员工的辞退、除名和

开除工作也要谨慎行事，避免在处理过程中因操作不当导致劳动争议产生，影响企业形象。

企业对员工辞退、除名和开除的决定书必须送达被处理者本人，并告知被处理者享有申辩、仲裁和诉讼的权利。如果被处理者不知去向或长期在外不归，应将处理决定书送至其共同居住的成年家属签收。如拒不签收处理决定书者，应有两名无利害关系人在场证明，将决定书留置送达。

读 者 意 见 反 馈 表

亲爱的读者：

感谢您对中国铁道出版社有限公司的支持，您的建议是我们不断改进工作的信息来源，您的需求是我们不断开拓创新的基础。为了更好地服务读者，出版更多的精品图书，希望您能在百忙之中抽出时间填写这份意见反馈表发给我们。随书纸制表格请在填好后剪下寄到：北京市西城区右安门西街8号中国铁道出版社有限公司大众出版中心 王佩 收（邮编：100054）。此外，读者也可以直接通过电子邮件把意见反馈给我们，E-mail地址是：505733396@qq.com。我们将选出意见中肯的热心读者，赠送本社的其他图书作为奖励。同时，我们将充分考虑您的意见和建议，并尽可能地给您满意的答复。谢谢!

所购书名：_____

个人资料：

姓名：_____ 性别：_____ 年龄：_____ 文化程度：_____

职业：_____ 电话：_____ E-mail：_____

通信地址：_____ 邮编：_____

您是如何得知本书的：

□书店宣传 □网络宣传 □展会促销 □出版社图书目录 □老师指定 □杂志、报纸等的介绍 □别人推荐 □其他（请指明 _____ ）

您从何处得到本书的：

□书店 □邮购 □商场、超市等卖场 □图书销售的网站 □培训学校 □其他

影响您购买本书的因素（可多选）：

□内容实用 □价格合理 □装帧设计精美 □带多媒体教学光盘 □优惠促销 □书评广告 □出版社知名度 □作者名气 □工作、生活和学习的需要 □其他

您对本书封面设计的满意程度：

□很满意 □比较满意 □一般 □不满意 □改进建议

您对本书的总体满意程度：

从文字的角度 □很满意 □比较满意 □一般 □不满意
从技术的角度 □很满意 □比较满意 □一般 □不满意

您希望书中图的比例是多少：

□少量的图片辅以大量的文字 □图文比例相当 □大量的图片辅以少量的文字

您希望本书的定价是多少：

本书最令您满意的是：

1.
2.

您在使用本书时遇到哪些困难：

1.
2.

您希望本书在哪些方面进行改进：

1.
2.

您需要购买哪些方面的图书？对我社现有图书有什么好的建议？

您更喜欢阅读哪些类型和层次的书籍（可多选）？

□入门类 □精通类 □综合类 □问答类 □图解类 □查询手册类

您在学习计算机的过程中有什么困难？

您的其他要求：